김경민 교수
북핵 일본핵을 말한다

**김경민 교수
북핵 일본핵을 말한다**

2013년 5월 4일 초판발행

지은이 _ 김경민
펴낸이 _ 배수현
디자인 _ 참글과디자인

펴낸곳 _ 가나북스 www.gnbooks.co.kr

출판등록 _ 제393-2009-000012호

전화 _ 031-408-8811(代)
팩스 _ 031-501-8811

ISBN 978-89-94664-33-0(03230)

- 가격은 뒤 표지에 있습니다.
- 이 책의 출판권은 가나북스에 있습니다.
  이 책은 저작권법에 따라 보호를 받는 저작물이므로 무단 전재 및 복제를 엄격히 금하며 내용의 일부를 이용하려면 가나북스의 서면동의가 필요합니다.
- 잘못된 책은 구입하신 곳에서 교환해 드립니다.

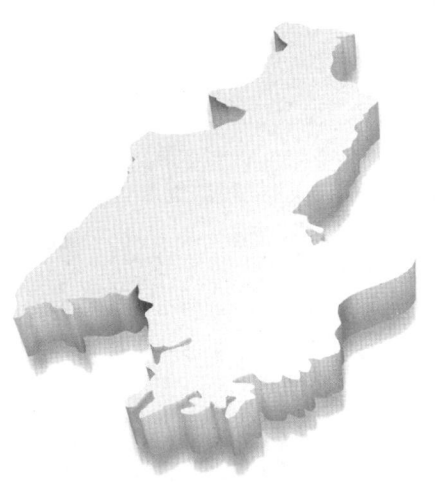

김경민 교수
북핵 일본핵을 말한다

한반도를 중심으로
**북핵, 일본핵, 로켓, 인공위성,
원자력에너지, 잠수함, 항공모함** 등의
실태를 파헤친 국내 최초의 현장 보고서!

김경민 지음

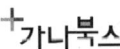

차례

서문_   10

1부 북한의 핵과 미사일

북한의 핵과 미사일   19

북한, 핵탄두 소형화 경량화 작업 박차   22
북한 플루토늄 핵폭탄 보유 추정   23
미국 태평양 군사 전략의 궁극 목표는 중국   27
중국, 해군력 증강 전략 본격화   27
중국, 첨단 잠수함 전력 증강   30
중국 해남도 원자력 잠수함 기지   31
일본 요코스카, 미국 본토 이외 세계 유일의 미 핵항공모함 모항   34
일본, 미일 군사일체화 통해 중국 견제   37
미국의 일본 로켓 기술 지원   38
일본 미사일 방어체계   41
일본, 우주의 군사적 이용 가능한 우주기본법 마련   43

북한 핵과 미사일 결합 멀지 않다   50

북한 핵무기 소형화 핵실험 계속 예상   51
일본의 재무장 도와주는 북한의 핵,미사일 개발   53
한국 로켓 기술 개발에 국가적 역량 모아야   54

중국 · 인도 · 파키스탄의 핵무기 개발   58

중국 1964년 원폭 실험 성공   58
인도(노벨 물리학 수상자 배출국) 핵무기 자체 개발 1974년 첫 핵실험   59
파키스탄(노벨 물리학 수상자 배출국) 중국 도움 1998년 첫 핵실험   62

2부 일본의 핵

일본의 핵폭탄 제조 능력 · 67

히로시마에 떨어진 '우라늄폭탄' · 68
나가사키에 떨어진 '플루토늄폭탄' · 71
일본의 핵무장 능력 · 80
일본의 핵물리학 능력도 세계 최고 · 88
[2호]라는 이름의 핵무기 연구 · 90
일본해군의 핵무기 F연구 · 98

일본의 우라늄 농축 기술 · 68

일본 세계에서 8번째 우라늄 농축 국가 · 102
독자적 우라늄 농축이나 사용후 핵연료 활용 못하는 한국 · 104
일본의 첫 원심분리기 1959년 시행 · 105
'원심분리법', '가스확산법' 모두 국가 [특정총합연구] 채택 결정 · 110
원심분리기술은 재래기술의 총합적인 조합 · 112
시운전을 한 닌교토우게(人形峠)공장 · 119

일본은 원자력 에너지가 없으면 안 된다 · 122

핵폭탄 투하 명령하고도 잠 잘 잔 트루먼 미 대통령 · 123
맨해튼 프로젝트 시동 · 126
전후에 원자로 건설에 나선 미국 · 128
재처리 문제 · 130
일본의 재처리 집요하게 방해한 미국 · 132
레이건 정부에서 돌파구 마련돼 · 135
일본, 원자력 외교에서 승리 · 136
그린피스의 창시자 무어 박사의 전향 · 137
후쿠시마 원전 사고 이후 · 140

3부 미국과 일본의 군사일체화

미군과 일본 자위대, 한 몸이 되다 — 147
미국 태평양군의 6분의 1이 일본에 — 150
긴급전개력 확보 위한 주일 미군기지 재편 — 151
주일미군 시설의 75%가 오키나와에 — 157
스트라이커 부대의 존재 — 159
미·일 레이더 기술의 결합 — 161
미사일 방어 시스템 구축 — 163

일본 요코스카에 '죠지 와싱턴' 미핵항공모함 상주 — 166
항공모함의 동북아 시대가 열리고 있다 — 166
미 핵항모 '죠지 와싱턴' 일본 요코스카에 2008년 배치 — 169
미 핵항모 '죠지 와싱턴', 한 국가의 항공력 버금가는 전력 보유 — 171
전 세계 항공모함 19척 가운데 미국은 핵항모만 10척 보유 — 173
핵항모 25년에 연료 교체, 디젤항모보다 무장 전력 막강 — 175

일본 이지스함의 비밀 — 179
대포동 미사일 덕분에 첨단전력 증강 — 182
최신예 이지스 시스템 버전 7.1J 보유 — 184
이지스함의 약점 — 189
독도해역 공동 이용이 일본의 속셈 — 192

세계 최고 수준 일본 잠수함, 중국 태평양 진출 차단 — 194
일본 잠수함 16척 보유에서 22척 체제 전환 중 — 194
일본 신형잠수함 소류, 수주일 잠행 가능 스털링 엔진 탑재 — 199

원자력선 무쓰 이용 경험 있는 일본	200
러시아와 중국의 잠수함 음문 파악	203
흡음 타일로 무장한 쿠로시오	207
미국의 최신형 원자력잠수함, 시 울프급	210
중국, 잠수함 전력 증강	212
한국 주력 잠수함 1,200톤 장보고급	214
북한 300톤 상어급 등 특수작전 위주 소형 잠수함 수십 척 보유	215
러시아, 신형 보레이급 원자력잠수함 보유	215
러시아 야센급 공격형 잠수함 건조	216
디젤잠수함이냐 원자력잠수함이냐	219

일본의 미사일 요격능력과 첩보위성   223

일본의 북한 미사일 발사·탐지·추적능력 '합격점'	225
북한 대포동 발사로 PAC-3, SM-3 도입계획 1년 앞당겨	227
SM-3 미사일로 요격	229
미·일 공동으로 요격 미사일 개발	230

일본의 우주 개발 전략   233

우주선진국 일본	233
일본의 우주개발과정	236
우주의 평화이용원칙 – 중의원 선언	243
우주기본법 제정 – 북한이 빌미 제공	252
한국에 던지는 교훈	257

일본은 미국과 우주 개발 협력   261

한국 2013년 1월 나로호 발사 성공, 러시아와 협력	261
일본 자체기술로 고체연료 로켓 개발	264
일본 우주개발의 아버지 나카소네 야스히로 전 총리	265

중국의 핵실험으로 미국은 일본 우주개발 적극 협조	267
미국 텔타로켓 기술 일본에 이전	269
미일 우주협력의 교훈; 독자 기술 확보, 정부, 기업 협상 병행	272

4부 에너지 확보 전쟁

중국의 아프리카 공략 — 277
중국 전체 석유 수입량의 43% 아프리카에서 들여와	277
국영 석유 3개 회사가 정상외교까지 좌우	279
중국의 아프리카 자원외교 역사	282
에너지 시장에서 중국은 '태풍의 눈'	284
중국의 에너지 효율 일본의 8분의 1	288
중국, 2050년까지 100~150기의 원전 건설 예정	290

일본의 '아름다운별50(Cool Earth 50)' 에너지 프로젝트 — 293
원자력은 포함, 풍력과 지열은 빠져	294
석탄 이용한 첨단 발전기술 개발	296
이산화탄소 발생 전무한 태양광 기술	298
전기차 배터리 용량 7배, 가격은 현재의 40분의 1이 목표	300
고효율 조명 개발	302
처절한 절약 목표	304

세계는 스마트 그리드 전쟁 중 (Smart Grid · 차세대지능형전력망) — 306
| '그린 뉴딜'의 핵심, 스마트 그리드 | 308 |

천문학적인 자금 동원이 문제	310
일본의 전략은 '마이크로 그리드'	312
덴마크 사례	314
한국·이탈리아가 스마트 그리드 선도국	316

세계는 희소광물 획득 전쟁 중   318

'제조업의 비타민' 몰리브덴과 리튬 확보전	318
자원은 대표적인 하이 리스크, 하이 리턴 사업	321
볼리비아·칠레가 전 세계 리튬의 70% 이상 보유	323
한·중·일 3국 자원 확보 협력해야	326

서 문

20여 년의 연구생활을 해 오면서 늘 궁금했던 일본의 핵무기 제조 능력을 이번에 밝히기 되어 해묵은 숙제를 해결한 것 같다. 북한이 핵실험을 세 차례나 하며 한국을 위협하는 마당에 일본의 핵도 꿈틀거릴 가능성이 없지 않기 때문이다. 북한의 핵개발을 못 막으면 일본의 핵개발을 막을 명분이 미국에게는 없다.

일본의 핵능력은 제2차 세계대전 이전으로 거슬러 올라간다. 일본이 자랑하는 천재 물리학자 니시나 요시오(仁科 芳雄)에 의해 주도된 핵개발은 미완으로 끝나고 그 수제자들은 노벨 물리학상을 받을 정도로 일본 핵물리학의 기반은 탄탄하다. 니시나와 스웨덴의 클라인 씨가 만든 [Klein-Nishina formula 클라인=니시나의 공식]은 물리학과 원자력공학을 전공하는 학생들은 피할 수 없는 공식으로, 전 세계의 물리학 교과서에 실려 있다.

그의 뒤를 이은 도모나가 신이치로(朝永振一郎), 유카와 히데키(湯川秀樹)는 노벨상물리학상 수상자들이다. 그만큼 일본의 핵물리학은 저변이 견고하다. 마음만 먹으면 언제든지 핵무기를 개발할 수 있는 능력을 갖추고 있다.

 핵실험을 세 차례나 감행한 북한의 핵물리학도 만만치 않을 만큼 기반이 탄탄한 것으로 추정해 볼 수 있다. 북한이 연거푸 핵실험을 하는 이유는 핵무기를 작게 만들어 미사일의 탄두로 올리기 위함이다. 은하 3호 로켓도 성공한 마당에 핵과 미사일의 결합은 멀지 않았다는 느낌이다.

 이 책을 집필하면서 가장 기억에 남는 일은 잠수함에 관한 글이다. 걱정스러웠던 예감이었는지 모르지만 천안함 사건이 터졌고 46명의 고귀한 생명을 잃었다. 그 결과 잠수함에 대해 국민적 관심을 불러일으켰고 한국의 잠수함 능력 증강뿐 아니라 대북한 잠수함 대처에 역점을 두게 된 것은 국가안보에 다행스러운 일이다.

 한국은 북한보다 30년 늦게 잠수함을 시작해 재래식 군사력 중 가장 취약한 전력이 잠수함 능력이다. 잠수함은 한국에서 다루어진 경우가 거의 없어 언젠가 써 보고 싶었다. 잠수함 자료를 수집하기 위해 일본을 여러 번 다녀왔으나 자료가 많지 않았던 것이 애로사항이기도 했다. 가장 비밀에 붙여진 무기체계답게 잠수함 자료는 그 어느 분야보다 집필이 어려운 분야이다. 그래서 잠수함을 타 보고, 함장을 직접 만나 심층 취재를 하며 한국의 잠수함 전력과 북한 잠수함을 비교하며 한국의 잠수함 전력 증강이 절실함을 몸으로 체험했다.

항공모함을 쓰게 된 것은 미국의 핵항공모함 죠지 와싱턴이 일본의 요코스카에 배치되었기 때문이었다. 핵폭탄을 맞은 경험이 있어 [핵알레르기]가 있는 일본이 아무렇지도 않게 미국의 핵항공모함을 수용한 것도 시간이 지나면서 목도한 역사의 변화이고 미국의 항모는 이제 모두 핵항모로 대체되었다. 핵항모는 연료 보급 없이 계속적으로 작전하며 원자로를 20년에 한 번 교체하면 되지만 디젤 항모는 약 8,000톤의 연료를 빈번하게 보충해야 하는데 그때마다 군사작전에 방해받기 때문이다. 거기에다 중국마저 항모를 보유하게 되었고 미국이 지배하고 있는 서태평양에 진출하려는 야심을 보이는 중국, 그에 대항하는 미국과 일본의 해양력이 동지나해, 남지나해에서 출동하고 있다. 디젤항모이지만 규모가 큰 항모를 갖고 있는 중국은 머지않아 핵항모를 보유하게 될 것으로 예상된다. 필자는 미 항공모함에서 보낸 경비행기를 타고 오키나와 근처에 떠 있던 항공모함에 직접 착륙해 본 적도 있다.

우주분야는 이미 97년도부터 다루어 왔는데 이 책이 발간되는 2013년, 한국은 두 번의 나로호 발사 실패 끝에 3차 발사에 성공했고 이제는 2020년경까지 한국형 로켓(추력 75톤)을 개발하고 있다. 일본 로켓의 영웅 고다이 토미후미 박사를 직접 만나 한국의 로켓 개발이 가능한가? 라고 물었더니 "한국도 로켓 개발에 전혀 문제가 없을 만큼 탄탄한 대기업들이 즐비하고 명석한 두뇌들을 가졌다"고 조언해 줘 훈훈한 희망을 가져 본다.

이 책에 수록된 일본의 우주개발이 타산지석의 도움이 되기를 기대한다.

그리고 일본 대지진 여파로 쓰나미에 의해 후쿠시마 원전이 모두 망가졌는데 우연치고는 너무 우연일 정도로 사고가 나기 이전에 KBS TV 취재파일팀을 이끌고 후쿠시마 원전을 취재해 지금은 지구상에서 사라져야 하는 후쿠시마 원전의 사고 이전 생생한 모습을 담은 화면을 KBS가 보유하게 된 점도 보람으로 남는다.

이 책을 쓰면서 현장을 다니며 글감을 모은 일들이 오랜 추억으로 남을 것 같다. 일본 나고야에 있는 세계 정상급 수준의 H-2A 액체수소로켓, 국제우주정거장에 화물을 수송할 수 있는 H-2B 로켓공장, 미,일 공동개발로 탄생된 F-2 전투기 공장, 이 전투기의 날개 제작기술은 세계 최고의 F-22 전투기 날개 제작에 응용되었다. 그리고 민간중형항공기인 MRJ 여객기 공장, 가미가제로 미국의 간담을 서늘하게 했던 제2차 세계대전 당시 기동력 최고로 불리던 제로 전투기 전시실, 일본은 전투기의 기동력을 높이기 위해 이 전투기 꼬리 날개에 세계 최초로 섬유소재를 사용했고 2013년 현재 일본의 탄소섬유수지 세계시장 점유율은 75%를 넘는다.

다네가시마 로켓발사센터는 큐슈 남단 가고시마에서 프로펠러 비행기를 타고 40분 남짓 날아가면 다다르는 곳이다. 임진왜란 때 왜군이 들고 온 수천 정의 조총의 또 다른 이름이 '다네가시마'인데 그 이유는 조총이 다네가시마 섬으로부터 전래되었기 때문이다. 포르투갈인이 이 섬에 난파하여 총을 전래했고 첫 만남에서 이 총으로 새를 쏘아 떨어뜨렸다고 해서 조총이라 불린 것이다. 이 섬 북쪽에는 총포박물관이 있다. 핵무기를 만들 수 있는 원자력 시설로는 아오모리현 로카쇼무라의 우라늄 농축공장, 마음만 먹으면 우라늄 핵폭탄을 제조할 수 있는 농축 우라늄을 뽑을 수 있는 곳인데 지금은 국제원자력기구(IAEA)의 엄격한 사찰을 받고 있다.

일본이 독자적인 우라늄 농축에 성공하면서 관계자들이 눈물을 흘렸다는 사실을 알고 나면서 우라늄 농축에 얼마나 심혈을 기울였는가를 짐작하게 한다. 우라늄 농축을 위한 원심분리기는 초속 400m의 마하 속도로 회전해야 하는데 견고한 베어링 만드는 기술에 애를 먹었다고 한다. 그리고 플루토늄 핵폭탄을 만들 수 있는 원료인 플루토늄을 추출할 수 있는 재처리 시설, 무쯔시의 사용후 핵연료 중간시설, 일본원자력의 메카 도카이무라의 원전해체현장, 니이가타현의 가시와자키 원자력발전소, 히로시마와 나가사키의 핵폭탄 전시관, 화력발전소 해외투자의 귀감이 되는 필리핀의 일리한 발전소, 미국 중부 인디펜던스시에 있는 트루먼 대통령 기념 도서관, 태양광과 풍력으로 생활하는 요코하마의 신재생 주택 실험시설, 미국과 일본 육군의 공동지휘부인 자마(座間) 군사기지, 미 7함대의 주 거점인 요코스카 해군기지, 오키나와의 가데나 미공군기지와 후덴마 헬리콥터 시설, 지금은 퇴역한 인디펜던스 미 항공모함에 경비행기로 착륙하던 공포스러운 순간, 동경 근처 아쯔기의 항모탑재기 정비기지, 홋카이도의 90식 탱크기지, 미국 텍사스 주의 록히드 마틴 F-35 스텔스 전투기 공장, 미 해군 이지스(AEGIS)함의 이지스 시스템공장, 미 서부 LA 근처에 있는 C-1 수송기 제작공장, 미 중부 지역에 있는 센트루이스의 보잉사 F-15 전투기공장, 미국 애리조나에 있는 아파치 헬기 공장, 시애틀의 보잉 787여객기 공장, 프레드릭슨 공장에서 787 여객기 날개를 탄소섬유로 만드는 시설, 버지니아주의 페트리오트 미사일 연구시설, 캐나다 몬트리올의 봄바르디아 여객기 공장, 프랑스의 라팔 전투기 공장, 프랑스 남부 툴루즈에 있는 에어버스 A380 여객기 공장, 세계 최고의 발사 성공률을 갖는 아리안 로켓 엔진공장, 유럽 최대 군사복합체인 EADS 본부, 프랑스 라하그의 원자력 시설, 파리 에어쇼와 파리 육군병기 박람회, 독일과 스페인의 유로파이터 전투기, 타우러스 미사일 공장, 아랍에미레이트의 한국형 원자로 건설 현장, 스웨덴의 핵폐기물 최종 처분지인 포스마크, 한국 해군 작전사령부의 이지스함과 잠수함, 청해진함 등 수많은 구축함, 잠수함의 천적인 대잠초계기 P-3C, F-16 전투기, 고등훈련연습기 T-50 전투기 등 지구를 빙빙 돌며 마치 신문기자처럼 취재한 것 같다.

이 책을 내기까지 많은 분이 도와주셨는데 그 존함을 일일이 거론하지 못함을 죄송스럽게 생각하며 진심으로 감사의 말씀을 올리고 싶다.

2013년 봄

01
북한의 핵

- 북한의 핵과 미사일
- 북한 핵과 미사일 결합 멀지 않다
- 중국, 인도, 파키스탄의 핵무기 개발

북한의 핵과 미사일

　북한이 보유하고 있는 사정거리 400㎞ 이상의 미사일은 스커드C와 노동, 그리고 대포동1호라고 볼 수 있다. 스커드C는 북한이 1980년에 이집트로부터 입수한 구 소련제 스커드B를 카피하여 사정거리를 연장하여 1980년에 실용화했다. 비록 복사를 한 것이라 하더라도 설계도면도 없이 북한의 기술력으로 실용화하여 시리아, 이란 등에 수출한 북한의 미사일 기술력을 결코 과소평가할 수는 없을 것으로 판단된다.

　스커드B의 사정거리는 휴전선 이북에서 발사한다면 대전 부근까지 도달하지 못하기 때문에 제주도를 포함한 한반도 전체를 공격하기 위해서는 550~600㎞의 사정거리를 갖는 미사일이 필요하다. 그래서 스커드B의 탄두를 경량화 시키고 그 대신 연료와 산화제를 보충하여 개발한 것이 스커드C 인 것이다.

이와 함께 군사적으로 서울 이남까지 발사할 수 있는 장사정포의 개발 및 배치 능력도 간과해서는 안 될 북한의 군사 능력이다.

한국 전체를 공격할 수 있는 스커드의 개발에 성공한 북한은 오키나와를 포함한 일본 열도 전체를 공격할 수 있는 미사일 개발에 착수하게 되는데 사정거리 1,300-1,500㎞의 노동미사일이 바로 그것이다. 그리고 1998년 사정거리 2,000㎞로 추정되는 대포동1호 미사일 발사 실험이 행해졌는데, 비록 실패했다고 알려지고 있지만 시간이 지날수록 북한 미사일의 사정거리가 연장될 가능성이 높다는 사실에 이론을 제기할 사람은 없을 것이다.

미국의 북한에 대한 우려는 1994년부터 급상승하기 시작하는데 그 이유는 북한이 핵무기 개발을 진행하고 있고 사정거리 300㎞에 달하는 스커드B 미사일과 사정거리 약 1,000㎞에 달하는 노동미사일은 항시 한국을 향해 발사할 수 있는 수준에 있고, 사정거리 2,000㎞의 대포동미사일도 개발 단계에 있었기 때문이다.

미국과 일본의 우려는 1998년 8월 발사 실험된 북한의 대포동 미사일이 일본 열도를 넘어 태평양에 떨어지면서 더욱 커진다. 서태평양 지역에서의 미 해군력의 증강은 제 1 차적 목표로 이 같은 북한의 도발에 대비하고 핵무기 개발을 저지하기 위한 군사전략이지만 종국에는 중국의 태평양 진출을 견제하기 위함이다.

북한의 미사일 위협에 대하여 미국도 충격을 받고 북한을 더욱 경계하기 시작한 계기는 2006년 7월 5일 하루에 합계 7 발의 탄도 미사일을 발사한 사건이다. 그중 1발은 북한이 미국 본토 내지는 미군기지가 있는 괌 또는 하와이를 겨냥하여 개발하고 있는 대포동 2 미사일로 추정되기 때문이다. 사정거리 3,500~6,000km로 추정되는 대포동2 미사일은 괌에서 알래스카까지 사정권내에 들기 때문에 미국이 경계를 늦추지 않고 있는 것이다.

　북한의 미사일 개발은 중국의 경험에서 배워간다. 중국은 미국을 견제하기 위한 미사일 능력을 보유하기 위하여 1964년 오키나와의 미군 기지를 공략할 수 있는 사정거리 1,200km의 동풍2호를 개발하는데 성공했고, 1966년에는 일본 본토를 공격할 수 있는 사정거리 2,000km의 미사일 개발에 성공한다. 그리고 같은 해, 필리핀의 클라크 미 공군기지를 공격할 수 있는 사정거리 2,800km의 미사일이 완성된다. 1970년대에는 미군기지가 있는 괌(Guam)을 공격할 수 있는 사정거리 4,700km의 미사일을 개발하고 1980년대에는 사정거리 13,000km의 미사일 개발에 성공해 미 본토 공격 능력을 갖게 된다. 사정거리를 연장하고 명중도를 높이는 미사일 개발이 강대국을 견제할 수 있는 무기가 된다는 것을 북한은 간파하고 있는 것이다.

북한, 핵탄두 소형화 경량화 작업 박차

그러면 북한의 핵위협은 어떠한가? 원래 천연 우라늄에는 핵분열이 가능한 우라늄 235가 0.7% 밖에 포함되어 있지 않은데 이것을 모아서 원심분리기에 넣고 돌리면서 2-5%의 농축우라늄을 만들면 한국도 보유하고 있는 경수로의 핵연료가 되지만 농축의 정도를 90% 이상 올리면 핵무기용 우라늄 폭탄이 되는 것이다.

우라늄을 활용하여 원자로에서 전력을 생산하는 물리학적 원리는 우라늄 핵폭탄의 원리와 마찬가지다. 원자력 발전소의 경우는 농축 우라늄에 중성자를 때리면 우라늄 핵이 쪼개지면서 2-3개의 중성자가 나오고 이 과정에서 열이 발생하게 된다. 그런데 핵분열 과정에서 나온 중성자들이 바로 옆에 있는 우라늄 핵을 또 때리면서 우라늄 핵이 쪼개져 열이 또 나오고 또 다시 발생한 중성자 2-3개가 연쇄적으로 우라늄 핵을 때려 같은 현상이 연쇄적으로 일어나면 문자 그대로 연쇄 반응이 되는 것이다. 연쇄반응이 천천히 일어나면서 열만 통제해서 물을 끓여 증기를 발생시키고 그 증기를 고압으로 만들어 발전기 터빈에 쏘아 돌리게 되면 전기가 발생되어 일상 생활과 산업용으로 사용하게 되는 것이다.

다시 말하면 원자력 그 자체가 전기를 만드는 것이 아니라 핵분열 과정에서 나오는 열을 적절히 통제하여 물을 끓여 증기를 만드는 것이고 핵폭탄은 우라늄 핵분열의 연쇄반응이 일거에 일어나게 하여 엄청난 폭발력과 열을 발생시켜 대량살상무기로 쓰게 되는 것이다.

　원자력발전소의 경우 핵분열의 연쇄반응을 속도를 늦추기 위해 그리고 고열을 낮추기 위해 작동하게 하는 물질이 물이다. 그래서 우리나라가 갖고 있는 원자력 발전소를 경수로 이른바 가벼운 물 즉 우리가 마시는 물 수준의 물을 감속재와 냉각재 소재로 쓰고 있는 것이고 월성의 중수로의 경우는 감속재로 중수(重水)를 쓰고 있는 차이뿐이다.

북한 플루토늄 핵폭탄 보유 추정

　우라늄 핵폭탄을 만들기 위한 90% 이상 순도의 고농축 우라늄을 만들기 위해서는 통상적으로 수 천 개의 원심분리기가 필요하다. 그리고 핵무기급 우라늄을 생산하기 위해서는 원심분리기가 초속 400m 이상 즉 마하 속도로 회전해야 하기 때문에 내구재가 대단히 견고하고 강해야 한다. 흔히 고강도 알루미늄을 많이 쓰는데, 그래서 고강도 알루미늄을 다량 구매하는 나라가 나타나면 혹시 원심분리기를 만들려는 의도는 없는가 하고 의혹의 눈길을 받는 것이다. 대표적인 나라가 북한인 것이다. 이렇게 해서 고농축 우라늄만 확보되면 핵무기가 되는 것이 어렵지 않은 것이 우라늄 폭탄이다. 그래서 북한은 우라늄

폭탄의 진행도 함께 병행하고 있는 것이다.

　미국은 북한이 플루토늄 핵폭탄 몇 개를 보유하고 있는 것으로 추정하고 있다. 정확한 숫자는 평가에 따라 틀리지만 적어도 핵무기의 보유는 인정하게 되는 것이 플루토늄 핵폭탄의 폭발 실험을 했다는 사실이다. 핵무기에 관해 일본 최고의 전문가로 알려진 이마이 교수는 북한이 핵실험을 하기 이전부터 논란이 되어 온 핵무기 보유 여부에 대해 핵실험을 하면 그 보유를 인정해야 한다고 주장해 왔다.

　북한의 핵무기 개발 상황은 미국이 핵무기를 개발한 맨하탄 프로젝트에서 미루어 짐작할 수 있는데 그 당시 미국은 플루토늄 핵폭탄 2기와 우라늄 핵폭탄 1기를 개발했다. 그래서 플루토늄 핵폭탄 1기를 폭발시켜 보고 나서 나가사키에 떨어뜨린 것인데 그 이유는 플루토늄의 경우는 방대한 데이터로 컴퓨터 시뮬레이션 핵실험을 하지 않고는 실제로 핵실험을 해 보아야 폭발여부를 검증할 수 있는 것이다. 기폭장치가 복잡하여 실제의 핵실험이 필요한 것이다. 그래서 북한은 핵실험을 한 것인데 기술적으로는 몇 차례 더 핵실험을 거쳐야 언제든지 폭발할 수 있는 플루토늄 핵폭탄을 보유했다고 평가할 수 있기 때문에 북한이 핵 포기를 하지 않는 한 머지않은 장래에 또 다시 핵실험을 할 가능성이 있다는 전망이 나오는 이유가 여기에 있다.

　북한의 플루토늄 핵폭탄은 비록 핵실험을 한 차례 했지만 무게가 무거워 미사일에 탑재할 수 있느냐가 관건이 되고 있다. 따라서 마지막 남은 단계는 핵탄두의 소형화, 경량화 작업이다. 미사일 능력이 발달한 오늘의 세계에서 히로시마와 나가사키의 핵폭탄 투하 때처럼 항공기를 이용한 핵폭탄 운반은 격추될 가능성이 크므로 현실성이 떨어진다. 그래서 핵무기를 미사일에 탑재해야만 핵무기를 완성했다고 볼 수 있는 것이다.

핵무기의 소형화 작업에 관건이 되는 것은 폭발렌즈의 무게를 어떻게 줄이느냐이다. 폭발렌즈는 중심부의 플루토늄에 폭발충격파를 한 점으로 집중시켜 핵폭발이 성공적으로 이루어지게 하는 장치인데 폭발렌즈의 무게를 줄이는 일은 핵보유국들도 가장 곤혹스러워 하는 어려운 기술이다.

일본 나가사키에 투하된 플루토늄 핵폭탄이 이번에 북한이 실험한 플루토늄 핵폭탄의 원조인데 총 중량 4.76톤 중 32개의 폭발렌즈 무게가 무려 2.5톤이나 된다. 절반이 넘는 무게인 셈이다. 미국과 같은 핵강대국은 그 이후 연구개발을 집중시켜 90년대 이후로는 무게를 20킬로그램까지 줄이는 획기적인 성공을 거두고 있어 대포에도 장착할 수 있는 수준에 이르고 있다.

북한의 노동미사일 탄두 무게가 약 800 킬로그램으로 알려지고 있으니 어림잡아도 북한은 핵탄두의 무게를 1톤 미만으로 줄여야 하는 기술의 벽에 부딪쳐 있을 것으로 평가된다. 문제는 시간이다. 북한은 이제부터 핵실험의 보다 높은 신뢰성을 확보하기 위하여 폭발렌즈의 무게를 줄이는 일에 국력을 집중시켜 나갈 것으로 관측된다. 20년 가까이 시간을 끌며 핵실험이라는 단계까지 핵무기 개발에 용의주도한 국가 전략을 구사한 북한은 향후 어떤 핑계를 대며 핵탄두의 소형화 작업에 시간을 벌고자 할 것이다. 북한의 핵무기 개발은 플루토늄 핵폭탄에 머물지 않고 우라늄 핵폭탄 개발에 나서고 있다는 점에서 한국의 안보는 풍전등화나 다름없는 국면을 맞고 있다.

북한의 핵개발 전략은 중국에서 교훈을 얻고 있는데 중국을 건국한 모택동은 혁명에 성공하고 난 이후 국가 재정이 열악한 상태에서 미, 소와 어깨를 나란히 할 수 있는 길은 핵무기와 미사일 개발이라는 생각을 하게 되었다. 그 선택이 들어맞은 것은 중국이 개발도상국의 경제력을 갖던 시절에도 미국과 소련이 무시하지 못하는 국가로 상대한 것도 이러한 배경 때문이다. 북한도 경제력이 취약한 상태에서 강대국들과 협상하려면 핵무기와 미사일이 최선의 선택이라는 국가전략에서 그 개발을 진행하고 있는 것이다. 미국의 국방전략가들은 이 사실을 염두에 두고 있기 때문에 동북아에서 핵무기와 미사일 위협에 대처하기 위한 군사력 증강에 힘을 기울이고 있는 것이다.

미국 태평양 군사 전략의 궁극 목표는 중국

북한과 더불어 미국의 태평양 군사전략에 있어서 궁극적인 관심을 드러내는 국가는 중국이다. 4년마다 발간되는 미국의 국방전략 보고서를 보면 미국은 중국의 급성장을 긍정적인 차원에서 지켜보면서도 패권적 지위를 차지하게 될 것을 우려한다. 중국은 2003년을 제외하고는 1996년부터 연 10% 이상의 군사비를 지출하며 군사력 증강에 정도 이상의 투자를 하고 있다고 미국은 경계한다. 그러면서 강대국으로 대두되는 국가들 중에서 중국이 미국과 군사적 경쟁을 하게 될 국가로 상정하고 있다.

이를 위하여 미국은 태평양에서 최대 6척의 항공모함 운용체제를 구축할 것이고 잠수함 전력의 총 60%를 태평양에 투입시킬 수 있는 전력체계를 마련할 것이다. 이와 함께 북한을 포함하여 중국 미사일 능력에 대비하기 위하여 SM-3 미사일 방어체제를 이지스함을 중심으로 구축했다.

중국, 해군력 증강 전략 본격화

미국이 동북아에서 해군력을 증강시키고 있는 배경을 들여다보기 위해서는 해군력을 증강시키는 중국의 해양 전략을 이해할 필요가 있다. 전통적으로 대륙국가인 중국은 아편전쟁의 쓰라린 경험이 해양 전략을 소홀히 한 연유라고 판단하고 있다. 그래서 해군력을 중시하는 정책을 추진하고 있고 경제력이 튼튼해지면서 해양 전략이 더욱 탄력을 받고 있다.

중국의 해양 전략은 1960년대 말 남사제도에 석유가 다량 매장되어 있다는 사실이 알려지면서 본격화되기 시작하는데 남사제도의 영유권을 확보하기 위하여 1974년 1월 베트남이 보유하고 있던 서사제도를 점령하게 된다. 중국 남단 해남도에서 남사제도까지의 거리는 960 km인데 그 당시 중국의 해군력은 그 먼 거리에서 원활한 해양작전을 구사할 수준이 못되었다. 그래서 400여km 거리의 중간해역에 위치한 서사제도를 차지하는 것이다. 그리고 나서 서사제도에 1980년 대 말 군용기가 착륙할 수 있는 2,600m의 활주로를 완성했고 5천 톤급 함정이 기항할 수 있는 항만공사도 완료하여 남사제도를 공략할 수 있는 교두보를 마련하게 된다.

남사제도는 200개의 섬과 산호초로 형성되어 있고 약 80만 평방킬로미터의 광대한 해역에 산재되어 있다. 중국은 이 가운데 영서초, 청벽초, 화양초 등 7개의 암초를 점령하고 영유권을 주장하고 있다. 중국은 영서초에 해군기지를 건설하고 함정이 기항할 수 있는 부두시설과, 레이더 기지를 구축하고 이 부근을 출입하는 선박과 항공기를 정찰하고 있다.

남사제도의 주변국들 역시 앞 다투어 산호초 섬들을 점령하고 영유권 권익 보호에 총력을 기울이고 있어 남사제도 해저의 석유자원 개발이익을 두고 순조로운 협력이 성사되지 않는 한 무력 갈등의 가능성마저 안고 있는 아시아의 화약고로 떠오를 수도 있다.

필리핀은 1971년부터 해군을 파견하여 중업도를 차지한데 이어 북자초, 서월도 등을 점령하고 있는데 중업도에 1,400m의 활주로를 건설하고 해군 전투기 등을 배치하고 있다.

베트남이 남사제도에서 점령한 섬과 신호초는 20 여개가 넘고 돈겸사주에는 전망대를, 남자초, 안달도 등에는 헬리콥터 이, 착륙장이 있다. 말레이시아는 1983년 탄환초를 점령하고 남해초, 광경자초에 공군과 해군기지를 건설하였다. 대만도 태평도를 점령하고 영유권 주장을 하고 있다.

중국이 남사제도의 영유권에 집착을 보이는 이유는 첫 번째로 교통의 요충지이기 때문이다. 남사제도는 싱가포르, 홍콩, 마닐라의 교차점에 위치한 해상교통로의 중심지로 이 해역에 군사적 긴장이 고조되는 경우에는 해상교통로에 무역을 크게 의존하는 관련국들의 큰 피해가 예상된다.

두 번째는 군사적 요충지다. 남사제도의 주변 2,000km 해역 내에 필리핀, 인도네시아, 말레이시아, 베트남, 태국이 포함되어 있어 남사제도가 어느 한 국가의 패권적 지배하에 들어가게 되면 수많은 남양 국가들이 곤경에 처하게 될 수 있다.

중국, 첨단 잠수함 전력 증강

1992년 2월 국내법으로 공표된 중국의 해양법은 남지나해의 남사제도를 포함한 4개의 제도를 중국의 영토라고 명기하고, 영해를 침범한 외국의 군함을 중국의 함정 또는 항공기가 추적할 수 있는 권한을 명확히 규정하고 있다.

해양법 발표와 함께 중국은 첨단 잠수함 전력을 급속히 증강시키고 있는데, 낙후된 4척의 한(漢)급 원자력잠수함과 1척 뿐인 하(夏)급 원자력 잠수함을 새로이 건조한 2척의 상(商)급과 진급의 원자력잠수함으로 교체하게 된다.

남사제도의 몇 개 산호초를 점령한 중국은 2007년 중국의 영토에 공식적으로 편입시킨다는 선언을 하면서 60년 동안 은밀히 진행해 온 동지나해, 남지나해 제해권의 목표를 공개적으로 드러내고 있다.

되짚어 보면 1949년 중화인민공화국 건국, 1969년 유엔아시아극동경제위원회(ECAFE)의 남사제도 해역의 석유자원매장 공표, 1974년 1

월 베트남으로부터 서사제도 점령, 1988년 서사제도에 2,600m의 활주로 완공과 5,000톤 급 함정이 기항 할 수 있는 부두 건설, 1992년 해양법 공표, 2008년 해남도에 잠수함 기지 건설 등의 수순을 밟으며 꾸준히 그 목표를 진행시켜 왔다. 실로 국제 정치에 있어 힘의 전개는 오래전부터 시간을 두고 집요하게 준비되고 실행되는 것임을 다시금 실감하게 된다.

중국 해남도 원자력 잠수함 기지

미국의 동북아 국방전략은 중국의 해군력 증강에 예민한 반응을 보이는데 미국의 인공위성이 촬영한 바에 의하면 중국은 동남아시아로 통하는 해상수송로의 중요 거점인 중국 남쪽에 위치한 해남도에 미사일 원자력 잠수함기지를 건설하고 있다고 발표했다.

미국의 [전미과학자연맹]이 중국의 해양핵전략을 담당하는 신형 진(晋)급 즉 094형 미사일원잠 1척이 2008년 4월에 해남도 유린(楡林) 해군기지에 배치된 사실을 공표하면서 미국의 움직임도 본격화되고 있다.

미국은 중국의 이 같은 해양 전략에 적극적으로 대처하기 위해 2008년 미 하원 군사위원회는 5월 14일 최신예 버지니아급 공격형 잠수함의 건조에 약 7천 6백억 원을 2009년도 예산에 추가계상을 승인했다. 버지니아급 원잠은 주력 잠수함인 로스엔젤레스급의 후계함으로 2004년 이후 이미 4척이 취역을 마친 상태로서 2009년 추가계상으로 건조 수는 2010년과 2011년에 연 2척씩으로 증가되었다.

중국의 핵공격형잠수함 진급은 핵탄두를 탑재할 수 있는 사정거리 8천km의 잠수함 발사탄도 미사일(SLBM) [거랑 2호]를 12기 탑재할 수 있어 미국이 신경을 곤두세우는 잠수함 전력이다.

해남도의 잠수함 기지의 실상은 상당히 규모가 큰데 해안을 따라 잠수함을 수용할 수 있도록 폭 16m의 굴을 파고, 지하시설로 통하는 입구들이 여러 곳에 확인되어 해남도가 중국 전략원잠의 요새로 확인되고 있다.

미국이 우려하는 것은 잠수함이 기지를 입, 출입할 때 위성으로 파악하게 되는데 지하로 연결되면 위성으로 추적하기 어렵다는 사실이다.

해남도를 거점으로 한 중국의 잠수함이 '죠지 와싱턴' 핵항모의 일본 배치를 경계하고 있다는 사실이 현실로 들어나고 있는데, 그 증거로 죠지 와싱턴호가 2008년 10월 한국 부산의 해군관함식에 참가하기 위하여 항행하는 모습을 중국 잠수함 2척이 따라 붙으며 추적한 사실이 드러나고 있기 때문이다.

일본 해상자위대는 중국 잠수함이 동지나해에 작전 중인 것을 발견했다고 발표했는데 1척은 2004년 일본 영해를 침범한 한(漢)급 공격형 원자력잠수함이고 또 1척은 디젤 추진형 잠수함으로 파악되고 있다. 해상자위대는 중국이 한국으로 향하는 미 핵항모 '죠지 와싱턴'을 잠복하여 기다리고 있다가 음향 데이터를 수집하고 시위행동에 나선 것으로 분석하고 있다. 대만을 무력으로 제압할 수 있는 정책상의 선택을 갖고 있는 중국이 그렇게 될 경우 미국의 항공모함은 최대의 위협이 될 것이어서 중국도 그 나름대로 견제의 신호를 보낸 것으로 분석된다.

최근 중국 잠수함은 미국 군함의 항행에 따라 활동하는 사례가 늘어나고 있는데 2006년 10월 디젤추진형 송(宋)급 공격형 잠수함이 키티호크 항공모함을 추적하다 어뢰 사정권인 8km 거리에서 해상으로 부상하여 긴장이 고조된 적이 있다. 미국도 이에 맞서 첩보위성으로 중국 잠수함의 동향을 살피고 해저에 깔아 놓은 음향케이블로 중국 잠수함의 움직임을 추적하고 있다. 중국이 최남단 해남도에 원잠을 배치한 것은 중국의 해양 전략이 대만을 염두에 둔 지난날에 머물지 않고 남지나해 남사제도 주변의 석유자원의 확보와 말라카해협, 그리고 멀리 인도양까지를 겨냥한 영향력 확대의 목표다.

일본 요코스카, 미국 본토 이외 세계 유일의 미 핵항공모함 모항

미국의 핵 항모 조지 워싱턴이 배치되어 있는 일본은 미국으로서는 입안에 혀와 같이 너무 편한 존재다. 지리적으로 볼 때도 미국 서해안 샌디에이고에서 태평양으로 항해하다 보면 하와이를 거쳐 일본에 도달하게 될 정도로 미국과 일본은 하나의 묶음으로 태평양을 안고 있다. 따라서 일본은 미국의 태평양 지배에 없어서는 안 될 지리적 여건을 갖추고 있으며 미군주둔 예산도 [오모이야리 예산]이라 해서 미국의 입장에서 편성하는 예산철학도 갖추고 있기 때문에 동양에서 뿐만 아니라 전 세계에서 일본만한 군사협력파트너는 없을 것이다.

더욱이 요코스카의 함정수리시설은 태평양에 있어 최대 규모이고 미 본토의 해군공창보다 더욱 우수한 미 해군 직할 제6도크를 보유하고 있다. 미국은 하와이 서편, 인도양, 아프리카 동안에 이르는 해역에 미 해군이 언제라도 자유로이 사용할 수 있는 도크가 요코스카 이외에는 없다는 점이 일본을 더욱 중요하게 만드는 것이다. 요코스카에는 제 1에서 6도크가 있는데 1-5 도크는 일본에 반환되어 미국과 일본이 공동으로 사용하고 6도크만은 미국의 직할로 전용되고 있다. 거기에다 제2차 세계대전 때 세계 최대급의 전함 대화(大和)를 건조할 정도의 조선능력을 갖춘 일본은 우수한 함정관련 인재들이 가득하기 때문에 요코스카가 미국항모의 모항이 되고 있는 것이다.

일본의 요코스카는 미국 본토 이외에 항모를 주둔시키는 세계 유일의 외국 모항(母港)인데 제 1 번 함 미드웨이가 상주하기 시작한 때가 1973년 10월 15일이고 미드웨이가 퇴역함에 따라 1991년 9월 11일 제 2 번 함 인디펜던스가 요코스카에 상주했다.

인디펜던스도 수명이 다하여 퇴역하고 그 이후 키티호크가 1998년 8월 11일부터 기항했는데 미국이 항모운영을 핵 항모화 함에 따라 조지 워싱턴으로 교체하게 된 것이다. 일본은 미국의 핵 항모 조지 워싱턴을 상주시키기 위해 일찌감치 12번 부두의 확장 공사를 완료했다. 12번 부두의 길이는 277m였는데 137m 연장하여 414m로 늘려 330m 길이의 핵 항모가 안정되게 기항할 수 있도록 모든 조치를 마쳤다.

미국이 요코스카를 전략적으로 중요시하는 이유는 미 본토로부터 동아시아까지 걸리는 항모의 운항 시간이 편도 2주간, 왕복 4주간, 페르시아 만의 경우 1개월 반이 걸린다. 그래서 요코스카를 모항으로 한다면 항모 1척 분의 추가 배치에 해당하는 시간과 경비를 절약할 수 있기 때문에 일본의 요코스카가 미국의 전 지구적 해양 전략에 중요한 거점이 되는 것이다. 미국이 일본과의 군사일체화를 겨냥하며 요코스카를 중심으로 미 해군력을 증강하고 요코다에 항공자위대를 불러들이며 자마에 미 육군이 들어오게 하는 이유는 두말 할 것도 없이 동아시아에서 중국을 견제하기 위한 목표가 크다.

북한의 대포동 미사일 발사를 견제한다는 목표로 증강된 미국의 이지스함 9척도 따지고 보면 중국 때문이다. 그렇게 되면 일본에는 일본의 이지스함 6척과 함께 총 15척이 배치되는 셈이다. 막강한 해군력이 아닐 수 없다.

중국도 이에 대응하기 위하여 중국판 이지스함인 난주급이 있지만 미국과 일본의 이지스함 보다 성능이 떨어지는 것으로 평가되고 있다.

미국이 중국을 견제하기 위한 작업은 오래전부터 진행되어 왔는데, 중국의 해군력이 잠수함 전력의 근대화를 시작으로 크게 증강되고 있는 상황에 대비하기 위하여 2척의 항모를 서태평양에 항시적으로 전개시키기로 방침을 굳혔다. 한 곳은 일본의 요코스카이고 또 다른 한 곳은 하와이다.

항모의 모항으로 괌이 후보지로 거론되었지만 탈락되고 그 대신 원자력잠수함의 본거지로 결정되었다. 괌은 내항의 수심이 얕아 10m밖에 안되고 외항은 30m로 정박은 가능하나 입구의 폭이 500m밖에 안되기 때문에 미 해군 규정에 항공모함이 머리를 돌릴 수 있는 회전반경이 최소 약 500m가 되어야 하기 때문에 적절치 않은 것으로 결론이 난 것이다.

일본, 미일 군사일체화 통해 중국 견제

 일본은 미국과의 군사일체화를 통해 중국을 견제하고 있지만 일본의 대중국 견제는 그 역사가 꽤 오래 되었다. 중국 원나라 시절, 쿠빌라이 칸의 일본 침공 시도 이래 청일전쟁으로 점철된 중, 일 관계는 국력을 서로 겨누는 관계로 정착했고 제2차 세계대전을 겪으면서 양국관계는 항상 협력적이면서도 경쟁적인 관계이다.

 일본이 미국과 손을 잡고 중국을 견제하는 국가전략과 함께 독자적인 중국견제 전략을 갖고 있는데 그 승거는 일본의 핵무기 개발 잠재력 보유와 우주개발전략이다.

 1964년 중국이 핵실험을 하자 일본은 중국에 대응하기 위해 자체적으로 로켓연구와 핵연구에 돌입하게 되는데 미국은 초기에 일본과의 협력을 원치 않았으나 중국을 견제하기 위하여 평화적인 틀 내에서 일본의 핵 잠재력과 우주개발계획에 협력한다. 일본도 주변국의 우려를 불식하기 위해 평화 제스처를 쓰게 되는데 대표적 사례가 비핵 3원칙과 우주를 평화적으로만 이용한다는 1969년의 중의원 결의다.

 1959년 6월 기시 전 일본총리의 과학기술청장관으로 입각한 나카소네 전 총리는 [우주과학기술진흥준비위원회]를 설치하고 원자력과 함께 본격적인 개발에 돌입하게 된다. 거대과학인 우주개발과 원자력 사업은 엄청난 예산이 투입되어야 하기 때문에 국가가 주도하지 않으면 안 되는데 나카소네 전 총리는 일본 우주와 원자력의 대부로 불릴 정도로 50여 년 전부터 거대과학의 기초를 마련한다. 그 결과 일본은 원자력과 우주분야에서 강대국이 되어 있다.

미국의 일본 로켓 기술 지원

미국이 일본의 로켓개발과 원자력 기술 축적에 협력하기로 한 것은 평화적인 목적 하에서라면 일본이 중국을 견제할 수 있는 과학능력을 보유하는 것은 문제될 것이 없다고 판단했기 때문이다. 여기에서 미국과 일본은 각자 나름대로의 국익계산을 한다.

미국은 평화적 목적이라는 조건을 걸어 놓고 중국이 무시하지 못하도록 일본은 언제든 마음만 먹으면 중국과 맞설 수 있는 핵능력과 로켓 즉 미사일 개발능력이 있다는 것을 느끼게 해줌으로써 중국을 견제하고 일본도 한정된 테두리 내에 머물게 할 수 있다는 것이었다. 일본이 본격적인 군비재무장에 들어가는 것을 미국은 원치 않기 때문이다. 다만 미국의 통제 하에 어느 정도의 군비무장은 독려한다.

반면에 일본은 우주나 핵분야는 공통의 기술이기 때문에 설령 평화적 목적에 한정된 개발이라 하더라도 유사시에 언제든지 군사적 목적으로 전용될 수 있다는 것을 잘 알기 때문에 그 선상에서 미국과 타협하고 기술축적에 나선 것이다.

일본의 전략적 목표가 결국에는 일본의 의도대로 성공했다고 볼 수 있는 것은 일본이 아오모리현 로카쇼무라에 재처리 시설을 보유하고 있고 원심분리기마저 갖고 있다는 사실이다. 또 일본은 마음만 먹으면 핵무기를 제조할 수 있는 제반요건을 갖추고 있고 그리고 핵무기를 언제든지 운반할 수 있는 H-2A 로켓능력을 보유하고 있다. 실례로 북한이 1998년 대포동 미사일 발사 실험을 하자마자 미사일방어체계와 첩보 위성 4기 체제를 구축하겠다고 선언했고 현재 4기 체제가 마련 중이며 그 위성들은 일본의 자체 로켓으로 발사되었다. 이미 대륙간탄도탄에 버금가는 로켓 능력과 정교한 인공위성능력을 보유했음을 알 수 있는 것이다.

일본의 로켓 개발과정을 살펴보면 1975년의 N-1 로켓은 미국의 델타로켓을 카피한 것이고 이후 H-1 로켓은 2단 부분이 국산화를 이루었고 H-2 로켓 단계에서는 완전국산화에 성공한다.

완전 국산화를 목표로 한 로켓 가격은 1,900억 원으로 그 당시 아리안 로켓 가격이 900억 원대이니까 실로 엄청나게 비싼 로켓 가격이다. 그러나 늘 그러하듯이 일본은 민간부분의 기술과 군사기술을 동시에 추구하는 전략을 선택하기 때문에 엄청난 예산을 투입한다고 하더라도 국방의 자립을 이루기 위해서는 인내심을 갖고 투자를 한다. 로켓 국산화를 통하여 민간기술 분야의 로켓제작 기술도 확보하고 마음만 먹으면 언제든지 미사일 기술로도 활용할 수 있는 기술 축적을 할 수 있기 때문이다. 그리고 로켓의 상업화라는 국가전략을 추구하는데 그 실례가 달 탐사위성 가구야를 미쓰비시 중공업이 발사한 것이다.

일본은 H-2A 증강형을 지속적으로 개발하고 3만 6천km의 정지궤도에 6톤 정도의 인공위성을 발사할 수 있는 대형로켓 제조 능력을 보유하고 있다. 여기에다 국제우주정거장에 무인수송기를 H-2 B 로켓으로 발사할 준비를 하고 있고 미국이 일본에 요청할 정도로 우주기술의 역전현상이 벌어질 정도로 일본의 우주능력은 세계 정상급이다.

이 능력이 군사 분야에 그대로 반영될 수 있기 때문에 일본은 미국과의 군사협력 뿐만 아니라 독자적인 중국견제의 능력도 착실히 키워가고 있는 것이다. 결과적으로는 일본이 독자적으로도 중국을 견제할 수 있는 군사능력을 획득하고 국제환경이 변하는 세월의 힘을 빌어 군사관련 과학능력을 군사적으로 이용하는 절차를 밟고 있다.

일본 미사일 방어 체계

일본의 독자적인 미사일 방어체계도 상당한 진전을 보이고 있다. 일본에서 미국의 탄도미사일 방어체계에 참여하느냐 아니냐에 대한 논란은 뜨거웠다. 그리고 결론은 탄두가 핵탄두가 아니라 할지라도 생물, 화학무기 등도 탑재될 수 있기 때문에 상당한 피해를 입을 가능성이 있고 설령 대량 살상 무기가 아니라 할지라도 통상탄두가 집중적으로 낙하한다면 그 심리적 공포는 일반적인 항공공격에 비할 바가 아니라는 것이다. 그래서 100%는 아니라 할지라도 북한의 탄도미사일 방어체계는 구축해야 한다는 것이었다. 이러한 생각은 1998년 8월 이른바 대포동쇼크 이래 급진전 되어 미국으로부터 PAC-3와 SM-3를 도입하는 것으로 결정되었다.

재일미군도 2006년 11월 오키나와의 가네다 공군기지와 탄약고를 미사일 공격으로부터 방어하기 위해 미 육군 제 1 방공포병 연대 제 1 대대를 배치하였다. 오키나와의 PAC-3 배치를 한시라도 앞당긴 이유는 북한이 2006년 7월 5 일 총 7발의 미사일을 발사한 사건 때문이다.

그리고 북한이 같은 해 10월 핵실험을 강행하자 일본 방위청은 경악을 금치 못하고 PAC-3 미사일의 수도권 배치를 서두르게 되는데, 항공자위대는 동경 주변의 나라시노, 요코스카 등 지역을 중심으로 미사일 방어체계 구축을 완료한다.

기술 습득을 위해 라이센스 생산을 목표로 하는 PAC-3미사일 1기 가격은 약 40 억 원으로 상당히 비싼 편이다. PAC-3는 대기권 내에 들어오는 상대방 미사일을 요격하는 것으로 시간을 거치면서 상당한 명중률을 자랑하고 있다.

　일본이 선택한 SM-3 미사일은 대기권 바깥에서 상대방 미사일을 요격하는 미사일 방어체계이다. SM-3 미사일은 일본이 보유하고 있는 6척의 이지스함에서 발사되어 대기권 바깥에서 상대방 미사일을 요격하는 미사일이다. 일본은 이를 위하여 일본 최초의 이지스함인 [콩고우]를 3,500억 원이라는 거금을 들여 수직발사기의 개조작업을 하고 6척 모두 미사일방어체제의 시스템을 갖춘다. SM-3 의 요격고도는 약 120km로 대기권의 고도를 약 100km로 보기 때문에 요격은 대기권 밖에서 이루어지는 것이다. 만약 요격에 실패하면 요격 사정거리 약 30km의 PAC-3가 그 임무를 담당하게 된다.

　미국과 일본은 SM-3의 요격율이 상당히 향상되었지만 100% 완벽한 것이 아니기 때문에 성능향상을 위한 공동연구를 진행하고 있는데, 초점이 모아지는 부분이 키네틱(Kinetic) 탄두이다.

　키네틱 탄두는 상대방 미사일을 스치는 순간에 폭발되면서 요격하는 기존의 구조와는 달리 자세를 제어해 가며 상대방 미사일에 접근하여 직격으로 맞추어 격파하는 탄두이기 때문에 요격율이 향상된다.

그러면서 빠른 속도로 상승해야 하기 때문에 2단 로켓 모터의 능력 향상을 일본이 맡아 연구가 진행 중이고 목표물을 정확하고도 신속히 찾아 가기 위해 적외선 시커(Seeker)의 개발도 미국과 일본이 공동으로 하고 있다.

그리고 SM-3 미사일 앞부분의 노즈콘은 대기 중에 상승할 때 심한 열로부터 내장된 적외선 시커를 보호하기 위해 특수재료로 만들어져야 하고 최종 요격단계에서 키네틱 탄두를 분리할 때 탄두와 부딪히지 않아야 하기 때문에 상당한 기술의 수준이 요구되는데 이 부분은 일본이 맡고 있다.

일본, 우주의 군사적 이용 가능한 우주기본법 마련

일본 중의원은 40년 만에 국회에서 우주기본법을 제정함으로써 평화적 이용에만 한정하던 족쇄를 풀고 우주의 군사적 이용을 허용했다. 집권 자민당 뿐 만 아니라 야당인 민주당까지 합세하여 우주의 군사적 이용을 동의했다. 이로써 일본 자위대는 독자적으로 첩보위성을 보유하며 운용할 수 있게 되었고 현재 운용 중인 첩보위성 4기 즉 광학위성 2기, 레이더 위성 2기로 한반도를 매일 원하는 곳에 들여다 볼 수 있는데 향후 더욱 성능이 향상된 30㎝급 분해 능력의 첩보위성도 가동할 것으로 전망된다. 지금은 분해 능력이 1m급이지만 미국의 KH-12가 분해능력 10㎝ 정도이니 30㎝급이 되면 손금 보듯이 한반도를 들여다보게 될 것이다.

그렇다면 일본은 중국을 견제하기 위하여 독자적인 핵무기 개발 실력은 어느 정도 보유하고 있는 것일까? 철저하게 기밀에 붙여져 있는 핵무기 개발 잠재력은 명확한 개발의 증거가 없는 한 추정으로 평가할 수밖에 없는데 이스라엘의 경우를 보면 일본의 경우가 추측 가능해 진다.

이스라엘이 핵무기를 보유하고 있다는 사실은 상당히 공인된 바이지만 핵실험을 한 번도 하지 않았다는 점이다. 그것은 다름 아닌 핵실험 시뮬레이션인데 5대 핵보유국들도 새로운 핵개발과 보유하고 있는 핵무기의 검증을 핵실험 시뮬레이션으로 하고 있다.

컴퓨터 시뮬레이션이 발달한 오늘날 슈퍼컴퓨터에 핵분열 모델과 핵융합 모델에 기존의 핵실험 데이터를 집어넣어 고속연산하면 실제로 핵실험을 하지 않아도 핵실험한 것과 동일한 결과를 얻을 수 있는 것으로 알려져 있다. 컴퓨터 시뮬레이션의 경우 실험 데이터가 부족하면 핵융합 실험 장치를 통하여 핵융합 시뮬레이션이 가능한데 미국은 NOVA, 영국은 VALCAN, 일본은 GEKKO-XII를 갖고 있다.

일본의 핵무기 개발 잠재력을 평가할 때 이러한 기술 수준과 시설이 있기 때문에 마음만 먹으면 핵무기를 개발할 수 있다고 평가되고 북한보다도 핵무장에 가장 근접한 국가라고 말해지는 것이다.

　제2차 세계대전에서 미국에게 항복하고 점령통치를 받던 일본이 60여 년이 지난 오늘날 미국에게 있어서 없어서는 안 되는 동맹국으로 자리매김했고 미국의 종속적 파트너가 아닌 대등한 협력자로서의 위치는 점점 확대될 전망이다. 이렇듯 일본이 대접받는 이유는 막강한 경제력으로 미국의 동반자가 될 수 있고 명치유신 이후로 근대화에 성공하여 제조업 분야의 기술이 세계 정상급이어서 지정학적인 전략적 요충지로서 뿐만 아니라 미국의 기술협력자로서의 가치를 인정받고 있기 때문이다.

　그러면서도 일본의 군비재무장에 상당한 통제를 해온 미국도 서태평양 방어에 일본의 협력이 절실하게 되자 적절한 군사전략의 임무를 분담시키고자 하고 있다. 일본은 이러한 기회를 명확히 파악하고 국제사회의 평화공헌이라는 명분을 내세워 영향력 확대에 나서고 있다.

　이러한 변화 하에서 일본은 제 2 차 세계대전 이후 공격 받을 때만 방어에 나선다는 전수방위의 국방정책을 추구해 왔지만 이제는 일본 내에만 머물러 있지 않는 적극적 방어 전략으로 그 모습을 바꾸고 있다. 해외에 일본의 군사력을 적극적으로 파견하여 일본의 국력에 걸맞는 국방정책을 추구하겠다는 것이다. 설령 일본에 직접적인 위해가 없어도 국제사회의 군사작전에 동참하겠다는 것인데 예를 들어 한반도 유사시에 바로 인접국가인 일본이 어떤 형태로든 개입하겠다는 생각을 하고 있는 것이다.

동북아의 국제정세는 냉전시기에는 미국과 소련이 대립하는 형국을 연출했지만 냉전 종식 이후에는 급속한 경제성장을 배경으로 국력이 급신장하는 중국과 미국이 대립하는 역학구도를 보이고 있다. 중국에 대한 미국의 견제는 급증하는 중국의 군사비 지출과 함께 해군력 증강이 주요 요인이 되고 있다.

거기에다 북한의 핵무기 개발 시도와 미사일 발사실험 등은 일본의 안보 불안을 야기했고 이는 미국과 일본의 공동협력으로 일본에 미사일 방어체제를 구축하는 형태로 발전했다. 뿐만 아니라 우주의 평화적 이용을 주창하던 일본은 북한 위협을 구실로 첩보위성 4기 체제를 구축하고 우주기본법을 만들어 우주의 군사적 이용을 분명히 하고 있다. 일본은 가깝게는 북한, 그리고 멀게는 중국이 일본의 가상 적국이라 상정하고 미국과의 군사일체화를 강력하게 추진하게 되고 그 일환으로 요코다에 미 공군과 일본의 항공자위대총사령부가 함께하는 결정을 하고 있다. 그리고 자마기지에 미 육군의 1 군단사령부가 함께 자리하게 되고 요코스카는 미국 이외의 유일한 미 항공모함의 모항이 되는 것이다.

미국은 중국의 해군력이 증강함에 따라 서태평양에 항모 2척 체제와 유사시에는 총 6척을 배치할 수 있는 전략을 마련하고 특히 중국 잠수함 전력에 대비하기 위하여 괌을 중심으로 원자력잠수함 전력을 증강시키고 있다.

아시아에서 중국의 패권적 목표는 중국의 해양 전략에서 특히 두드러지게 나타나는데 동지나해와 남지나해의 제해권 장악을 위하여 해남도에 잠수함 기지를 건설하고 영유권 장악을 강화하고 있다. 중국의 이 같은 움직임은 태평양의 제해권을 지배해 온 미국과 갈등을 불러일으킬 가능성이 큰데 이는 남지나해와 동지나해에 해상수송을 의존하고 있는 한국과 일본에 상당한 영향을 미치게 될 것이다. 특히 석유자원 획득에 혈안이 되어 있는 중국이 남사제도에서 무력시위라도 하게 되면 아시아 관련국들 간의 복합적인 갈등이 노정될 개연성은 상존한다.

미국과 일본이 함께 하며 중국의 급부상을 견제하는 동북아 정세 하에서 한국은 어떤 국가전략을 취해야 할까? 우선은 한미 동맹의 강화가 필수적이라고 생각된다. 한국의 안보는 지금까지 미, 일 동맹이 근간이 되어 왔고 이 동맹관계는 앞으로도 계속 유지되어야 한다. 한국의 국력이 주변국들 가운데 상대적인 열세에 있는 것을 부정할 수 없는 상황 하에서 유일 초강대국 미국과의 동맹은 한국의 안보뿐만 아니라 경제적 번영의 토대가 된다.

그리고 죠지 와싱턴 미 핵항모의 일본 배치로 함의되는 미국과 중국의 대립 전망은 해상수송에 무역량의 97%를 의존하고 있는 한국도 국제 공조의 능력에 해당하는 해군력을 육성해야 한다는 생각을 갖게 한다. 세종대왕함을 비롯하여 이지스함 3척은 한국의 해군력 증강에 상당한 공헌을 하게 되었고 상대적으로 취약한 잠수함 전력을 보강하여 국력에 걸맞는 해군력을 육성하는 것이 바람직할 것이다. 한국은 세계 초강대국 미국과 동맹관계를 맺고 있기 때문에 안정되게 경제성장을 도모할 수 있어 왔고 이 동맹관계는 국가 간 힘의 변형 상태에 의해 그 내용이 달라지게 된다.

국가 간의 관계 설정은 일본의 경우를 보면 확연히 드러나는데 제2차 세계대전에 패전한 일본은 미국과의 동맹관계에서 평등한 파트너십이라고 말해 왔지만 말이 평등이지 진정한 대접을 받지 못했다. 그러나 일본의 국력이 커지면서 미국은 일본을 진정한 동반자로 대접을 달리하는 변화를 목도하고 있다. 미국의 태평양 지배 전략에 일본의 참여를 더욱 심화시키고 있는 현실이다. 국력을 키워가야 하는 한국에 시사하는 바가 크다.

한미 동맹도 강화해야지만 한국은 특별히 북한뿐만 아니라 주변국들이 군사적으로 대립하는 상황을 예방하는 외교 전략을 구사해야 한다. 주변국들보다 경제력이 아직은 부족한 상황 하에서 군비 경쟁에 국력을 소모할 수 없기 때문에 한국이 지정학적 여건이 불리하다고 생각하지 말고 전향적으로 활용한다면 한반도를 포함한 동북아의 평화와 번영을 창출하는 큰 역할을 할 수 있을 것이다.

북한 핵과 미사일
결합 멀지 않다

　북한은 2012년 12월 12일 은하3호 로켓 발사에 성공했다. 성공으로 평가하는 이유는 인공위성으로 판단되지는 않지만 모종의 물체를 지구 저궤도에 올려놓았다는 것이다. 지구 궤도에 인공위성과 같은 물체를 올려놓는다는 것은 로켓 능력이 대륙간 탄도탄 능력에 접근했다는 의미다.

　한국의 나로호 로켓이 발사한 인공위성은 100kg인데 일반적으로 200kg의 인공위성을 지구 궤도에 올려놓을 실력이 있다면 지구 어디든 미사일을 쏘아 보낼 수 있는 실력이 있다고 보고 있다.

　북한의 핵과 미사일이 결합할 날이 멀지 않다는 불안이 커지고 있다. 실제로 북한은 은하3호 로켓 발사에 이어 핵실험을 감행해서 핵무기를 미사일에 실어 멀리까지 발사할 수 있는 능력이 날이 갈수록 향상되고 있다는 우려가 현실로 대두되고 있다.

　북한의 1차 핵실험은 2006년 10월 9일, 2차 핵실험은 2009년 5월 25일 함경북도 풍계리에서 이루어졌는데 이번 3차 실험도 2013년 2월 12일 함경북도에서 이루어졌다. 문제는 3차 핵실험의 인공지진파 분석이 2차 핵실험 보다 8배의 위력을 보인다는 분석이 나오고 있어서 시간이 흐를수록 파괴력이 높은 핵무기에 근접하고 있다는 우려가 현실로 입증되고 있다.

북한 핵무기 소형화 핵실험 계속 예상

　북한이 핵실험을 계속하는 이유는 핵무기의 소형화 때문이다. 제 2차 세계대전에서 일본을 굴복시킨 히로시마의 우라늄 폭탄의 무게는 총 4톤, 62kg의 고농축 우라늄을 사용했다. 62kg 가운데 실질적으로 터진 양은 1kg밖에 안된다는 것이 정론적 분석이다. 그래도 15만여 명이 죽었다.

　지금은 15-20kg의 고농축 우라늄을 사용하여 우라늄 핵폭탄을 만들지만 핵폭발이 일어날 때 구조물과 연쇄반응이 전체적으로 정확하지 않으면 100%의 효과적인 폭발을 기대하기 어렵다. 완벽한 폭발을 만들어내지 못하면 무게를 줄일 수가 없고 무게를 줄이지 못하면 미사일에 올릴 수가 없다. 히로시마의 우라늄 핵폭탄은 비행기로 떨어뜨렸기 때문에 무게가 4톤이라도 수송이 가능했지만 이제는 미사일로 운반해야 한다.

북한의 미사일 능력으로 볼 때 무엇보다 핵폭탄의 무게를 1톤 미만으로 줄이지 못하면 미사일에 싣기 어렵다. 핵탄두의 무게를 줄이든지 아니면 미사일 능력을 더 증강시켜 1-2톤의 핵탄두를 날려 보낼 수 있는 강력한 미사일을 개발하든지 양쪽 모두에 북한은 필사적이다.

두 번째는 플루토늄 핵폭탄의 연료인 플루토늄 확보에 한계가 있기 때문이다. 천연우라늄과 달리 자연에 존재하지 않는 인공원소인 플루토늄은 원자로에서 3개월 정도 태운 폐연료봉을 재처리해야 최고 순도의 플루토늄을 추출하는데 이미 두 차례의 핵실험으로 상당량의 플루토늄을 사용했고 새로이 플루토늄을 확보하는데 제동이 걸려 있기 때문이다.

그리고 플루토늄 핵폭탄의 무게를 줄이는 일도 녹록치 않기 때문이다. 나가사키의 플루토늄탄은 무게가 4.76톤인데 32개의 폭발렌즈의 무게가 무려 2.5톤이었다. 플루토늄 핵폭탄은 내폭형(內爆型)이라서 폭발렌즈를 내부에 설치하는 방식으로 핵폭발을 일으키는데 폭발렌즈의 숫자를 줄이는 데는 여러 번의 실험이 더 필요한 상황인 것이다.

일본의 재무장 도와주는 북한의 핵.미사일 개발

일본은 북한의 위협에 철저히 대비하고 있다. 북한이 1998년 8월 대포동 미사일 발사실험을 하자 일본은 첩보위성 4기와 미사일 방어체제(MD) 구축을 선언하고 나섰고 2013년 2월 27일 이 목표는 완성되었다. 매일 지구 전 구석을 한 번씩 들여다 볼 수 있는 위성정보 시스템이 구축된 것이다.

일본은 레이더 위성 2기를 사용하여 구름이 끼거나 비가와도 전파를 사용하여 북한을 샅샅이 정찰 할 수 있고 광학위성 2기는 날씨가 좋은 날이면 손바닥 들여다보듯 지상 30㎝ 물체를 감별하게 된다.

일본의 4기 위성은 북극과 남극의 상공을 400에서 600㎞ 높이에서 도는 극궤도 위성이다. 일본은 머지않아 북한을 핑계로 미국처럼 지상물체 15㎝의 물체를 파악할 수 있는 인공위성을 띄울 것이다. 이 상황은 미국을 불편하게 만들고 중국과 한국에게도 바람직하지 않은 현실을 부르고 있다. 만약 북한이 핵과 미사일 개발을 계속하면 우리는 얼마 지나지 않아 '일본이 핵무기를 보유할 수 있게 도와준 것은 북한'이라는 역사책을 읽게 될 것이다.

이미 일본은 제2차 세계대전에서 금기시(禁忌視)한 비핵 3원칙, 무기 금지수출 3원칙, 우주의 평화이용원칙을 북한의 위협을 계기로 모두 다

무너뜨렸다. 이제 남은 것은 오로지 하나 [평화 헌법 제 9조]의 개정만이 남아 있다.

1947년 맥아더에 의해 압력을 받은 평화헌법 제 9조는 [육, 해, 공군의 군사력을 보유하지 못하게 되어 있고, 국제분쟁에 무력을 사용할 수 없다]라고 되어 있다. 이제 아베 총리가 재임되면서 그 장벽은 무너질 공산이 크다. 일본이 헌법을 개정하려면 중, 참의원 3 분의 2 의 동의가 필요한데 중의원은 그 정족수를 넘어선 형편이다. 국민의 동의만 남은 것인데 북한은 일본 국민을 자극하고 있다.

H-2B 액체연료 로켓으로 무려 16톤의 인공위성을 쏘아 올릴 수 있는 일본, 이제는 이름이 M-V 로켓에서 입실론 고체연료 로켓 바뀌어 2013년 8 월 경 발사가 예정되어 있지만 일본의 로켓 즉 미사일 실력은 세계 최고 수준의 능력을 갖고 있는 나라다.

한국 로켓 기술 개발에 국가적 역량 모아야

한국은 미국과의 미사일 협정에 따라 사정거리 800km 이상의 미사일은 개발을 하지 못하게 되어 있다. 북한이 대륙간 탄도탄을 개발하고 있는데 반해 한국의 현실은 비감할 지경이다. 북한의 은하3호 로켓이 모종의 물체를 지구궤도에 진입시켰다는 사실이 확인되면서 한반도 주변국 미국, 러시아, 일본, 중국을 포함해서 한국의 로켓 실력이 가장 뒤쳐져 있다는 현실을 확인했다. 로켓 실력은 곧 미사일 실력이다. 북한이 핵실험을 3차에 걸쳐 하고 있는 마당에 미사일 실력마저 뒤쳐져 있을 수는 없다.

미사일 실력 곧 로켓 능력을 키우기 위해서는 어떻게 해야 하나? 첫째는 대통령이 우주개발을 직접 챙겨야 한다. 우주강대국들의 공통점은 국가 지도자가 우주개발에 관심을 갖고 지휘봉을 잡았기 때문에 로켓 즉 미사일 기술이 발전되고 우주강국이 된 사실을 상기해야 한다.

중국은 모택동 전 국가주석이 직접 지휘봉을 잡았고 일본은 나카소네 전총리가 기초를 닦았다. 선진국 반열에 올라서려면 거대과학의 기반을 다져야 하는데 원자력 건설과 수출은 순조롭게 진행되어 왔지만 우주개발은 답보상태다. 박근혜 대통령은 한국의 미사일 능력을 선진국 수준으로 끌어 올려 안심할 수 있는 자주국방의 기틀을 마련한 역사의 대통령이 되어야 할 것이다.

두 번째는 대기업들을 로켓 개발에 적극 참여시켜야 한다. 나로호 로켓의 발사가 세 번 만에 성공하고 가장 중요한 1단 로켓이 러시아 완제품이기 때문에 어느 세월에 로켓을 개발할 수 있겠는가 의문을 품는 사람들이 적지 않다.

일본의 H-2 순 국산 로켓을 개발한 고다이 토미후미 박사에게 "한국이 과연 로켓을 자주적으로 개발할 수 있겠느냐?"라고 물어본 적이 있다. "세계적으로 유수한 대기업들이 즐비한 한국이 힘을 모으면 로켓 개발은 당연히 그것도 빠른 시간에 이루어 질 수 있다"는 대답을 들었다.

한국은 수 십 년에 걸쳐 미사일 곧 로켓을 개발하고 있는 북한과 다르다. 이미 여러 분야의 첨단기술을 보유하고 있기 때문에 네트워크만 잘 결합되도록 만들어 주면 북한보다 훨씬 좋은 미사일을 만들어 낼 수 있다.

미사일의 시대에 대한민국을 방어할 수 있는 최선의 선택은 미사일 곧 로켓 기술을 하루빨리 발전시키는 것이다. 로켓 기술이 자립되어야 우리가 필요한 시점에 인공위성을 쏘아 올릴 수 있고 그렇게 되어야 북한을 포함하여 한반도 주변국이 무슨 일을 벌이고 있는지 알게 된다.

우리 가요에 박재란씨가 부른 [산 너머 남촌에는]이라는 노래가 있다. 노래 가사에 "산 너머 남촌에는 누가 살길래?"라며 산 너머에 누가 사는지 몰랐지만 이제는 인공위성으로 손바닥 보듯 들여다본다.

일본은 2013년 2월 27일을 기점으로 첩보수집용 군사위성 4기 체제를 구축함으로써 전 세계의 모든 지역을 매일 한 번씩 들여다 볼 수 있게 되었다. 남은 우리를 들여다보고 있는데 우리는 그럴 수 없다면 불행한 역사를 반복하는 것이다. 로켓이 있어야 인공위성을 원하는 시기에 쏘아 올려 다른 나라가 무슨 일을 하고 있는지를 살피게 되고 로켓 실력이 있어야 북한이 연평도 포격을 해도 미사일로 바꾸어 쓸 수 있다.

휴전선 근처에는 서울을 타격할 수 있는 북한의 장거리 대포가 무려 1,000 문이 넘게 배치되어 있다. 그것도 포문이 북한 쪽으로 나있어 한국에서 파괴하려면 북한 쪽으로 날아 가다가 유턴을 해야 할 형편이다. 장거리 대포를 초전에 박살내려면 미사일 능력을 충분히 갖추는 수밖에 없다.

미국이나 유럽 미사일처럼 땅속 깊이 뚫고 들어가는 철심이 미사일 내부에 박힌 첨단 미사일도 개발해야 한다. 국방예산은 한정되어 있고 북한은 대륙간 탄도탄에 근접하는 미사일과 핵무기 개발을 하는 마당에 기본적으로 갖추어야 되는 것이 미사일 능력이다.

일본과 중국이 한국을 함부로 넘보지 않게 하려면 우주개발을 통해 천km 이상을 날아가도 오차 범위가 1m를 벗어나지 않는 정교하고도 파괴력 있는 미사일로 무장해야 한다. IT 기술이 뛰어난 한국에게 가장 적합한 맞춤형 국방전략이다. 미사일의 대한민국 안전보장 전략이 급속도로 진전되어야 한다.

중국 · 인도 · 파키스탄의 핵무기 개발

일본의 핵무장을 말하기 전에 중국 그리고 인도와 파키스탄의 핵개발에 대해 먼저 알아보자. 세 나라 모두 아시아 영역에 있으며 일본과 마찬가지로 인도와 파키스탄은 노벨 물리학 수상자를 배출한 나라들이다.

중국 1964년 원폭 실험 성공

중국의 핵개발은 1958년, 구소련의 협력을 얻어 원자로 운전이 개시되었다. 그러나 중국은 1959년, 완전 독자적인 힘으로 원자폭탄 개발에 착수했고, 1964년 10월 16일, 원폭실험을 성공시켰다. 당시 중국의 우라늄농축기술과 폭축기술의 레벨은 모른다.

중국 최초의 원폭은 폭축형의 우라늄 폭탄이었다고 여겨지고 있다. 만약 중국이 독자적으로 원폭을 개발했다고 한다면, 폭축렌즈도 독자적으로 개발했다고 볼 수 있다.

게다가 중국은 1967년 6월 17일에는 수소폭탄 실험에도 성공했다.

인도(노벨 물리학 수상자 배출국) 핵무기 자체 개발 1974년 첫 핵실험

인도의 핵 개발은 일반적으로 그다지 알려져 있지 않지만, 인도의 물리학 레벨은 예전부터 높았다. 인도는 영국의 식민지였는데, 그런 이유에서인지 인도의 젊고 우수한 대부분의 학생들은 영국의 캠브리지대학과 옥스퍼드대학에서 공부했고, 그 대부분이 귀국한 후 인도의 과학기술 향상에 공헌하고 있다.

물리학자인 C.V.라만(Sir Chandrasekhara Venkata Raman)은 [라만효과]의 발견으로 인하여 1930년에 노벨물리학상을 수상했다. 일본에서는 유카와 히데키(湯川秀樹)가 1949년에 일본인 최초로 노벨상을 수상했지만, 라만은 그보다 19년이나 전에 상을 수상하게 된다. 라만의 노벨상 수상의 대상이 된 [라만효과]의 연구는 인도에서 이루어진 것이며, 외국의 원조는 일절 없었다.

또한 라만의 조카인 수브라마니안 찬드라세카르(Subrahmanyan

Chandrasekhar)는 1983년, [별의 구조와 진화에 있어 중요한 물리적 과정의 이론적 연구]에서 노벨물리학상을 수상했다.

또 다른 한 사람, 보즈라고 불리는 물리학자가 있다. 사티엔드라 나스 보즈(Satyendra Nath Bose)는 물리학상의 [입자의 통계역학]에 관한 논문을 아인슈타인에게 보냈다. 아인슈타인은 그 논문에 강하게 끌려, 그의 [양자통계역학] 연구에 몰두하게 되었다. 그 후 [보즈=아인슈타인의 통계]라고 하는 논문을 발표했다. 이 논문은 후의 물리계에 크게 공헌하였고, 물리학의 교과서에는 반드시 소개되고 있다. 보즈의 연구도 인도 국가 안에서 이루어졌다. 덧붙이자면 보즈는 영국에서 유학하지 않았다.

이처럼 인도의 물리학 레벨은 영국의 식민지시대부터 이미 세계적인 레벨에 있었고, 인도 국내에서는 우수한 물리학자가 다수 있었다. 미국의 대학원에서도 가르치고 있는 양자역학은 인도인의 물리학 연구가 크게 기여 했다. 인도가 핵무기를 개발한 것은 노벨 물리학 수상자가 여러 명 있을 정도로 세계 최고 수준의 인력이 뒷받침되어 있었기 때문이다.

인도 최초의 핵실험은, 1974년 5월 18일에 실시되었다. 1967년, 인도는 핵개발연구를 시작했다. [핵확산방지조약 NPT]는 1963년에 UN에서 채택되어 관련국가에 의한 교섭, 논의를 통해 1968년 최초의 62개국에 의한 조인이 이루어졌다. 그러나 1967년 핵개발에 착수한 인도는 [핵확산방지조약 NPT]에 조인하지 않았다.

인도의 핵개발 팀은 75명 정도의 과학자·기술자로 구성되어 있었다. 폭축렌즈를 포함한 폭축장치는 맨해튼계획에서 발안된 폭축장치의 아이디어를 바탕으로 그들 스스로 개발했다.

인도는 플루토늄239를 재료로 사용했는데, 이것은 당연히 [무기급 플루토늄]이다. 무기급 플루토늄의 생산에는 반드시 [흑연로], [고속증식로], [중수로] 모두 필요했지만, 인도는 캐나다에서 제공된 중수로를 사용했고, 중수는 미국으로부터 공급받았다. 그들은 이 중수로로부터 꺼낸 연료봉을 재처리해 고순도 플루토늄을 손에 넣을 수 있었다. 인도는 이미 [사용 후 핵연료 재처리] 기술을 갖고 있다는 것이 된다. 이 기술도 결코 간단한 기술이 아니다. 인도 최초의 핵실험 규모는 12~15킬로톤이라고 하지만, 실제 기록에서는 4~6킬로톤이라고 되어 있다.

인도의 핵개발은 1967년부터 시작되고 있기 때문에, 최초의 실험(1974년)까지 7년을 필요로 하고 있다. 맨해튼계획의 3년보다도 훨씬 긴 시간이다.

파키스탄(노벨 물리학 수상자 배출국) 중국 도움 1998년 첫 핵실험

파키스탄의 핵개발은 어떠했을까? 원래 파키스탄과 인도의 사이는 나쁘며 양국은 과거 3번이나 전쟁을 했었다. 따라서 파키스탄은 항상 인도와 경쟁하고 있는 상태에 있기 때문에 인도의 핵실험으로 인하여 파키스탄이 자극을 받았다는 점은 말할 필요도 없다.

그러면 파키스탄의 과학기술레벨은 어떨까. 파키스탄인인 압두스 살람(abdus salam)은 1979년 노벨물리학상을 수상했다. 이 부분은 대단히 중요한 의미를 지닌다. 파키스탄마저도 노벨 물리학 수상자가 있을 정도로 물리학 분야의 발전이 상당히 발전되어 있음을 알 수 있다. 그러나 파키스탄의 정치 정세는 결코 좋은 상태가 아니었고 그 때문에 과학기술의 향상이 인도 보다는 크게 뒤쳐진 감이 있다.

파키스탄은 1972년 1월 핵개발을 단행했지만 파키스탄은 인도만큼 핵기술이 진행되지 못했다. 1974년 인도의 핵실험은 파키스탄의 핵개발을 한층 자극했고 모자라는 기술은 중국으로부터 기술원조에 의지했다. 파키스탄도 [핵확산방지조약 NPT]에 조인하지 않았다.

중국은 파키스탄에 기술 원조뿐만이 아니라 핵연료까지도 공급했다. 1990년에 중국은 파키스탄에 중수로를 공급했고, 이로 인하여 파키스탄은 무기급 플루토늄 생산이 가능하게 되었다. 더욱이 중국은 농축우라늄 기술도 파키스탄에 제공하고 있다.

파키스탄 핵개발의 진두지휘를 맡고 있는 것은 칸박사(Abdul Qadeer Khan, 1935년 출생)다. 칸박사는 1970년대 네덜란드에 있는 우라늄농축공장에서 근무했고 1976년에 귀국했을 무렵, 우라늄농축장치에 필요한 재료를 리스트 업, 게다가 우라늄농축기술(원심분리법)을 갖고 돌아왔다.

마침내 파키스탄은 1998년 5월 28일, 5회에 걸쳐 농축우라늄을 사용한 폭축형 원폭 실험을 했고, 규모는 히로시마형 원폭정도로 추정된다. 그로부터 이틀 후인 5월 30일, 첫 번째 원폭실험을 실시했다. 모두 지하 실험이었다. 파키스탄의 경우는 중국이나 유럽으로부터의 기술도입이 있었음에도 불구하고 1972년의 핵실험 시작 이후 실제로 26년이라는 시간이 필요했다.

02
일본의 핵

- 일본의 핵폭탄 제조 능력
- 일본의 우라늄 농축 기술
- 일본은 원자력 에너지가 없으면 안 된다

일본의 핵폭탄 제조 능력

　어떤 종류의 원폭이라도 그것은 [우라늄, 혹은 플루토늄의 핵분열 연쇄반응]을 이용한 폭탄이다. 핵이 중성자를 흡수하게 되면 분열하게 된다. 두 개로 분열된 핵은 당연히 두 개의 가벼운 핵이 된다. 핵 안에는 중성자가 있다. 따라서 핵이 분열하면 거기서 새롭게 중성자가 나오고, 그 중성자가 아직 분열을 일으키지 않은 다른 핵에 흡수되어 그 핵은 분열하게 되며, 그 후 새로운 중성자가 방출되어, 그 중성자가 다른 핵에 흡수되고 분열을 일으킨다. 그 과정은 핵이 존재하는 한 멈추지 않고 이어진다. 이것이 연쇄반응이다. 다만 연쇄반응은 우라늄과 플루토늄이 있는 최소량 이상이 아니면 일어나지 않는다. 연쇄반응이 지속되는 최소량을 [임계량]이라고 한다. 그러나 원자폭탄의 경우, 임계량이 정확하다고는 할 수 없고 임계량 이상이 아니면 안 된다. 임계이상의 상태를 [초임계]라고 한다.

초임계의 경우, 잇달아 일어나는 핵분열 연쇄반응에 의해 방대한 수의 핵이 100만분의 1초 사이에 분열을 일으킨다.

히로시마에 떨어진 '우라늄폭탄'

1945년 8월, 미국은 히로시마에 [리틀 보이(Little Boy)]로 불리는 원폭을 투하했으며, 게다가 나가사키에 [팻 맨(Fat Man)]이라는 원폭을 투하했다. 리틀 보이(Little Boy)는 우라늄폭탄이고, 팻 맨(Fat Man)은 플루토늄폭탄이다. 일본에서는 리틀 보이(Little Boy)를 [히로시마형 원폭], 팻 맨(Fat Man)을 [나가사키형 원폭]이라고 부르고 있다.

리틀 보이(Little Boy)는 통형(筒型)으로 되어 있고, 다른 이름으로는 [포탄형원폭]이라고도 부르는데 그 모양이 마치 대포알과 같다고 해서 붙여진 이름이다. 대포알을 연상해볼 때 한쪽 빈 곳에 고농축 우라늄을 설치하고, 또 다른 한 쪽에 고농축 우라늄 덩어리가 설치되어 있다. 이 덩어리는 다른 쪽 우라늄 중간의 빈 부분에 딱 맞는 사이즈로 되어 있다. 각각의 고농축 우라늄은 임계량 이하로 되어 있다. 한 쪽 우라늄 덩어리의 바로 옆에 화학폭약이 있고, 그것은 점화장치에 접속되어 있다. 또 다른 한쪽의 우라늄 옆에는 [중성자 발생재]가 설치되어 있다.

점화 폭약의 폭발이 일어나면 우라늄 덩어리는 맹렬한 힘으로 다른 쪽에 설치된 우라늄을 향해 돌진, 통 중간의 빈 부분에 딱 들어가 두 개의 우라늄은 합체된다. 두 개의 우라늄이 합쳐지면 전체 양은 임계량 이상이 되어(초임계), 핵분열 연쇄반응이 매우 쉽게 일어나는 상태로 된다. 합체되는 순간 중성자 발생재로부터 중성자가 나와, 합체된 우라늄으로 들어가고 핵분열 연쇄반응을 시작시킨다. [강철제 파이프]라는 것이 설치되어 있는데 그것은 핵분열을 일으키는 중성자를 반사시켜 중성자가 밖으로 나가지 못하도록 하는 것이다. 그래야만 연쇄 반응의 효율이 높아지는 것이다.

초임계의 상태로 된 합체된 우라늄 안에서는 우라늄의 핵이 차례로 분열하여 분열회수가 2, 4, 8, 16, 32, 64, 128……처럼 배로 증가한다.
1회 핵분열에 필요한 시간은 1억분의 1초이다. 따라서 80회의 핵분열에 필요한 시간은 약 100만분의 1초가 된다. 이렇게 짧은 시간 동안에 핵분열 연쇄반응이 일어나게 되는 것이다. 이 100만분의 1초 동안에 합체된 우라늄의 온도는 수 백 만℃로 상승된다. 100만분의 1초 동안에 온도가, 예를 들어 25℃에서 300만℃까지 상승하게 된다면 어떻게 될까. 리틀 보이(Little Boy) 전체가 단숨에 증발해 버리게 된다. 순식간에 가스로 되어 버리는 것이다.

이러한 것은 증발만으로 끝나지 않는다. 어떤 물체라도 가열을 하게 되면 부풀어 오른다. 그 때문에 100만분의 1초 동안에 300만℃까지 온도가 오르고, 증발하여 가스가 된 리틀 보이(Little Boy)는 단숨에 맹렬한 기세로 부풀어 오르게 된다. 이것은 폭파현상과 다름없다. 이처럼 가스가 급격히 부풀어 오른다고 하는 것은, 가스는 바깥쪽으로 향하여 거대한 압력을 초래하는 것을 의미한다. 이 거대한 압력이 주변 공기로 전해지지만, 이것이 [충격파]를 형성한다. 충격파는 소리보다도 빠르게 전달된다. 원폭에 의해 발생된 충격파는 상상을 초월하는 파괴력을 지니고, 건조물을 쉽게 파괴한다.

하지만 여기에 한 가지 문제가 발생한다. 문제라고 하는 것은, 합체된 우라늄 핵(10^{24}개 이상) 전체가 분열을 일으키지 않는 동안에 폭발이 일어나, 증발해 버린다고 하는 것이다. 이것은 원폭의 설계에 있어 상당히 중요한 점이다. 설계에 있어 가능한 한 많은 핵이 분열을 일으키고 나서 폭파하도록 하지 않으면 안 된다. 그렇다고는 하지만, 연쇄반응이 계속되는 동안에 우라늄의 온도가 급상승하고 압력도 급상승하기 때문에, 이것은 좀처럼 해결하기 어려운 문제이다. 그래서 강철제 파이프는 내부의 온도가 상승하여 바깥쪽으로 향하는 압력을 억눌러 주는 역할도 하고 있다. 그래도 핵분열의 연쇄반응 지속시간은 기껏해야 100만분의 1초가 될 뿐이며, 그 이상 지속될 경우 아직 분열을 일으키지 않은 핵이 상당히 남아있다고 해도 폭발해버릴 것이다.

나가사키에 떨어진 '플루토늄폭탄'

이어 나가사키형 원폭 플루토늄 핵폭탄 팻 맨(Fat Man)에 대해서 이야기 해보도록 하자. 팻 맨(Fat Man)의 원폭재료는 플루토늄이다. 플루토늄은 우라늄과 달라 광산에서 채굴되는 것이 아니고 자연에 존재하지 않는 원소이다. 따라서 플루토늄은 원자로를 사용하여 인공적으로 만들어 내지 않으면 안 된다.

플루토늄폭탄은 [폭축형]이라고 불린다. 간략하게 설명하자면 임계 미만(임계량 이하)의 구(球) 형태의 플루토늄 덩어리 주변을 폭약으로 둘러싸고, 폭약에 점화하게 되면 구 중심으로 향하는 충격파가 발생되고, 그 충격파는 중심에 위치해 있는 플루토늄 구를 강열하게 압축시키게 된다. 그렇게 되면 플루토늄 구는 플루토늄 핵의 수를 충격 이전과 같이 지닌 채로 작아져 밀도가 급증하게 되며, 결과적으로는 초임계 상태와 같아진다. 그 순간, 플루토늄 구 중심에 설치되어 있던 중성자 발생재로부터 중성자가 나와 그것이 플루토늄 핵에 흡수되어 핵은 분열하게 된다. 그 후에는 리틀 보이(Little Boy)와 같은 방법으로 핵분열 연쇄반응이 기하급수적으로 급증하여 온도가 급상승해 증발하여 폭발을 일으키게 된다.

이렇게 설명하면 간단한 것 같지만, 사실 이 폭축형 원폭은 상당히 섬세하고 정교한 구조로 되어 있다. 팻 맨(Fat Man)은 [살찐 사람]이라는 의미를 갖는다. 이것은 히로시마에 떨어뜨린 우라늄 폭탄 리틀 보이(Little Boy)보다도 상당히 뚱뚱한 모습을 하고 있기 때문이다.

중성자가 없으면 핵분열도 연쇄반응도 일어날 수 없다. 중성자는 원폭의 주역이다. 리틀 보이(Little Boy)와 마찬가지로, 파이프에는 2개의 목적이 있다. 하나는 중성자가 밖으로 도망가지 못하도록 핵분열에서 발생된 중성자를 반사시켜, 나가려고 하는 중성자를 끌어 들이는 것. 다른 하나는 내부에서 가능한 한 많은 핵이 분열을 일으키고 나서 폭발하도록 플루토늄이 팽창하는 것을 막는 역할이다. 그러나 실제 문제로서 플루토늄 구 안의 핵 전부가 분열을 일으키고 나서 폭발한다는 것은 무리이다. 아직 상당한 수의 플루토늄 핵이 분열을 하지 않은 상태에서 폭발하게 된다.

폭축형 원폭에서 가장 중요한 과제는 파이프 주변을 에워싸듯이 설치되어 있는 폭약이다. 기폭장치에 의해 폭약이 폭발하여 충격파를 발생시켜 그 충격파가 파이프를 통해 플루토늄 구를 바깥으로부터 압축시키고, 플루토늄 구를 축소시켜 밀도를 증대하여 초임계 상태로 만들지 않으면 안 된다.

그러나 이 폭약에 의한 충격파는 반드시 커지고, 플루토늄 구 주변을 고르게 똑같은 압력으로 게다가 같은 시간에 플루토늄 구를 압축하는 것은 불가능하다. 플루토늄 구 표면에 가해지는 압력이 똑같지 않으면 플루토늄 구는 구 형태를 유지한 채로 작아지지 못하고 구 형태 이외의 울룩불룩한 모양이 될 것이다.

 주어진 부피로 최소의 표면적을 주는 형태는 공 모양 형태의 구이다. 중성자가 밖으로 흘러 나가는 양은 표면적이 클수록 많다는 점은 말할 필요도 없다. 표면적을 최소로 하여 중성자 누출을 최소화하기 위해서는 플루토늄 덩어리를 구의 형태로 하지 않으면 안된다. 그러나 플루토늄 구의 표면에 가해지는 압력이 장소에 따라 달라지면 플루토늄 구는 축수되는 과정에서 구의 모양을 유지하지 못하게 되며, 표면이 울퉁불퉁해 표면적이 증가하게 된다. 그렇게 되면 표면으로부터 누출되는 중성자 수가 급증하게 된다. 누출된 대량의 중성자가 파이프에 의해 반사되어 다시 되돌아오지만, 그럼에도 불구하고 핵분열 연쇄반응에 기여하는 중성자수는 격감하게 되고, 연쇄반응이 도중 멈춰버리게 될 것이다. 그러면 큰 폭발은 불가능 하다.

 여기서 고안되어 진 것이 [폭축렌즈]다. 파이프 주변에 폭약을 빙 둘러 설치하지만, 보통 2가지 종류의 폭약을 설치한다. 하나는 연소속도가 빠른 폭약, 다른 하나는 연소속도가 느린 폭약이다. 연소속도가 빠른 폭약이 폭발하게 되면 그로 인해 발생되는 충격파는 빠르게 전달되고, 연소속도가 느린 폭약이 폭발하게 되면 이에 발생되는 충격파는 느리게 전달된다.

플루토늄 핵 폭탄의 폭발을 일으키는 폭약은 촘촘히 구분되어 설치되어 있다. 폭약이 폭발하면 연소속도가 **빠른** 폭약으로부터 전달속도가 큰 충격파가 발생되고, 그것이 연소속도가 느린 폭약을 연소시키게 되어 전달속도가 작은 충격파가 발생된다. 게다가 처음에는 빠른 충격파가 발생되고 이것이 느린 충격파로 바뀌어 지는 것과 같다.

이것은 광학렌즈(글라스(Glass)의 렌즈) 작용과 같은 현상이 일어나는 것을 의미한다. 볼록렌즈의 원리이다. 볼록렌즈에는 빛을 모으는 [집광작용]이 있다. 전구로부터 빛이 사방팔방으로 퍼져가게 된다. 그 가까운 곳에 볼록렌즈를 두게 되면 어떻게 될까. 전구로부터 발생된 빛의 일부는 볼록렌즈를 통과하지만, 볼록렌즈를 통과한 빛은 퍼지지 않고 빛의 방향은 휘어지며 광선은 집광되어진다.

빛이 글라스 속으로 들어오게 되면 왜 그 방향이 휘어지게 되는가 하면, 그것은 글라스 안으로 빛이 들어오면 빛의 속도가 감소하기 때문이다. 빛이 글라스 속으로 들어오는 순간 느려지는 것이다. 그런데 빛은 전자파라고하는 파장이다. 게다가 이 파장은 공기라고 하는 매체로부터 글라스라고 하는 다른 매체로 들어가게 되면 그 전달속도가 감소하게 된다. 여기서 전구를 점화장치로(여기에서 충격파가 발생한다), 공기를 [연소속도가 빠른 폭약]으로, 글라스를 [연소속도가 느린 폭약]으로, 그리고 빛(전자파)을 충격파라고하는 파장으로 바꿔 놓고 보도록 하자.

폭약이 폭발을 일으키게 되면 충격파가 연소속도가 빠른 폭약으로부터 연소속도가 느린 폭약으로 들어가게 된다. 그렇게 되면 글라스·렌즈와 마찬가지로 충격파가 연소속도가 느린 폭약을 폭파시키면 그 속도가 감소하게 되고, 충격파는 퍼지지 않고, 오그라드는 방향으로 진행하게 될 것이다. 이러한 의미에서 폭약이 폭발을 일으키는 충격파가 2개의 다른 폭약을 통과할 때 그 속도가 느려지도록 설계된 장치를 [폭축렌즈]라고 부른다.

폭축렌즈 그 자체가 폭약으로 완성되어 있다는 점을 이해할 필요가 있다. 광학렌즈(글라스의 렌즈)는 공기라고 하는 매질 안에 위치해 있다. 빛은 공기 중을 빠르게 지나 글라스 안에서 느리게 움직인다. 게다가 빛이 느리게 움직이는 매질(글라스)이 빛이 빠르게 움직이는 매질(공기)로 둘러싸여 있다. 빛이 빠르게 전달되는 매질(공기)에서, 빛이 느리게 전달되는 매질(글라스)로 들어서면 광선은 모이게 된다. 글라스에서 다시 공기로 나온 광선은 더욱 모인다.

공기 안에서 소리가 전달된다는 것은 누구라도 알고 있다. 공기는 소리를 전달하는 매질이다. 책상 위에 귀를 대고 그 반대쪽에서 누군가가 손으로 똑똑하며 조용히 두드리면, 그 [똑똑]하는 소리가 들린다. 소리는 책상(나무)이라고 하는 매질에 의해 전해진다. 또한 소리는 물속에서도 전달된다. 소리라고 하는 것은 매질 자신의 진동이 매질을 통해 전달되는 현상이기도 해서, 진동이 전달하는 현상은 [파

(波)이다. 매질 중에 소리가 전달되고 있을 때, 매질에는 압축되어 압력이 높은 부분과 팽창되어 압력이 낮은 부분이 번갈아가며 매질 속을 진행하는 것이 파동이다.(이와 같은 파동은, 특히 종파라고 불리고 있다)

폭축렌즈(폭약 그 자체!)가 연소를 일으키면, 거기에 충격파가 발생된다. 폭약 그 자체에 충격파가 생기는 것이다. 충격파는 보통의 파동과는 다르며 압력이 상당히 높은 부분이 그다지 퍼지지 않고 진행해가는 파동으로, 일반적인 소리의 진행속도보다도 훨씬 빠르다. 글라스·렌즈가 공기 중에 놓이게 되면, 공기 중에서는 광속도가 빠르고, 글라스 안에서는 광속도가 느려진다. 이처럼 연소속도(충격파의 속도)가 작은 화약이 연소속도가 큰 화약에 둘러싸여있는 폭축렌즈는 충격파의 속도를 느리게 한다.

따라서 [연소속도가 느린 화약]의 형태는 정확히 볼록렌즈처럼 그 중심이 부풀어 있지 않으면 안 된다. 렌즈를 통과하기 전의 파면이 볼록거울의 형태에서, 렌즈를 통과한 후에는 오목거울의 형태로 변화한다.

기폭장치에 의해 연소를 일으킨 [연소속도가 빠른 화약]은 충격파가 사방팔방으로 퍼져간다. 그러나 사방팔방으로 퍼져 나가게 된다면 플루토늄구의 표면에 한 결 같이 충격파가 미치지 않을 것이다. 그리고 [연소속도가 느린 화약]이 폭파하게 되면 그로 인해 발생된 충격파는 [렌즈작용]에 의해 충격파가 퍼지는 것이 억제되어, 파면의 형태가 바뀌어 충격파가 구 형태의 파이프 주변을 빙 둘러싸는 듯한 [구면파]로 되어 구 형태의 파이프 내부를 구면파로서 전해지고, 그 안쪽에 있는 플루토늄 구의 표면을 모두 완전히 같은 힘으로 구 중심을 향해 압축한다.

예를 들어 16개의 폭축렌즈가 있다고 하자. 이 16개의 폭축렌즈는 동시에 폭발하지 않으면 안 된다. 동시에 폭발하면 렌즈의 작용에 의해 충격파는 퍼지지 않고, 플루토늄 구의 표면 각 부분에 똑같은 압력으로 압축시키며, 구형을 유지한 채로 플루토늄 구는 작아져 초임계 상태가 된다. 충격파로 인하여 부피가 감소된 플루토늄 구 안에 있는 플루토늄의 핵수는 변하지 않는다. 따라서 부피가 줄어든다고 하는 것은 핵과 핵 사이의 거리가 줄어다는 것을 의미하지만, 이것은 또한 핵분열 연쇄반응이 상당히 일어나기 쉬운 상태를 의미한다. 폭축형 팻 맨 (Fat Man)의 방법은 폭약으로 만들어져 있는 폭축렌즈이다. 따라서 팻 맨 (Fat Man)에 설치된 폭약의 양은 2.5t이나 되며, 이것은 팻 맨 (Fat Man) 전체 중량의 반 이상을 차지하게 된다. 폭축렌즈용의 폭약에는 RDX(Royal Demolision Explosive)라고 불리는 고성능폭약이 사용되고 있다.

또한 바라톨(Baratol)이라고 하는, 트리니트로톨루엔(trinitrotoluene, TNT) 33%와 질산바륨67%를 혼합한 폭약도 사용되고 있다.

연소속도가 큰 화약은 RDX가 60%, TNT폭약이 39%, 나머지 1%는 왁스에서 이루어진 녹이기 쉽고 폭약으로 하기 쉬운 폭약으로 이루어져 있다. 연소속도가 작은 화약은 바라톨(Baratol)로 되어 있다. 폭축형의 원폭을 소형화하려면 이 폭축렌즈의 부분을 소형화시키면 된다.

폭축형의 원폭에는 해결해야 할 많은 문제가 남아 있다. 그것은 기폭장치다. 32개의 기폭장치(점화전)가 있다. 당연하지만, 이 32개의 기폭장치가 약간의 어긋나는 것 없이 동시에 작동하지 않으면 안 된다. 팻 맨 (Fat Man)에서는 기폭전하선형 뇌관(Exploding Bridge Wire detonator 약칭 EBW)이라고 하는 교묘한 점화장치가 사용되었다. 지금은 컴퓨터·시뮬레이션의 이용으로 면밀한 계산 설계를 하지 않으면 안 될 것이다.

이처럼 실제 폭축형의 원폭 구조는 매우 복잡하다. 일본이 만약 하나에서 폭약을 만들기 시작한다고 하면, 시뮬레이션이나 실체 실험을 통해 데이터를 만들이 않으면 안 된다. 중심에 플루토늄 구 대신에 다른 안전한 것을 넣어 폭축렌즈의 작동실험은 가능할 것이다.

아무튼 폭축형의 원폭에 있어 먼저 플루토늄 구의 중심을 향해 안쪽에서 폭발이 일어나고(폭축), 그로 인하여 발생된 충격파가 플루토늄 구를 압축해 구 형태를 유지한 채로 작아져 초임계가 된다. 초임계가 된 순간, 플루토늄구의 중심에 설치되어 있는 중성자발생재로부터 중성자가 나와 초임계상태에 있는 플루토늄의 핵에 흡수되어 핵분열이 일어나고, 거기에서 새롭게 나오는 중성자가, 다시 한 번 다른 핵에 흡수되며, 핵분열을 일으키고 핵분열 연쇄반응이 기하급수적으로 증가해 간다. 이것이 100만분의 1초 동안에 일어나고, 그 핵분열에 의해 방출된 방대한 에너지 때문에 온도가 단번에 수천만℃로 올라가며, 장치 전체가 순식간에 증발해 강렬한 폭발이 일어나게 된다.

　핵이 분열을 일으킬 때마다 거기에서 평균 2.5개의 중성자가 나온다. 이러한 중성자가 다음 핵분열을 일으켜 핵분열 연쇄반응이 일어나게 되지만, 연쇄반응이 진행될 때마다 분열회수가 급증해 가기 때문에 분열에서 나온 중성자의 수도 급증해 간다. 따라서 폭발직전 최종단계의 핵분열에서 굉장히 많은 양의 중성자가 방출되고, 대량의 중성자가 파이프를 빠져나가 밖으로 나온다. 게다가 원자폭탄이 아직 작렬하지 않는 동안에 대량의 중성자가 밖으로 나오게 되는 것이다. 중성자만이 아니라, 감마선도 방출된다.

　핵이 분열하게 되면 2개의 가벼운 핵이 되지만, 이 가벼운 핵은 [분열편] 또는 [분열생성물]이라고 불린다. 이러한 폭축 베타붕괴를 일으켜 전자(베타단위)를 방출하고, 그 직후에 감마선을 방출하는 경우가 많다. 더욱이 분열편은 방사능을 지닌 방사선입자이다. 원폭이 작렬하면 가스 상태로 있는 한편, 상당히 많은 양의 방사성 분열편을 방출하게 된다. 이러한 분열편에서 베타선과 감마선이 방출된다. 대량의 방사성분열편이 [죽음의 재]가 된다. 지금의 원자폭탄은 우라늄, 플루토늄 어느 쪽에서도 폭축형이 될 수 있다.

일본의 핵무장 능력

일본의 핵무기 제조 기술에 대해 묻게 되면 많은 사람들이 짧은 시간 내에 수 천 개의 핵무기를 만들 수 있다고 말한다. 그러나 일본은 사실상 핵무기를 만든 경험이 전혀 없기 때문에 핵무기의 본질처럼 그 누구도 정확한 평가는 할 수 없다고 생각된다. 적어도 수천 개라는 말은 과장된 평가라 보겠다.

핵무기 개발에는 핵무기를 개발해야만 하겠다는 국가의지가 대단히 중요하다. 파키스탄을 보면 잘 알 수 있는 부분이다. 이웃나라 인도와의 사이가 나쁘지 않고 전쟁을 하지 않았다면 핵폭탄의 개발은 이루어지지 않았을지도 모른다. 파키스탄은 핵무기 제조에 26년이나 소비했는데 인도가 가장 큰 동기가 되었다. 3번이나 전쟁을 했듯 상대국가에게 패배했다는 것만으로 원폭을 만들게 된 것이다. 인도와 파키스탄의 경우를 볼 때 필자가 만난 인도인들은 북한이 핵폭탄을 만든 마당에 한국이 핵폭탄을 만들지 않는다는 것이 이해가 가지 않는다라고 말하는 사람들이 적지 않았다. 생각의 차이가 큰 부분이다.

지금 일본에는 핵무기를 제조할 수 있는 설비가 정비되어 있지 않다. 만약 정비되어 있다면 IAEA(국제원자력기구 International Atomic Energy Agency 유엔에 속한다)가 가만히 있을 리가 없다. 일본은 매년 IAEA의 사찰을 받고 있고(IAEA investigation), IAEA의 사찰에 관해서는 [우등생]이라는 평가를 받고 있다.

만약 일본이 핵무기 개발을 단행한다면 우선 인재를 모아 [핵개발위원회]를 설치해야 할 것이다. 제2차 세계대전 중, 일본은 원폭 개발에 착수했지만 그 당시에는 [원폭은 간단히 되지 않는다]고 하는 것을 배우는 경험으로 종지부를 찍었다고 볼 수 있다. 일본은 사실상 핵무기제조 경험이 전혀 없다고 해도 좋을 것이다.

원폭을 독자적으로 만드는데는, 최소한 3가지의 설비가 필요하다. ①우라늄농축장치, ②무기급 플루토늄 생산용 원자로(고속증식로, 흑연로, 중수로), ③핵연료 재처리 공장이다.
현재 일본에는 일단 이 3가지의 설비는 있지만 곧 바로 원폭을 제조할 수 있을 정도는 아니다. 원폭의 재료는 전부 [양질]이 아니면 안 되는데 만약 양질의 재료를 만든다면 당장 IAEA의 특별사찰이 시작될 것이다.

아오모리현(青森県) 롯카쇼무라(六ヶ所村)에 농축장치가 있지만 원폭에 필요한 농축도(90%이상)까지 농축되는 상태는 준비되어 있지 않

다고 평가된다. 이것은 비핵 3 원칙을 견지하고 있는 상태에서 의도적으로 이런 상태에 있다고 생각되어 진다. 이 우라늄농축장치의 목적은 어디까지나 원자력발전소에서 동력용으로 사용되고 있는 경수로의 핵연료보급이다. 경수로에 필요한 우라늄235의 농축도는 3~5%다. 예를 들어 만약 농축도를 50%로 한다면 IAEA의 사찰에 걸리기 때문이다. 때문에, 지금 바로 농축우라늄을 사용해서 원폭을 만들라고 해도 가능한 논의가 아니다.

지금 일본에는 무기급 플루토늄은 없다고 보는 것이 좋다. 수천 톤의 플루토늄은 무기급은 아니다. 만약 일본이 핵무장하게 된다면, 우선 [핵확산방지조약 NPT]에서 탈퇴하고 일본 각지에서 인재를 모아, 핵무기제조의 중심적인 역할을 하는 [핵무기개발 중앙연구소]를 비밀리에 건설해야 할 것이다.

그러나 현재 일본은 지금 바로 원폭을 개발 할 수 있는 상태는 아니다. 우선 무엇보다도 [예산획득]과 [설비투자]이다. 우선 필요한 것들이 없는 한, 진행할 방법이 없다. 외국으로부터의 기술 원조가 일절 없고 모두 일본 독자의 핵개발을 하려고 한다면, 3,000억~4,000억엔은 필요하다. 예산을 내리는데 어느 정도의 시간이 필요할까?

예산을 내려도 [준비기간]이 필요하다. 중앙연구소 이외에도 이화학연구소나 대학의 연구소 등 기존의 연구소들의 참가도 없어서는 안

될 것이다. 일본이 충분한 예산을 얻어 충분한 설비투자가 약속되어 충분하고 우수한 인재들이 모여 거국적으로 핵무기 개발에 집중할 수 있다고 하는 가정 하에 논해 보면, 핵개발연구 그룹은,

①이론 물리부문
②실험 물리부문
③화학야금부문(재료나 폭약)
④우라늄농축부문
⑤무기급 플루토늄과 원자로급 플루토늄부문
⑥핵연료재처리부문
⑦폭축렌즈 및 기폭부문
⑧레이저법에 의한 농축부문
⑨실험부문
⑩미사일부문(우주항공 연구 개발기구 JAXA의 참가) 등 일 것이다.

일본과 같은 국가가 TNT 1킬로톤 정도의 원폭을 만들어도 일본의 기술 허점과 [부끄러움]을 세계에 드러내 보일 뿐이다. 게다가 만드는 것 이상으로는 충분한 억지력을 가져야 하고, 적어도 30킬로톤 정도의 원폭을 만들지 않으면 안 된다. 중국, 인도 파키스탄은 이미 20킬로톤 급의 원폭을 개발하고 있기 때문이다. 중국은 수폭도 보유하고 있다.

우선 무기급 플루토늄의 생산을 서두르지 않으면 안 된다. 그러기

위해서는 우라늄농축장치의 농축도를 90% 이상으로 올리고, 농축장치에 잔류된 가스를 꺼내어 양질의 열화우라늄을 생산하고, 그것을 고속증식로의 블랭킷(blanket)에 넣어 순도 높은 무기급 플루토늄을 생산하지 않으면 안 된다. 현재 일본에는 이 3개의 원자로를 제조하는 기술력은 있지만, 원자로가 제조되어도 바로 농축플루토늄을 얻을 수 있는 것은 아니다.

2008년 현재 롯카쇼무라(六ヶ所村)에 있는 우라늄농축장치는 90% 이상의 농축을 만들기에는 아직 거리가 멀다. 현재 IAEA사찰 때문에 농축도를 간단히 올리기에는 부족하지만, 그것이 [해금]된다면, 지금까지 쌓아 올린 기술로 농축도를 90% 이상까지 올리는 것은 가능하다.

원자력발전용의 원자로가 아니라 핵무기 제조용의 원자로를 만드는 것이기 때문에, 발전기나 열교환기 등은 필요하지 않아 시간은 생각보다 걸리지 않을 것이라고 생각되지만, 그래도 1년 정도는 걸릴 것이다.

일본에는 원자로급 플루토늄이 남아돌고 있다. 물론 정치적인 의도가 있어 중국이나 북한을 의식한 발언인 면은 있지만, 일본의 어느 정치가가 [일본에는 40톤 이상의 플루토늄이 있고, 원폭을 만들려고 한다면 5,000발 이상은 가능하다]고 호언했다. 정치적 효과라고 하는 관점에서는, 그것은 그래도 좋을지 모르겠지만, 이것을 안 북한의 핵전문가들은 비웃고 있었을 지도 모른다. 일본에 모이고 모인 플루토늄은 다시 말해서 원폭에는 사용할 수 없다. 만약 억지로 사용한다면 미숙폭발이 일어나, 수 킬로톤 정도의 위력밖에 나오지 않을 것이다.

핵무기제조를 생각한다면 원자로급 플루토늄을 무기급 플루토늄으로 교환할 연구가 급선무일 것이다. 혹은 원자로급 플루토늄을 그대로 사용해 원폭을 만드는 것을 생각해보지 않으면 안 된다. 미국이나 영국에서는 원자로급 플루토늄을 사용한 20킬로톤 급이 원폭을 개발했다고 하지만, 자세한 정보는 전혀 알지 못한다. 원자로급의 플루토늄에서 원폭을 만들면 방사능이 강하고 취급에 번거로움이 있다.

원폭제조의 경험이 없는 일본에 있어, 원자로급 플루토늄을 그대로 사용해서 20~30킬로톤의 원폭을 개발한다고 하는 것은 어려운 과제일지도 모른다.

폭축렌즈에 관해서 일본은 전혀 경험이 없지만, 폭축렌즈의 목적이 확실한 이상, 또 그 작동원리를 알고 있는 이상, 지금의 일본은 고도의 폭축렌즈를 만들 수 있는 기술을 갖고 있다고 해도 좋을 것이다. 아니, 세계에서 가장 정교하고 가장 가벼운 폭축렌즈를 제작할 수 있을지도 모른다. 소형 핵무기를 만들려면 폭축렌즈의 중량을 줄이는 것이 가장 중요한 조건이다. 일본은 폭축렌즈의 기술을 갖고 있지 않기 때문에 폭축을 만드는데 상당한 시간이 걸릴 것이라고 하는 이야기를 종종 듣지만 폭축렌즈의 개발에 그 정도로 시간이 걸릴 것이라고는 생각하지 않는다. 광학렌즈와 폭축렌즈는 [파장을 모은다]고 하는 점에서 비슷하지만, 전자파(광)와 충격파와는 상당히 다르다. 그래도 카메라에 대표되듯이 일본의 광학가술을 예전부터 세계적인 수준이다. 현재 폭축렌즈는 광학렌즈와 상당히 비슷해서, 광학렌즈와 같은 수준의 정확도를 지닌다. 여기에 일본의 [나노기술]을 도입한다면, 상당히 정확도가 높은 소형 폭축렌즈가 만들어 질것이라고 기대된다. 이와 함께 외국의 기술도입 없이 하나부터 개발하게 되면, 폭축렌즈를 개발하는데 1년 정도 걸릴 것이라고 생각된다.

고농축 플루토늄을 만드는데 [핵연료 재처리]를 빠뜨릴 수 없다. 지금의 일본은 재처리기술에는 문제가 없는 것인가 하는 생각이 든다.

원폭조차 제조한 적이 없는 일본은, 우선 원폭제조부터 시작해야만 하고, 수폭은 그 다음의 일일 것이다. 일본의 핵융합 반응 연구가 세계적인 수준에 있다는 점을 생각해 보면, 원폭을 제조할 경우 핵분열 연쇄반응의 촉진제로 [D-T핵융합반응]을 사용한 개량형 원폭을 만드는 것은 시간문제일 것이다.

레이저법 농축은 이화학연구소에서 가능할 것이다. 다만 레이저법에 의한 플루토늄 농축의 연구는 지금으로서 거의 진행되지 않고 있는 것으로 예측된다.

　히로시마와 나가사키에 투하된 원폭은 폭격기로부터 투하되었다. 그러나 지금 [적국]에 비행기로 원폭을 운반하여 비행기에서 원폭을 투하한다고 하는 비능률적인 일은 하지 않는다. 무인로켓, 즉 미사일로 운반해, 그대로 투하되는 핵탄두미사일이 사용되지만, 이 개발은 우주항공연구 개발기구(Japan Aerospace Exploration Agency 약칭 JAXA)가 맡고 있다. 미국에서 [대륙간 탄도탄]이 만들어지고 나서 오랜 시간이 지났지만, 핵무기를 탑재한 탄도미사일은 대륙간을 정확히 탄도하는 것이 아니면 안 된다. 그러나 현재 일본에 명중도가 정확한 탄도미사일은 없다. 그러나 JAXA는 2007년 9월, 로켓 [카구야]의 성공적인 실험결과를 갖고 있기 때문에, 핵탄두미사일의 제조를 완수할 것이다. 적국에 핵탄두미사일 명중시키는 능력을 갖게 된다면, 반대로 적국이 핵탄두미사일을 일본을 향해 발사했을 경우, 그것을 도중에 떨어뜨리는 [요격 미사일]또한 갖지 않으면 안 될 것이다 . 핵탄두를 갖는 대륙간 탄도탄과 요격미사일 모두를 갖게 된다면 처음으로 완전한 핵무장이라고 할 수 있지 않을까.

　종합적으로 생각해 볼 때　일본이 핵무기를 개발하려 한다면 아무리 길어도 2년 이상은 시간이 걸리지 않을 것으로 예상되고 그것도 북한의 핵폭탄 보다 훨씬 소형화 된 양질의 핵폭탄을 한꺼번에 여러 개를 개발 할 수 있을 것이라 판단된다.

일본의 핵물리학 능력도 세계 최고

제2차 세계대전 중 일본의 원폭개발에 대한 기록의 대부분은 미군에 의해 몰수되어 소각되어 버렸고, 또한 일본정부도 그 기록을 보유하고 있지 않은 것으로 알려져 있다. 게다가 연구자 자신이 미국군의 조사를 두려워해 중요서류를 처분해 버렸다는 후문도 있다.

독일에서 핵분열이 발견된 것은 1938년 12월이었지만, 1940년 4월, 아직 미국과의 태평양전쟁이 시작되기 전, 대일본제국육군은 원자폭탄의 개발을 생각하게 되었었다.

육군은 이화학연구소의 니시나 요시오(仁科芳雄)박사에게 원폭에 대한 연구를 위탁했다. 니시오(仁科)박사는 1920년에 이화학연구소의 연구원보가 된 후, 그 다음해 유럽에서 유학을 했다. 그 무렵, 유럽에서 대두된 양자역학은 아직 완성되어 있지 않았다. 따라서 당시 당연히 일본어로 쓰인 양자역학의 책 등은 한권도 없었고, 양자역학을 가르칠 수 있는 입장에 서 있던 사람들도 없었다.

양자역학을 사용해 처음으로 원자나 핵의 구조, 그 특질이 알려졌다. 젊은 니시오(仁科)는 유럽에서 생각하는 양자역학을 익혀 귀국했다. 그러나 귀국직전에 니시오(仁科)는 스웨덴의 오스카 클라인(Oskar Klein)과 함께 X선이 원자의 궤도전자와 충돌해 전자를 튕겨내는 현상(콤프턴 산란(Compton scattering)이라고 한다)의 유효단면적을 미치는 수식을 이끌어냈다. 이 수식은 지금도 [클라인=니시오의 공식]으로서 알려져 있으며, 물리학과 원자력공학을 전공하는 학생들은 피할 수 없는 공식으로, 전 세계의 물리학 교과서에 실려 있다. 흥미로운 것은 교수를 포함해 대부분의 미국인들이 Yoshino Nishina가 일본인이라는 것을 알지 못했던 적도 있었다. 당시 [원자로의 차폐]라고 하는 강좌에 런던에서 발행된 교과서가 사용되었다. 이 교과서에 영어로 [Klein-Nishina formula 클라인=니시오의 공식]이 소개되었었다.

1928년, 니시오(仁科)는 귀국 후 이화학연구소로 돌아갔고, 일본의 새로운 물리학의 거점 확립에 노력했으며, 후에 노벨상을 수상한 유카와 히데키(湯川秀樹)와 도모나가 신이치로 (朝永振一郞)에게 큰 영향력을 미쳤다. 또한 [핵물리학]의 연구에 없어서는 안 될 실험장치인 사이클로트론(cyclotron)이라고 불리는 입자가속장치의 필요성을 하루 빨리 알아챈 인물이기도 하며, 그 덕분에 일본은 동양에서 처음으로 사이클로트론(cyclotron)을 도입한 국가가 되었다. 니시오(仁科)는 이화학연구소에서 주도적으로 만든 사이클로트론(cyclotron)을 사용해서 중성자를 발생시키고, 그 중성자를 우라늄에 조사(照射)해 반응을 보는 연구를 실시한 사실에서도, 일본의 핵연구는 제2차 세계대전 이전에 이미 활발하게 이루어지고 있었다는 점을 알 수 있다. 니시오(仁科)는 도모나가 신이치로 (朝永振一郞)를 시작으로 많은 물리학자를 육성했고, [일본의 현대물리학의 아버지]로 불리고 있다.

[2호]라는 이름의 핵무기 연구

1940년 5월 육군항공기술연구소 소장이었던 야스다 다케오(安田武雄)중장은 동경대학을 졸업하고, 이 연구소에 근무하지 얼마 안 된 29살의 연구원 스즈키 타츠사브로우(鈴木辰三郎)에게 극비조사를 명령했다. [원자폭탄의 가능성을 조사하라고]. 스즈키(鈴木)는 [가능성은 일어날 수 있다]는 문서를 작성했고, 야스다(安田)중장에게 직접 전해 주었다.

1941년 4월 야스다 중장은 원폭개발을 정식으로 승인했고, 스즈키는 그 연구를 이화학연구소의 니시나 요시오(仁科芳雄)박사에게 위촉, 니시나(仁科)의 [二]를 따 은닉명을 [군사기밀연구 2호 연구]로 했다.

핵분열이 발견되고 나서부터 곧 바로 [핵분열 연쇄반응]을 알았고 그로 인해 거대한 에너지를 지닐 수 있다고 하는 점을 알게 되었다. 일본의 물리학자들도 하루 빨리, 이 점을 이해했다. 1941년, 이화학연구소에서는 니시나(仁科)박사를 주임으로 8명의 젊은 물리학자들이 그룹을 형성했고, 이에 육군으로부터 12명의 장교들과 함께 극비의 원자폭탄개발연구 [2호 연구]가 시작되었다.

니시나(仁科)는 연구비로서 2만 엔을 청구했는데 당시 이화학연구소는 사이클로트론(cyclotron)이라고 하는 입자가속장치를 몹시 탐이

날 정도로 원했기 때문에, 그 건설비용을 고려하여, 청구액을 20만 엔으로 올렸다. 1943년 말에는 大사이클로트론(cyclotron)이 완성되었다.

1942년 말 연구반이 형성되었고 다음과 같이 각각의 반장이 임명되었다.

다마키 히데히코(玉木英彦): 우라늄 분리장치설계와 기초계산

기고시 쿠니히코(木越邦彦): 화학반. 육불화우라늄 제조

다케타니 미츠오(武谷三男): 화학반. 열광산법의 이론계산

다케우치 마사(竹內 柾): 분리반. 열광산분리통을 제작하고 우라늄235를 농축한다.

야마자키 후미오(山崎文雄): 검출반. 우라늄농축도를 검출한다.

이이모리 사토야스(飯盛里安): 원료반. 우라늄자원조사 및 우라늄정제

또한 전후 노벨물리학상을 수상한 도모나가 신이치로(朝永振一郎)는 당시, 이화학연구소의 연구원이었지만 2호 연구에 관련하지 않았고 레이더연구에 참가했었다.

연구비용은 1944년 초에 300만 엔이 지급되었고, 게다가 같은 해 봄에는 도조 히데키(東条英機:전후 전범으로 판결되어 사형됨)의 말 한마디로 2,000만 엔이 지급되었다. 당시의 2,000만 엔은 지금의 60억 엔에 해당된다.

원폭의 이론은 알고 있었지만 난제가 상당히 많았다. 우선 일본 국내에서 우라늄광석을 손에 넣는 것이 상당히 어려웠다. 이미 제2차 세계대전이 시작되었었고, 외국으로부터 우라늄을 손에 넣는 것도 곤란했었다.

핵분열 연쇄반응의 실험은 농축우라늄을 사용하지 않고, 천연우라늄만을 사용해도 가능하지만, 그 천연우라늄의 입수조차 뜻대로 되지 않았다. 당시의 일본에서는 아직 핵분열 연쇄반응의 실험적 확인조차 되지 않았던 상황이었다. 자재조달에 애먹고 있던 2호 연구는 좀처럼 진행되지 않았다.

천연우라늄(우라늄238이 99.3%, 우라늄235가 0.7%)을 손에 넣어도, 원폭을 만드는 데는 우라늄235가 90% 이상이 되도록 농축하지 않으면 안 된다. 그러기 위해서는 우라늄을 일단 육불화우라늄으로 해야만 한다. 이것은 도저히 일조일석에 되는 것이 아니었다.

그럼에도 불구하고 화학반의 기고시 쿠니히코(木越邦彦)는 질산우라닐(우라늄과 질산HNO^3와의 화합물)에서 악전고투 끝에, 육불화우라늄의 제조에 성공했다. 그렇다고 해도 화학실험실에서 이루어지는 실험관을 사용해 육불화우라늄을 제조한 것이기 때문에 아무래도 원폭을 만들 수 있을 정도의 양은 아니었다.

소량이어도 어쨌든 육불화우라늄을 만들 수 있다면 이번에는 그것을 농축시키지 않으면 안 되었다. 양은 어찌 되었든 간에, 우선 농축을 확인할 실험이 요구되었다.

이화학연구소에서는 원심분리장치를 제조하는데 비용이 상당히 늘어났기 때문에, 우라늄농축장치에 [열확산법]을 도입하게 된 것이다. 열확산법은 1938년 독일에서 Klaus Clusius 와 Gerhard Dickel이 아이소토프(isotope)를 분리하는 목적으로 고안한 것이다. 수직으로 세운 빈(空洞) 원통 중심을 따라 수직으로 금속선을 설치하고, 금속선에 일정한 전류가 흐르면, 전열기(히터)의 원리로 금속선에 열이 발생하여, 금속선을 일정한 온도로 유지하는 것이 가능하다.

말할 필요도 없지만, 수직이라는 것은 중력과 평행한 방향이다. 게다가 외원통(外円筒)의 외벽을 항상 흐르고 있는 차가운 물에 담가두면, 외원통(外円筒)의 외벽을 일정한 저온으로 유지할 수 있다.

이렇게 함으로서 내원통의 중심을 고온으로 유지하면서 원통의 외벽은 저온으로 유지할 수 있게 되고, 원통과 그 중심과의 사이에 온도차가 나타나게 되는 것이다. 원통의 중심에 설치된 고온의 금속선으로부터 원통의 내벽으로 향하는 온도가 낮아지게 된다.

그러나 이화학연구소가 제작한 것은, 중심의 금속선이 외벽의 원통

보다도 반경이 적은 구리로 만들어진 원통을 사용했다. 내벽의 원통 속에 전열히터를 넣어 내원통을 뜨겁게 했다. 하지만 분리통의 제작에는 구리를 사용했기 했고, 당시 구리는 전쟁에서 상당한 양을 사용했기 때문에, 분리통의 제작에는 생각지도 못한 시간이 걸렸다.

원통 안에 무거운 분자와 가벼운 분자가 혼합된 가스를 넣으면, 가스를 열확산을 일으키게 되고 가벼운 분자는 온도가 높은 곳인 원통 중심으로 모이게 되며, 무거운 분자는 온도가 낮은 바깥 쪽 원통 내벽 쪽으로 모인다. 이것이 가스의 열확산이라는 것이지만, 실제 이론은 복잡하다. 그러나 이 장치는 수직으로, 즉 중력에 평행하도록 설치되어 있기 때문에 상하방향에 대류현상이 일어나게 된다. 원통 중심에 모여 있는 가벼운 가스는 상승하고, 바깥 원통 내벽부근에 모여 있는 무거운 가스는 하강한다. 원심분리법은 원통을 회전시켜 원심력으로 인하여 무거운 분자를 원통 내벽으로 몰아넣고, 가벼운 분자는 원통 중심부근에 남겨둔다. 가스확산법에 있어 원통은 회전하지 않는다. 따라서 모터가 필요 없다. 어느 쪽도 대류에 의해 가벼운 분자를 상승시키고 무거운 분자를 하강시킨다는 점에서 비슷하다. 그러나 열확산법은 소비되는 에너지에 비해 분리효과가 나쁘기 때문에, 현재 실용화되지 못하고 있으며 원심분리법이 실용화되고 있다.

분리반의 반장, 다케우치 마사(竹內 柾)는 지금까지 설명한 열확산법에 의한 우라늄농축장치를 제작 그것을 [분리통]이라고 불렀다.

분리통은 1944년 2월에 완성됐다. 분리통의 상층부에는 가벼운 우라늄235가 모이기 때문에 그것을 회수한다. 그러나 우라늄235와 우라늄238의 분리는 기술적으로 상당히 어렵다. 이것은 지금도 바뀌지 않았다. 왜 그렇게까지 어려울까. 주된 이유로는 3가지가 있다.

(1) 우라늄235도 우라늄238도, 어느 쪽도 우라늄으로 같은 원소이다. 다만 다른 점은 우라늄238의 핵은 우라늄235의 핵보다도 중성자가 3개 많다는 것 뿐. 중성자의 많고 적음은 원소의 화학적 성질에 어떠한 상이점도 초래하지 않는다. 따라서 우라늄235를 우라늄238에서 직접 화학분석에 의해 분리하는 것은 불가능하다.

(2) 우라늄238과 우라늄235의 중량비는 238/235=1.013에 가깝고 대부분 비슷하다. 게다가 우라늄235는 우라늄238보다 조금 가벼울 뿐이다. 이 적은 무게의 차이를 이용해 우라늄235의 함유율(농축도)을 높이려고 해도 간단히 성공할 수 있는 기술이 아니다.

(3) 원폭에 필요한 우라늄235는, 원래 불과 0.7%만이 천연우라늄에 포함되어 있다 .이 0.7%에서 90% 이상으로 농축하지 않으면 안 되는 것이다.

이 3가지의 현실을 고려하면, 완전 아마추어라도 우라늄농축은 간단하지 않다는 것을 알 수 있다.

분리통의 상부 층에 가벼운 우라늄235(실제로는 육불화우라늄235)가 모이게 되지만, 무게가 거의 차이나지 않기 때문에, 분리통의 상부 층에는 아직 약간의 우라늄238이 섞여 있다.

이 때문에 분리통을 1개 제작한 것으로, 원하는 우라늄235의 농축에는 많은 차이가 있다. 분리통을 여러 개 만들지 않으면 안 될 것이다. 게다가 기술적인 문제가 있다. 이론적으로 분리통 속은 육불화우라늄의 가스만으로 이루어지지 않으면 안 되고, 다른 쓸데없는 불순물은 일제히 제거해야 한다. 또한 육불화우라늄을 넣기 전 분리통 속은 진공상태여야 한다. 실제로는 완벽한 진공으로 할 필요는 없지만, 그렇다고 해도 상당한 진공도가 요구된다. 이 [진공장치]에도 고도의 기술이 요구되었지만, 실제 제작된 분리통의 진공도는 그다지 좋지 않았던 듯하다.

결국 이화학연구소의 연구원들은 장벽에 부딪히게 됐다.
그러나 이화학연구소에서 최초로 원폭개발을 의뢰한 육군항공기술연구소의 스즈키 타츠사브로우(鈴木辰三郎)의 분리통에 대한 집념은 강했고, 이 제작에는 금속이 꼭 필요했기 때문에 쓰미토모 강관(住友鋼管)에 의뢰해 분리통 6개를 제작했다.

우라늄 획득은 원료반의 이이모리 사토야스(飯盛里安)가 맡았다. 국내에서는 후쿠시마현 이시카와(福島県石川町)마을에서 생산되는 사마스카이트(Samarskite)가 산화우라늄을 20% 함유하고 있다는 점을 알고, 이시카와(石川)중학교의 학생들을 동원했지만, 우라늄을 채굴하지 못한 채로 종전을 맞이했다.

외국에서는 말레이반도, 한반도 등으로부터 원광을 획득. 또한 이

미 미국으로부터 수입하고 있던 카노타이트(Carnotite)에서 산화우라늄 300kg을 얻었다.

그렇지만 니시나 요시오(仁科芳雄)는 미국군의 동경폭격을 두려워해서인지, 분리통 연구실을 기쿠치 세이시(菊池正士)가 있는 오사카대학에 맡겼다. 기쿠치 세이시(菊池正士)는 입자부분의 분자가 파동성질을 띤다고 하는 논문을 발표했지만, 약간의 차이로 노벨상을 받지 못했다. 또한 기쿠치 세이시(菊池正士)는 전후, 이바라키(茨城)현 도카이무라(東海村)에 설립된 [일본원자력연구소]의 초대 이사장을 맡은 인물이기도 하다.

오사카대학 기쿠치(菊池)연구실에서도 분리통 제작이 시작되었지만, 분리 상태만을 연구하는 목적이었기 때문에 정작 중요한 육불화우라늄은 사용되지 않았다. 그러나 기쿠치 세이시(菊池正士)는 원자폭탄 제조과정(우라늄 입수, 우라늄 정제, 육불화우라늄의 제조, 우라늄농축장치의 제조, 핵분열 연쇄반응을 확인하는 실험 등)은 어느 하나를 보더라도 쉽게 가능한 것이 아니라, 상당한 시간을 필요로 하므로 도저히 이 대전 중에 완성될 가망이 없다고 판단해 우라늄 연구를 단념했다.

전쟁 중 이화학연구소는 동경 고마고메(駒込)에 있었지만, 동경 대공습을 면할 수 없었고, 2호 연구가 이루어지고 있던 분리통이 있는

49호관은 소실되어, 2호 연구의 속행은 불가능하게 되었다. 결국, 니시나 요시오(仁科芳雄)가 통솔하는 2호 연구는 어떠한 성과도 없는 채 중지하지 않을 수 없었다.

이화학연구소는 태평양전쟁의 종결과 함께 해체되었지만, 이전과 같은 코마고케(駒込)에 연구소를 건설했고 1958년에 특수법인 [이화학연구소]로서 재출현했다. 1946년, 태평양전쟁 종결과 함께 연합국군사령부의 지도에 의해 니시나(仁科)연구실의 사이클로트론(cyclotron)도 동경 만에 투기되었다. 이것을 목격한 연구원들은 눈물을 흘리면서 지켜보았다고 한다.

일본해군의 핵무기 F연구

2호 연구는 육군의 요청으로 시작된 것이었지만, 일본해군도 1941년 5월에 교토제국대학 이학부교수의 아라카츠 분사쿠(荒勝分策)에게 원자핵반응에 의한 폭탄 개발을 의뢰한 것을 시작으로, 1942년 7월 8일, 해군기술연구소의 이토 코지(伊藤康二)소장의 주창으로 원폭개발의 간담회가 열렸다. 이 간담회에는 이화학연구소, 동경대학, 오사카대학, 교토대학, 토후쿠대학이 참가했고, 위원장은 니시나 요시오(仁科芳雄)였다.

예전에도 지금도 물리학은 크게 2개로 나뉜다. 하나는 이론물리학이고, 다른 하나는 실험물리학이다. 니시나 요시오(仁科芳雄)는 이론물리학자였으며, 교토대학의 아라카츠 분사쿠(荒勝分策)는 실험 물리학자였다. 당시, 일본에서는 아라카츠 분사쿠(荒勝分策)가 실험물리학의 제1인자였다. 그러나 원자폭탄 연구는 이론물리라든가 실험물리학이라든가 하나하나 구별하면서 생각할 수 있는 것이 아니었기 때문에, 이론 물리학자였어도 실험장치의 제조를 생각하지 않으면 안되었었다. 이 간담회에서는 핵물리응용연구위원회를 설치해 교토대학과 공동으로 원자폭탄의 가능성을 검토하기로 했다. 이 연구에는 유카와 히데키(湯川秀樹)도 참가했었다. 이 시기, 아직 노벨상조차 수상하지 않았었지만, 유카와(湯川)의 [중간자론]은 이미 구미의 물리학계에서 완전히 인정받고 있었다. 다만 유카와(湯川)가 예언한 중간자라고 하는 입자가 이 자연계에서는 아직 발견되지 않았었지만, 전후가 되고 우주선(宇宙線)을 통해 발견되었다.

아라카츠 분사쿠(荒勝分策)가 [원자폭탄은 가능하다]고 하는 취지를 해군에 전하자, 해군은 즉시 GO를 명했다. 핵분열은 영어로 Nuclear Fission이다. Fission은 분열이라고 하는 의미를 갖는다. 여기서 해군에서의 원폭연구는 Fission의 앞 문자를 따와 [F연구]라고 암호화했다.

교토대학에서는 이미 2호 연구에서의 열확산법에 의한 우라늄 농축법을 알고 있었지만, 열확산을 이용한 분리통보다도 효율이 좋은 원심분리법에 의한 농축장치를 생각하고 있었다. F연구에서는 1초 동안에 10만 번 회전을 하는 원심분리장치가 필요하다고 생각해 [초원심분리법]으로 불렀다. 원심분리법에 의한 우라늄농축에도 육불화우라늄이 필요하다.

그런데 F연구의 보고에 의하면,
 (1) 산화라듐보다 금속우라늄을 통해 육불화우라늄 제조의 연구
 (2) 초원심분리기의 제작: 동경계기(東京計器)를 통해 건설 중
 (3) 사이클로트론(cyclotron)의 제작: 아라카츠(荒勝)연구소에 의해 구성 중
이라고 한다.

1945년 7월 21일, 비와호반(琵琶湖畔)의 비와호(琵琶湖)호텔에서 회의가 열렸다. 출석자는 당시 일본 물리학자들이었다 — 아라카츠 분사쿠(荒勝分策), 유카와 히데키(湯川秀樹), 기무라 기이치(木村毅一), 고바야시 미노루(小林稔), 사카다 쇼이치(坂田昌一). 그들이 원자폭탄의 이론에 정통해 있지 않을 리가 없다. 이미 많은 도시가 궤멸적인 폭격을 받았고, 물자도 바닥이 난 상태였으며, 이제 와서 원자폭탄의 제조를 본격적으로 해보려 생각했던 참가자는 아마 한사람도 없었을 것이다. 따라서 회의 자체가 [절망적 분위기]였을 것이다. 회의가 개최된 7월 21일은, 히로시마에 원자폭탄이 떨어진 8월 6일의 불과 16일

전이었다.

플루토늄은 원자로에 의해 만들어지는 것이지만, 당시 일본에서는 천연우라늄을 사용한 원자로 제조까지 도저히 손이 미치지 않는 상황이었기 때문에 플루토늄폭탄은 거의 불가능한 상태였다고 판단된다.

결국, 육군도 해군도 원자폭탄개발에 손을 댔지만, 우라늄 농축조차 불가능한 상태로 종전을 맞이했다. 그러나 제 2 차 세계대전 중에 육군과 해군이 주도한 [2호연구], [F 연구]가 있었기 때문에 일본은 마음만 먹으면 언제든지 소형화된 핵무기를 개발할 능력을 갖게 되었고 필사적으로 핵무기를 개발하려 했던 군부의 지원과 천재 물리학자들이 즐비했기 때문에 그 지적유산이 전후 일본 후학들에게 이어졌을 것으로 확신된다.

모든 일은 아무것도 없는 상태에서 이루어지지 않는다. 비록 대지진으로 원자력이 다소 주춤한 일본이지만 54기의 원자로를 가동하며 세계 제 3 위의 원자력 대국이 하루아침에 이루어진 것이 아니며 핵무기의 제조 잠재력도 이미 탄탄하게 쌓아 놓은 일본이다. 일본이 핵무기를 갖게 되는 판도라의 상자를 여는데 가장 걱정되는 나라는 북한이다. 북한의 핵무기를 막지 못하면 일본의 핵개발을 미국이 막을 명분이 없다.

일본의 우라늄 농축 기술

일본 세계에서 8번째 우라늄 농축 국가

1979년 9월 12일. 이 날은, 일본의 원자력개발의 역사에 남을 날이다. 오카야마현(岡山県) 닌교토우게(人形峠)에 일본의 첫 우라늄 농축 실험공장이 완성된 것이다. 우라늄 농축은 미국, 소련, 프랑스, 영국, 네덜란드, 중국, 남아프리카 제국들이 다루고 있고, 일본은 세계에서 8번째의 우라늄 농축 국가가 되었다.

닌교토우게(人形峠)의 실험공장은 1977년에 착공되어 79년에는 정확히 천대의 원심분리기가 가동되고 있었다. 이런 천대의 기계는 [OP-1A]라고 불리는 기종이지만, 80년에는 차기종인 [OP-1B] 3천 대의 가동에 성공, 게다가 81년에는 최신예기종 [OP-2] 3천 대가 가동되었다. 총 7천 대가 되어 그 당시의 농축 우라늄 생산능력은 연간 약 75톤 SWU(분리작업단위)가 되었다.

75톤 SWU라고 하는 것은 백만 킬로와트급 원자력발전소의 약 8개월분의 연료에 해당한다. 일본에는 80년 말에 이미 원자력 발전을 가동하고 있으므로 닌교토우게(人形峠)의 실험공장의 생산력은 일본 전체 필요량의 불과 몇%를 조달할 수 있는 것에 지나지 않는다.

그런데도 우라늄 농축 국산화에 매달렸던 이유는 농축 우라늄을 해외에 의존해서만은 안된다는 판단에서였다. 일본은 경수로를 미국에서 도입하고 순식간에 미국을 뒤잇는 세계 제2의 원자력발전 국가가 되었다. 하지만 원자력발전에서 태우는 농축우라늄은 대부분 미국에서 일부를 프랑스로부터의 수입에 의존하고 있다.

수입은 확실히 간편한 방법이다. 국산화 하는데 동반되는 귀찮은 수고나 리스크의 생략이 가능하다. 그러나 국가의 중요한 에너지원을 전부 외국에 의존하는 것을 안전보장의 측면에서 말하면 있을 수 없는 일이다. 특히 농축 우라늄은 전략상품으로서의 의미가 있고, 미국은 농축우라늄의 공급을 통해서 각국의 원자력 개발을 지배하는 체제를 계속 취해 오고 있기 때문이다.

이 전형적인 사례가 이바라키현(茨城県) 도카이무라(東海村)의 동력로 사업단 재처리시설의 운전을 둘러싼 1977년 미일교섭 이었다.

이 재처리 시설에서 화학 처리될 사용 후 연료는 미국이 공급해준 농축 우라늄을 원자력 발전소에서 태운 것이지만 미일 원자력협정에 의해 [사용후 연료라고 해도 그 취급에는 미국의 합의가 필요]라고 정해져 있다. 이 족쇄는 2013년 현재 일본은 풀려 있지만 한국에는 여전히 채워져 있는 원자력 자물쇠다. 한국은 어떠한 형태로든지 사용후 핵연료의 형상을 변경하지 못하게 되어 있다.

독자적 우라늄 농축이나 사용후 핵연료 활용 못하는 한국

핵무기의 확산을 방지하려는 미국 등 핵무기 보유 국가들의 국제체제에 저항하여 핵무기의 원료가 되는 플루토늄을 뽑게 되면 경제적 제재 등 국제사회의 고립을 면지 못하는 처지가 된다. 북한이 대표적인 사례다.

2013년 현재 일본은 그 족쇄가 풀려 있는 상태고 한국은 여전히 그 자물쇠에 잠겨 있는 상태다. 특히 재선에 성공한 미국의 오바마 대통령이 [핵무기 없는 세상]의 기치를 내걸며 노벨 평화상까지 받았기 때문에 한국의 독자적 우라늄 농축이나 사용후 핵연료 활용 가능성은 극히 희박하다.

사용 후 연료를 재처리하면 원폭의 원료가 되는 플루토늄을 얻을 수 있다. 일본은 플루토늄을 고속증식로의 연료로서 평화적으로 사용할 생각이라고 말했지만 미국은 카터 대통령의 핵비확산 정책에 따라 각국의 재처리 과정에 제동을 걸기 시작했다. 왜냐하면 원자로에서 연료로 수명을 다 한 사용후 연료를 재처리해 획득한 플루토늄의 순도가 높지 않아 핵폭탄으로 쓸 수 없다고 생각했었는데 실험을 해 보니 폭발한다는 결과를 보고 세계 각국에 재처리 금지령을 내린 것이다. 그런데 정확히 그 당시에 일본은 재처리 시설을 가동하기 시작했고 미국의 개입이 본격화 된 것이다.

일본의 첫 원심분리기 1959년 시행

미일교섭은 1977년 가을에 끝나 일본은 잠정적인 시설의 가동을 인정받았다. 그렇다고 해도 이 사건은 미국으로부터 농축 우라늄의 공급을 받는 것이 즉 원자력 개발에의 규제로 연결되는 것임을 일본에게는 확실히 보여주었다.

80년대에 들어서 세계정세는 복잡해졌다. 에너지의 확보야말로 국가의 중요한 것이었고 자원약소국인 일본은 에너지 자급률의 향상과 수입처의 다양화를 행해야 했다. 원자력을 둘러싼 국제정세는 유동적이지만 미래에도 핵비확산이 중요한 부분이 될 것이라는 것은 틀림없다.

농축 우라늄이 없으면 원자력 발전소는 움직이지 않는다. 닌교토우게(人形峠)의 천대의 원심분리기는 규모는 작지만 일본의 핵에너지 자립의 첫걸음을 나타내는 것이었다.

우라늄 광석에서 얻을 수 있는 천연 우라늄에는 핵분열 반응을 일으켜 열을 내는 우라늄 235가 0.7% 정도 포함되어 있다. 나머지 99.3%는 불에 타지 않는 우라늄 238이다.

우라늄 농축이라는 것은 핵분열로서 사용할 수 있는 우라늄 235의 함유율을 높이는 작업을 말하며 경수로에서 태운다면 3% 정도로 만약 원자폭탄의 재료로 사용한다면 95% 정도로 농축한다.

천연 우라늄은 불소와 반응시켜 기체상태의 육불화우라늄을 원심분리기에 넣는다. 원심분리기가 고속회전하면 좀 무거운 우라늄 238에 큰 원심력이 작용하여 주변에 많이 모이게 되고 조금 가벼운 우라늄 235는 중심부로 대부분 모이게 된다. 중심부분에 모인 기체를 다음 원심분리기에 넣고 한층 더 그 작업을 반복함으로써 우라늄 235의 함유율은 점점 높아져 가는 것이다.

우라늄 농축에는 원심분리법 이외에 미국이 맨해튼계획에서 채택한 가스확산법, 레이저 농축법, 화학교환법등이 있다.

일본의 우라늄 농축의 연구 기원은 1958년까지 거슬러 올라간다. 그 해 12월에 원자력위원회가 발표한 [핵연료 개발에 대한 생각]에서 [일본의 국정에 적합한 우라늄 농축기술을 개발한다]고 한 것이 최초였다.

일본의 첫 원심분리기는 1959년에 시행되어 졌다. 심리학연구소의 오오야마 요시토시(大山義年) 주임연구원을 중심으로 된 그룹의 [원심분리기법에 의한 우라늄 농축에 관한 기초연구]에 대해 연구 위탁비 12,096만 엔이 교부되어 소형원심분리기의 시작(試作) 시험이 시행되었던 것이다. 이화학연구소가 기술개발의 선구자로 된 것은 여기서 오랜 세월동안 동위체(同位體) 분리의 연구를 해 온 과정이 있었기 때문이다.

원심분리기에 대한 기술정보는 1960년 무렵까지 지금과 다르게 공개되었고 독일 학자들의 논문발표가 학회지의 대부분 이었다. 그러한 정보를 참고로 해, 이화학연구소의 1호기가 시작(試作)된 것이다. 이 연구는 2호기에 인계되고, 아르곤가스에 의한 분리시험이 1963년까지 계속되었다. 이 사이 원심분리기의 제작을 담당한 것은 동경 시바우라 전기(東京芝浦電氣)였다.

1961년 원자력위원회는 [원자력 평화이용 장기계획]을 규정하고 이화학연구소의 연구는 동연사업단의 전신(前身)인 원자연료공사에 인도되어졌다. 원자연료공사는 도카이무라(東海村)에 있는 도카이(東海)사업소에 2호기를 설치해 다카시마 요이치(高島洋一)·동경 공대 교수의 지도 아래에서 몇 명의 그룹에게 개발을 담당하게 했다. 아르곤가스 이외에 육불화유황가스도 사용, 서독에게 필적할 정도로 성과를 올렸다.

그런데, 이러한 성과를 밟고, 실제로 사용되는 육불화우라늄가스를 실험하기 위해 1965년에는 3호기 개발의 예산이 요구되었다. 그러나 당시는 아직 경수로의 도입초기이고, 우라늄 농축의 국산화가 절실히 요구되어지지 않았던 이유도 있어 3호기의 예산 6천6백만 엔이 청구된 것은 1967년의 일이었다.

이 무렵이 되면, 원심분리기술은 유럽자국에서도 기밀사항이 되어 정보입수는 저절로 끊어지게 되었다. 이 때문에 그 후의 우라늄 농축기술의 개발은, 일본 독자적으로 시행착오를 반복하면서 진행되었던 것이다.

원심분리법의 정보가 공개되지 않게 되었던 배경에는 핵확산방지를 바라는 미국의 의도가 작용하고 있었다. 미국은 농축 우라늄을 공급하는 대신에 각국의 자주적인 우라늄 농축기술 개발을 억제하도록 움직이기 시작했다.

1960년에는, 미국은 서독에 대해 원심분리법 연구의 기밀화를 요청, 1967년에는 미국 국내에서의 민간회사에 의한 원심분리법 연구를 금지. 같은 해 일본에도 정보의 누설방지를 비공식적으로 요청해 오고 있었다.

일본에는 [자주, 민주, 공개]의 원자력 3원칙이 있고, 원자력 기본법도 성과의 공개를 규정하고 있다. 기밀화가 진행되는 세계의 정세는, 일본이 자주개발노력을 방해하는 걸림돌이 되었다.

그러나 경수로의 기술개발이 미국에서 중요하게 진행되고 일본의 전력회사도 채택하기로 하여 미래의 농축우라늄확보가 현실 문제로서 부상했다. 한편 핵확산방지조약(NPT)도 토의가 마무리 되어 이 조약이 만들어지고 일본도 가맹한다면 우라늄농축기술개발에 미치고 있던 규제가 무너진다는 기대가 피어오르기 시작했다. 일본의 자주개발에 서광이 비치기 시작한 것이다.

3호기가 도우카이(東海)사업소에 고정될 수 있던 것은, 동연사업단이 발족하여 2년째에 해당하는 1969년의 일이다. 3호기와 평행하게 도쿄공대(東京工大)에 [소형기]의 개발위탁이 행하여 졌다. 실제로 육불화우라늄의 기체에서 테스트를 했는데, 헤드분리계수 1.016이라는 성적을 얻을 수 있었다. 헤드분리계수라는 것은 1대의 원심분리기에 넣는 공급류에 대해 나오는 농축류가 얼마나 농축되었는지를 비율로 나타낸 숫자이다. 이 성과는 1969년 5월, 신문지상에 발표되어, [처음으로 우라늄농축에 성공]이라고 대대적으로 보도되었다.

'원심분리법', '가스확산법' 모두 국가 [특정총합연구] 채택 결정

1969년 5월, 원자력위원회는 [우라늄농축 연구 간담회]를 열고 앞으로의 우라늄농축의 연구개발에 대해 본격적으로 검토한다. 그 결과 원심분리법과 가스확산법의 양쪽 모두를 국가의 [특정총합연구]로서 채택할 것을 결정했다.

가스확산법은 일본에서 1969년 연구가 시작됐지만 이 방법이 많은 전력을 필요로 한다는 것, 벌써 타국에서는 상당히 기술을 진보시키고 있다는 것 등의 사정이 있어 연구의 시작은 원심분리법보다 꽤 늦어졌다. 이화학연구소의 기쿠치 세이시(菊池正士)·초빙연구원, 나카네 료헤이(中根良平)·주임연구원들이 중심이 되어 1969년에는 스미토모 전공(住友電工)의 시작(試作) 격막에 의한 우라늄 분리 실험의 성과가 발표되었다.

우라늄농축연구 간담회의 보고는, 원심분리법에 대해, ① 주속(周速·회전동체 바깥 틀 부의 속도)이 초속 400m 이상의 회전동체의 개발, ② 매분 7~10만 회전에 견디는 非접촉형 베어링이나 실(シール)의

개발, ③ 원심분리기 수십 대의 편성에 의한 시스템으로서의 성능 개선, ④ 육불화우라늄의 제조 및 분리정제기술의 개발, 등 연구주제를 발표했다.

이 방침에 따라, 도우카이(東海)사업소에 [우라늄농축기술 개발부]가 만들어졌고, 원심분리기 메이커도 지금까지의 도쿄 시바우라 전기(東京芝浦電気) 1사에서 히타치(日立) 제작소, 미즈비시(三菱) 중공(1974년에 철퇴)을 가세한 4사에 의한 경쟁체제가 되었다.

이러한 정세 속에서, 연구개발은 원심분리기의 각 요소마다 진행되었다. 원심분리기의 급기·배기 기술, 베어링의 연구, 회전동체의 재질 등으로, 1971년부터 1972년 즈음에 걸쳐 차례차례 원심분리기의 시작(試作), 개량이 이루어졌다. 특정총합연구에 지정되고 나서부터 원심분리기는 주속(周速)이나 분리성능, 소비전력, 기체중량 등의 면에서 크게 진보했고, 가스확산법과의 격차는 분명해졌다. 1972년에는 연간예산이 10억 엔을 넘어 표준화설계에 의한 1호기가 완성했다. 이 기종의 주속(周速)은 3년 전의 소형기의 실로 2배를 넘고 있었다.

한편 미국에서는 가스확산법에 의한 3곳의 우라늄농축 공장의 생산능력이 1980년 무렵에는 부족할 전망이어서, 제4공장의 민영화반영을 겨냥해, 한정된 민간기업 그룹에 농축기술이 공개되었다. 이러한 농축연구자유화의 분위기를 받아, 유럽에서도 전부터 미국 의존에 비판

적이었던 영국, 서독, 네덜란드 삼국이, 1969에는 원심분리법의 공동 연구협정, 1970년에는 알메로(Almelo)조약을 체결, 각각 25톤 SWU의 실험공장 3기를 건설할 것을 결정했다. (단 영국은 그 후 실험공장의 능력이 14톤 정도에 머물렀다.)

이러한 해외의 움직임은 일본의 연구개발에 마침표를 찍어, 1972년 8월, 원자력위원회는 원심분리법에 의한 우라늄농축을 내셔널·프로젝트(특별연구 개발계획)로 하기로 결정했다. 이것에 의해, 우라늄 농축의 기술개발에 국가의 총력을 기울이게 되었던 것이다.

원심분리기술은 재래기술의 총합적인 조합

원심분리기술은 원자력기술이라는 것보다 재래기술의 총합적인 조합이라고 표현하는 편이 적절할지 모른다. 개발의 포인트는 베어링, 회전동체의 재질, 고속회전체의 진동을 억제하는 기술, 또는 가스의 급배기 기술이다. 그러한 의미에서 폭넓은 산업발전의 가능성을 갖는 일본을 위한 기술개발 테마라고 말할 수 있다.

일본이나 구미의 각국들은 1970년대에 들어서 기술개발에 많은 투자를 했지만 그 내용은 서로 비공개였다. 일본도 초기단계와 같이 외국의 데이터를 참고할 수 없었다. 그야말로 시행착오를 반복하면서 전진할 수밖에 없었다. 몇 개의 요소별로 개발 단계의 모습을 되돌아 본다.

① 캐스케이드(Cascade) 기술; 1973년에 개발도중 단계의 기종을 파악해 [C-1 Cascade]가 짜여졌다. 원심분리로부터 나온 프로덕트를 다음의 원심분리기에 넣어, 그것을 몇 번이나 반복하는 것이 농축의 원리이지만, 이것만으로는 최종적으로 나온 제품이 매우 적기 때문에 어느 원심분리기도 상단의 원심분리기에서 배출되는 감손류(減損流-웨이스트라고 한다.)를 공급류와 혼합해 사용하고 있다. 이렇듯이 원심분리기를 파이프로 엮은 시스템을 Cascade라고 부른다.

Cascade에는 ideal cascade와 step cascade 두 종류가 있다. ideal cascade라는 것은 문자 그대로, 이상적으로 헛됨이 없는 cascade이며, 원심분리기의 입구에서 공급류와 감손류를 혼합할 때, 양쪽 모두 농축도가 딱 일치하도록 원심분리기끼리 파이프로 묶는 방법을 말한다. 농축도가 일치하지 않을 경우, 농축도가 높은 쪽의 기체는 낮은 쪽의 기체와 혼합되어지는 것에 의해 모처럼의 농축작업이 헛된 일이 된다. ideal cascade는 이러한 상황은 없지만 그 대신 각 단의 유량을 다른 값으로 설정하지 않으면 안 되어 건설, 운전이 복잡하게 되는 결점을 갖고 있다.

step cascade는 이에 비해 어느 정도의 결점을 각오한 상태에서 시스템의 간편함을 이점으로 하고 있다. 몇 단계인지 정리해 1개의 네모난 형상의 cascade로 짜 그것을 가능한 한 ideal cascade에 가까운 형태가 되도록 한 단계 한 단계 만들어 가기 때문에 step cascade라고 불려진다.

C-1 cascade는 ideal cascade를 채용하여 성능을 체크한다. 1974년에는 C-2 cascade가 짜여졌지만 이쪽은 step cascade이었다. 왜 이처럼 실험을 하고 확인해 보는가 하면, cascade의 짜는 방법에 의해 경제성의 차이가 생겨나고, 농축 우라늄의 제품 비용에 영향을 미치기 때문이다. 미래의 국제경쟁력을 생각하면, 절대 빠뜨릴 수 없는 연구테마이다.

결과적으로 ideal cascade가 채택되었다. 지금도 전부 ideal cascade를 사용하고 있지만, 이것은 일본만이 아니고 세계의 많은 플랜트(Plant)에서도 보이는 공통점이다.

② 급배기(給俳気)기술; 원심분리기에 육불화우라늄 가스를 공급, 배기 할 방법으로서, 3호기의 경우 단판(端板)노즐 법을 취하고 있었다. 단판(端板)이라는 것은, 회전동체의 상하면(上下面)으로, 여기에 구멍을 내어, 윗면의 구멍에서는 감손류(減損流), 아랫면의 구멍에서는 농축류를 꺼내고자 하는 것이다. 공급류는 중심의 회전축(回転軸) 내를 통해서 공급된다.

회전체(回転軸)에서 공급류가 아래쪽으로 흐르기 시작하면, 원심력과의 관계에서 순환류가 생겨난다. 회전동체의 중심부에는 우라늄 235를 다량 함유한 농축된 가스가 있다. 중심부를 지나 밑쪽 단판(端板)에 도달한 가스는 가장 잘 농축되어 있는 것으로, 이를 꺼낸 것이 농축류(濃縮流)다. 반대로 위쪽 단판(端板)에서 꺼낸 것이 감손류(減損流)이다. 상하단판(上下端板) 모두 구멍이 회전동체의 주연부(周縁部)에 가까운 이유는 바깥쪽으로 갈수록 압력이 높고, 빼내는데 편하기 때문이다.

회전동체와 외통(外筒)사이는 감압실(減圧室)로 되어있지만, 여기서 농축류와 감손류를 혼합하는 것은 이렇게 분리한 의미가 없다.

거기서 감압실(減圧室)의 한 가운데 쯤에서 가벼운 헬륨 가스를 불어넣어, 상하의 입출입구로부터 각각 감손(減損), 농축류(濃縮流)와 혼합하여 외부에서 꺼낼 수 있도록 한다. 이렇게 되면 2개의 흐름이 함께 될 걱정은 없다. 이상이 단판(端板) 노즐법의 개요이다.

한편, 세계의 주류는 독일인 학자인 집페(ジッペ)가 개발한 스쿠프(scoop)법(집페법이라고도 한다.)이었다. 단판노즐법이 자연스럽게 생겨난 압력을 이용하는 반면에, 스쿠프(scoop)법은 한마디로 말해, 상단판(上端板)으로부터 3개의 파이프를 화전동체 내부에 삽입해, 원심분리기가 가지는 펌프로서의 성질을 이용, 각각의 공급류, 농축류, 감

손류를 강제적으로 급배기 하려고 하는 방법이다. 집페는 제 2 차 세계대전 때부터 원심분리기의 연구를 했고, 전쟁이 끝나고 한때, 소련에 억류되기도 했지만 , 해방되고 미국으로 건너가이 방법을 완성시켰다. 동연사업단은 단판 노즐 법만이 아니라 스쿠프(scoop)법의 연구도 진행했고, C-1, C-2cascade 실험 때부터 급배기 기술에 커다란 발전을 보였다.

③ 회전 동체; 원심분리기의 성능을 높이려면, 우선 회전수, 주속(周速)을 높이지 않으면 안 된다. 거기에는 회동동체의 본질로써, 강력한 원심력에도 견딜 수 있는 견고한 것으로 선택할 필요가 있다. 일반적으로, 회전동체의 재료로서 생각되어지는 것은, 알루미늄, 마르에이징강철, 티탄 합금, CFRP(탄소강화 플라스틱)등이 있다. 이들의 재료에 대하여 강도, 가공법 등을 검토한 결과, 특수금속 회전동체가 완성되었다.

그런데 매분 수만 번의 고속회전수를 얻으려면, 이번에는 회전동체의 세로의 길이를 길게 하는 것이 과제이다. 긴 동체를 만드는 것이 어려운 이유는 상하 베어링간의 거리가 길어진 결과, 기계적인 진동의 폭이 커져 외통(外筒)과 부딪치거나 파손될 염려가 있다는 것이다.

어떤 기계에도 각각의 고유 진동수가 있고, 이에 해당하는 만큼 회전할 때 진폭은 최대가 된다. 많이 회전시키려고 하면 아무래도 이 고유진동수의 벽을 넘지 않으면 안 된다. 그러기 위해서는 회전동체의 밸런스를 잘 조절하고, 게다가 극히 정밀하게 취할 필요가 있다. 밸런스가 잘 맞지 않으면 진동이 보다 커지기 때문이다.

고유진동수를 크리티칼·포인트라고 하고, 그 이하의 회전수로 돌리는 것을 서브크리티칼(Subcritical), 그 이상의 회전수로 돌리는 것을 슈퍼 크리티칼이라고 한다. 일본의 원심분리기는 1975년경 단번에 슈퍼 크리티칼의 형태로 되었다.

고유진동수는 낮은 편이 좋다. 긴 동체이면 상식적으로 진동수가 낮을 것 같지만, 길어진 만큼 전체의 강성(强性)을 늘리지 않으면 안 되기 때문에 고유진동수가 낮아질 일은 없다. 거기서 동연사업단의 기술자들은 회전동체의 일부에 특수한 생각을 해 회전동체를 더 부드럽게 하고, 강성을 없애는 것에 의해 고유진동수를 낮추는데 성공했다.

회전동체의 재질은, 현재 특수금속 이외에 CFRP등 복합재료의 연구개발도 진행되고 있다. 이들의 재료는 최근, 여러 산업분야로 용도를 넓히고 있어, 숨겨진 많은 가능성을 지닌 재료로서 주목받고 있다.

④ 설치 방식; 원심분리기의 성능을 아무리 향상해도 제작이나 공장건설 비용이 많이 들면 국제경쟁력을 지닐 수 없다. 그러한 비용 저

감의 한 방법으로서 [그룹 설치방식]을 들 수 있다.

그룹 설치 방식이라는 것은 수십 대의 원심분리기를 모아 하나의 단위로서 제작하고, 유송이나 설치방식 공사를 합리화하자고 하는 것이다. 닌교토우게(人形峠) 공장의 경우, 초기 천대의 [OP-1A]는 한대의 설치방식이지만, 계속되는 3천대의 [OP-1B]로 점점 콤팩트化되어, 마지막의 3천대 [OP-2]에서는 그룹 설치장식을 생각하고 있다.

그룹 설치 방식의 가장 큰 장점은, 전체가 콤팩트하게 만들어진 결과, 설치 방식 면적이 한대 설치방식과 비교해서 대략 3분의 1이나 줄었고, 건실(建室)을 작게 할 수 있다는 점에 있다. 배관도 간단해지지만, 신경을 써야만 하는 것은, 너무 콤팩트化한 결과 한대의 진동이 다른 원심분리기에 영향을 주어, 차례차례로 제구실을 못하게 될 걱정이 있다는 것이다. 당연히 진동을 부드럽게 하는 것처럼 방책을 수반하지 않으면 안 된다.

⑤ 그 밖의 기술; 이 외에 베어링에 대해서도 수십 종류의 베어링 방식을 실험하여, 상하 모두 자기축받이(磁気軸受) 방식 등 비접촉형이 선택되어졌다. 베어링은 원심분리기의 수명에 직접영향을 주는 중요한 요소이다.

원심분리기끼리 묶는 배관에 대해서도, 철 종류는 그만 사용하고,

가벼우며 수송하기 쉽고, 경제성을 높이는 방법에 대한 연구가 계속
되어지고 있다.

　이처럼 시행착오를 반복하면서 원심분리기의 개발은 순조롭게 진
행되었다. 어느 기술자는 [토우카이(東海)사무소에서 개발을 시작했
을 때는, 원심분리기를 돌리면 건물전체가 덜커덩덜커덩 진동하는 상
태. 지금에 와서는 원심분리기 그 자체는 대부분 어떤 소리도 내지 않
는다.]고 한다. 확실히 닌교토우게(人形峠)의 공장은 천대의 원심분리
기기 매분 수만 번 회전하고 있는데 공장은 확실히 조용하다. 이러한
것이 무엇보다도 국산기술의 우수성을 이야기 하고 있다. 원심분리기
의 개발은 원자력 특유의 기술에서 볼 수 없고, 넓은 분야에 걸치는
재래 산업기술의 종합체라고 해도 좋다.

시운전을 한 [닌교토우게(人形峠)공장]

　닌교토우게(人形峠)공장에서는 [OP-2] 3천대를 위한 건실(建室)건
설이 1980년 12월에 완성, 즉시 장치수의 반입이 시작되어, 81년 10월
에 시운전을 시작했다. 예산총액은 580억 엔이다. [OP-1A], [OP-1B]
의 총 4천대를 정리하여 제1운전단위로 하고, [OP-2]를 제2운전단위
로서 운영한다. 메이커로부터의 출향자(出向者)들을 합쳐 총 2백 명의
기술자들 또는 작업원이 공장을 진행시키고 있다.

[OP-1A], [OP-1B]와 회전수는 같지만, 긴 동체가 진행되어, 높이는 2미터 정도가 된다. [OP-2]는 [OP-1B]와 높이는 같지만, 회전수가 더 많아진다. 게다가 먼저 진행할수록 고성능의 원심분리기가 된다. [OP-1B] 및 [OP-2]는 [OP-1A]와 비교해서 분리성능은 60~120% 높다고 말하여 진다.

그런데, 닌교토우게(人形峠)공장에서는, 격리 단위의 크기에 대한 연구도 과제의 하나이다. 격리 단위라는 것은, 하나의 원심분리기가 파손되어 진공의 부분에 공기가 들어왔을 경우, 즉시 닫아 파손의 확대를 방지하기 위한 것이다. 안전을 생각해 너무 많아지면, 시스템으로서의 비용이 많이 들게 된다. 원심분리기의 수가 증가하면, 몇 대 정도가 정리해 파손되어도 전체에서 차지하는 비율은 낮다. 따라서 어느 정도 격리단위수를 줄여도 상관없지만, 여전히 원심분리기의 성능이나 수명을 고려하지 않으면 안 된다.

1979년 9월의 운전개시 때부터, [OP-1B] 설치 방식 때문에 운전을 일시 중단한 1980년 5월 말까지, 450kg의 3.2% 농축우라늄이 생산되었다. 이제는 닌교토우게 시설은 연구시설로 남았을 뿐 그 소명을 다 했고 이러한 성과를 토대로 원형 공장(연간 200~300톤 SWU) 또는 상업 공장(연간 1000~5000톤 SWU)이 건설되었고 우라늄 농축의 자립을 성취하였다.

일본은 편의상 우라늄 농축을 전부 자체조달하지 않는 것뿐이지 원자력 발전용 저농축 우라늄 상업 시설의 건설과 핵무기용 고농축 우라늄 생산시설의 모든 기술을 갖추었다. 이 기술능력은 이미 제 2 차 세계대전 이전부터 노벨 물리학 수상자를 배출할 정도의 고급 두뇌와 연구와 개발 경험이 축적되어 있었기 때문이다.

세계를 향해 전쟁을 해 본 일본이었기 때문에 제 2 차 세계대전에서 패망했어도 미국은 일본을 지배하면서 동맹관계로 발전시키는 과정에서 우라늄 농축기술, 재처리 기술의 능력이 있는 일본의 외교에 [하지말라]라는 족쇄를 채울 수는 없었다.

미국은 외교 특성상 미국의 국익에 직결될 때(인도에 대한 핵무기 용인)나 이미 그 분야에 기술이 확보되어진 국가에 대하여는 외교의 대원칙을 깨고 예외적인 외교관행을 보이는 경우를 보이는데 일본의 우라늄 농축기술, 사용후 핵연료 재처리 기술, 그리고 로켓 개발 등이 그러하다 하겠다.

근대사가 전개되는 과정에서 늘 한 발짝 늦은 한국의 처지를 보며 운도 따르지 않았지만 그나마 세계 무역대국 8위에 올라 선 경제력과 원자력 플랜트 수출, 자동차, 반도체 선박제조, 철강산업 등이 세계적 수준에 있기 때문에 시간이 지날수록 이러한 규제들이 점점 풀려 나갈 것으로 판단된다.

일본은 원자력 에너지가 없으면 안 된다

트루먼 미국 대통령의 고향인 미주리써(주) 인디펜던스市(시)에 가면 그의 기념관이 서 있다. 입구에는 '미국 역사상 가장 어려운 결정을 많이 해야 했던 대통령'이라는 현수막이 걸려 있다. 일본에 핵폭탄을 투하하는 결정을 했고, 5만 명 이상의 미군이 사망한 한국전쟁 참가를

일본의 몬주고속증식로

결정했던 인물이기 때문이다. 인류 역사상 핵폭탄을 처음 사용한 것이 두고두고 마음에 걸렸는지 방문객들에게 일본을 항복시키기 위해 핵폭탄을 사용한 결정이 '잘한 일인가?' 아니면 '잘못한 일인가?'라는 물음에 서명해 달라는 방명록이 중앙에 놓여 있다.

태평양 전쟁의 과정을 전시해 놓은 기념관을 둘러보면 '핵폭탄을 사용할 수밖에 없었구나'하고 고개를 끄덕이게 만들어 놓았다. 트루먼 대통령 기념관이 던지는 메시지는 오키나와를 점령하는 데 미군이 1만2,000명, 일본인이 10만여 명 사망했는데, '오키나와 점령하는 데 그렇게 많은 사람이 죽었으면 일본 열도 전체를 항복시키는 데는 얼마나 많은 사상자가 나야 할까?'라는 현실이 핵폭탄 한 발로 전쟁을 끝내겠다는 생각을 하게 된 것이라는 설명이다.

핵폭탄 투하 명령하고도 잠 잘 잔 트루먼 미대통령

필자는 미주리대학에 유학하게 된 연고로 인류 최초로 핵폭탄 사용을 결정했던 트루먼 대통령의 뒷얘기를 들을 수 있었다.

그 딸이 미주리대학에서 자동차로 30분 정도 떨어져 있는, 윈스턴 처칠의 '철의 장막' 연설로 유명한 웨스트민스터 칼리지에 와서 세미나를 할 때 참석자 중 한 사람이 "아버지 트루먼 대통령이 핵폭탄을 투하하기 바로 전날 잘 주무셨느냐?"라고 물었다.

"그날 아버지와 같이 잠을 자지 않아서 잘 모르겠다"고 대답한 딸은 아버지와 함께 일했던 비서관에게 확인해서 나중에 알려주겠노라고 했다. 며칠이 지나 전해들은 말은 "아버지는 그 전날 대단히 잘 주무셨다"는 것이었다.

히로시마에서 15만여 명, 나가사키에서 7만여 명의 인명이 희생되는 엄청난 재앙을 하루 앞둔 전날 밤에 고뇌하는 모습도 없이 잘 잤다니, 트루먼 대통령은 피도 눈물도 없는 사람 아닌가라는 마음도 들었다. 비서관의 말로는 트루먼 대통령이 핵폭탄 투하로 전쟁을 하루빨리 종식시켜 더 큰 희생을 막을 수 있다는 확신을 가졌기 때문에 오히려 편안한 마음으로 잘 잤다는 것이었다.

이와는 반대로 핵폭탄을 절대로 사용하지 말았어야 한다고 웅변하는 곳이 일본 히로시마와 나가사키 원폭박물관이다. 두 곳 다 미국의 핵폭탄 투하는 일본을 원폭 실험장으로 사용한 것이나 다름없다는 규탄의 메시지를 담고 있다. 패전이 초읽기에 들어가 항복을 준비하고 있던 차에 핵폭탄 공격을 했다는 것이다.

그들은 이런 주장을 정당화하기 위해 연합군의 도쿄 대공습을 예로 들고 있다. 그 당시 도쿄 근처 아사쿠사에 집중 투하된 소이탄 때문에 큰 화재가 일어나 약 10만 명의 일본인이 사망해 항복하지 않고는 도저히 견딜 수 없는 상황이었다는 것이다.

그렇지만 많은 미국인들은 가미카제 자살 특공대를 떠올리며 일본이 쉽사리 항복하지 않았을 것이라는 데 고개를 끄덕이고 있고, 그래서 핵폭탄 투하가 불가피했다는 논리다.

원자력은 처음부터 인류에게 비극으로 다가온 손님이었다. 원자력이 인류에게 발전에서부터 암 치료에 이르기까지 엄청난 혜택과 복지를 주고 있음에도 불구하고 출발이 나빴기 때문에 부정적 이미지를 긍정적 이미지로 바꾸기가 쉽지 않다.

게다가 1979년 미국의 스리마일 아일랜드의 원전사고와 1986년 소련의 체르노빌 원전사고는 원자력에 대한 두려움을 더욱 증폭시켰다. 방사성 폐기물 처분에 대한 불안감 등으로 인해 원자력 발전에 대한 논란은 지금도 뜨겁게 진행되고 있다.

그러나 현대 과학의 힘으로 일어날 수 있는 위험을 최대한 방지하려는 인류의 노력 덕분에 원자력은 지구온난화 방지와 경제적으로 에너지 문제를 해결할 수 있는 최선의 대안으로 평가된다. 특히 한국처럼 부존자원이 없는 나라에서는 선택의 여지가 별로 없다. 현재 우리나라는 각 가정에서 사용 중인 전등 5개 중 2개를 원자력으로 밝히고 있고, 2030년이 되면 국내 총 전력 생산량 중 약 60%를 원자력이 담당하게 될 것이다.

맨해튼 프로젝트 시동

원자폭탄과 인간의 만남은 제2차 세계대전이 한창이던 1939년으로 거슬러 올라간다. 천재 물리학자 아인슈타인이 루스벨트 대통령에게 '독일이 원자폭탄을 개발할 가능성이 크다'는 서한을 보내자 이에 불안을 느낀 루스벨트 대통령이 1941년 연인원 10만 명, 그 당시로는 천문학적 예산인 20억 달러의 자금을 투입하여 원자폭탄 개발 계획인 '맨해튼 프로젝트'를 출범시킨다.

극비리에 진행된 몇 년의 연구와 실험 끝에 완성된 것이 플루토늄

원폭의 참상을 보여주는 히로시마 원폭돔. 1996년 유네스코로부터 세계 문화유산으로 지정됐다.

원자폭탄 2기, 우라늄 원자폭탄 1기다. 북한이 국력을 총동원하여 개발하고자 하는 플루토늄 폭탄의 원조가 나가사키에 투하된 원폭이다.

플루토늄 원폭은 기폭장치가 內爆型(내폭형)이어서 실험을 해 봐야 폭발 여부를 알 수 있기 때문에 2기를 만들어 1기를 뉴멕시코주 사막에서 핵실험을 한 후 나가사키에 투하했다.

북한도 플루토늄 원폭의 폭발이 정상적으로 진행되는지를 확인하기 위해 핵실험을 한 것이고, 좀 더 정교한 플루토늄 핵폭탄을 제조하기 위해 또 다시 핵실험을 할지도 모른다는 추측들이 나오고 있다.

반면에 히로시마에 떨어뜨린 우라늄 원폭은 砲身型(포신형)으로 핵실험 없이도 폭발이 가능하기 때문에 1기만 제작했다. 다만 순도 90% 이상의 고농축 우라늄을 획득하는 데 필요한 원심분리기를 확보해야 우라늄 핵폭탄 제조가 가능하다.

북한이 플루토늄 핵폭탄에 이어 우라늄 핵폭탄을 개발하고 있는 것은 아닌지 의심을 사고 있는 가운데 원심분리기를 만드는 데 사용되는 고강도 알루미늄의 보유 여부가 논란의 핵심이 되고 있다. 원심분리기를 확보하면 고농축 우라늄의 획득이 어렵지 않고, 그렇게 되면 핵탄두의 무게를 줄이는 것이 문제지 핵폭탄 제조에는 큰 어려움이 없다.

현재 북한은 플루토늄 핵폭탄을 10개 이내 보유하고 있는 것으로 추정된다. 기술적 평가에 의하면 북한은 핵폭탄은 개발했지만 조악한 구조이고, 미사일에 탑재하기 위해서는 소형화 작업이 필수적이다. 이런 작업에 소요되는 시간을 벌기 위해 협상을 질질 끌고 있는 것이 아닌가라는 판단이 든다. 그래서 시간을 더 허용하면 한국은 어렵고 곤란한 처지에 빠질 수 있다는 점을 잊지 말아야 한다.

戰後에 원자로 건설에 나선 미국

제2차 세계대전으로 핵폭탄의 무자비한 대량살상 파괴력을 확인한 인류는 더 이상의 비극을 막기 위해 핵무기 확산 방지 노력을 하면서, 원자력을 잘 이용하면 인류에게 엄청난 복지의 혜택을 준다는 사실도 알게 됐다.

히로시마에 투하된 원자폭탄(좌)과 나가사키에 투하된 원자폭탄(우)

미국은 전후 원자력을 이용한 상업용 원자로의 실용화 연구에 착수, 1950년대 초반에 경수로(light water reactor = LWR) 원전 기술개발에 성공했다. 이를 바탕으로 1953년 12월 아이젠하워 대통령은 유엔 총회에서 '평화를 위한 원자력(Atoms For Peace)'이라는 제안을 하게 된다. 이 제안에 전 세계 30여 개 국가가 호응했고, 아시아에서도 일본을 포함하여 10여 개 국가가 '원자력의 평화적 이용계획'을 수립하고 원자력 연구개발 요원 양성을 위해 미국에 유학생을 파견했다.

미국은 이 원자력 유학생을 국내 각지의 대학과 연구소에 수용하는 한편, 미국제 경수로의 수출시장 개척을 위한 포석으로 각국에 트리가형 연구로(TRIGA · General Atomics 제품)를 무상 제공했다. 미국의 이런 움직임은 원자력의 군사적 이용을 억제하고 원자로와 핵물질 시장에서 우위를 점하려는 의도가 깔려 있었다.

미국과 비슷한 시기에 원자력의 평화적 이용에 착수한 영국도 독자적인 가스냉각로(Calder Hall형)를 개발하여 아시아 진출을 모색했다. 이를 계기로 일본, 한국, 대만, 필리핀, 태국, 인도네시아, 베트남 등이 1950년대 중반부터 평화적 목적의 원자력 연구개발 활동을 시작했다. 그중 실제로 상업로 건설을 추진한 나라는 일본, 한국, 대만 3개국 뿐이었고, 일본의 움직임이 가장 적극적이었다.

이렇게 시작된 세계의 원자로 건설은 2007년 말 기준 32개국에서

435기의 원자로가 가동되고 있다. 국가별 가동 원전 수를 보면 미국이 104기로 가장 많고 그 다음이 프랑스로 59기, 3위는 일본으로 55기, 뒤를 이어 러시아 27기, 독일 17기, 한국이 20기 순이다.

우리나라는 원자로 숫자로는 세계 5위지만, 설비용량은 독일보다 조금 적어 세계 6위다. 그러나 건설이 진행 중인 원자로가 6기, 계획 중인 원자로가 2기이기 때문에 머지않아 세계 5위의 원자력 대국으로 부상하게 될 것이다. 프랑스는 총 전력 생산량의 76.8%를 원자력에 의존하며, 원전에서 생산된 전기를 주변국에 수출을 할 정도로 원자력 의존도가 높다.

재처리 문제

북한 핵 때문에 '재처리'라는 말을 자주 들어 왔는데, 독자들의 이해를 돕기 위해 재처리에 대해 설명을 조금 더 하고자 한다. 핵연료가 원자력 발전소에서 발전을 위해 연소되고 난 후의 상태를 사용 후 핵연료라고 한다. 이 사용 후 핵연료를 핫셀(hot cell)이라는 장치에서 화학 처리하여 플루토늄 239와 아직 타지 않고 남아 있는 우라늄 235를 분리하는 것을 '재처리'라고 한다.

재처리 과정에서 얻어진 플루토늄과 우라늄은 다시 원자로에 넣어

연료로 이용할 수 있다. 이런 과정을 반복하여 우라늄의 효율적 이용을 도모하는 것을 핵연료 주기라고 한다.

석탄이나 석유 발전소는 단 한 번의 연소로 전력을 생산하면 끝이지만 원자력 발전은 핵연료를 반복적으로 이용한다는 점이 크게 다르다. 문제는 사용 후 핵연료에서 재처리 과정을 거쳐 나오는 플루토늄 239가 핵폭탄의 원료로 이용될 수 있다는 것이 논쟁의 초점이다.

원자로를 처음 보급한 무렵에는 사용 후 연료의 재처리에 대해서는 규제가 없었다. 왜냐하면 사용 후 연료를 재처리하여 얻은 플루토늄은 순도가 60%에 불과, 이것으로 핵폭탄 제조가 불가능할 것으로 판단됐기 때문이다.

그런데 미국이 순도 60%의 플루토늄으로 실험을 한 결과 핵폭발이 가능하다는 사실이 확인되면서 부랴부랴 재처리 금지에 나섰다. 그중에서 가장 주목을 받은 나라가 일본이다. 일본은 이미 미국의 도움을 얻어 재처리 능력을 보유하고 있었기 때문이다.

일본은 1970년대 핵연료 주기의 국산화를 목표로 플루토늄의 이용을 포함한 고속증식로 개발과 재처리 계획을 추진했다. 우선 이바라키현 도카이(東海)무라에 프랑스가 보유한 퓨렉스(Purex) 방식의 소규모 재처리 공장 건설에 돌입, 1977년 운전 개시를 목표로 하고 있었다.

그런데 운전 개시 직전에 미국 정부로부터 제동이 걸렸다. 미국은 그때까지 일본의 원자력정책을 일관되게 지지했고, 미일 간에는 긴밀한 협력관계가 형성되어 있었기 때문에 일본의 충격은 컸다.

미국은 1955년 일본과 원자력 연구협력 협정을 맺고 이바라키현 도카이무라의 원자력연구소에 소형 원자로를 제공하는 등 협력을 해 왔다. 미·일간 원자력협력은 1958년과 1968년에 개정됐고, 미국은 원자력발전에 필요한 저농축 우라늄을 일본에 공급했다.

일본의 원자력이 규모와 기술면에서 세계 수준에 도달하기까지는 미국의 기술과 핵물질, 원자로 공급이 크게 기여했다. 그런데 미국은 사용 후 핵연료를 재처리하여 얻은 플루토늄을 핵무기 개발에 이용하는 것을 방지하기 위해 재처리 공장 건설에 제동을 걸고 나선 것이다.

일본의 재처리 집요하게 방해한 미국

카터 미국 대통령은 1978년 핵확산금지법(Non-Proliferation Act)을 제정하고 핵 확산 문제와 관련하여 양국간 원자력협정의 요건을 강화하려 했다. 일본은 1982년 사용 후 핵연료의 재처리를 통한 플루토늄 확보와 관련하여 수량과 기간에 제한 없이 포괄적으로 승인해 줄 것을 요구하면서 미·일 원자력협정의 개정을 요구했다.

일본은 원자력의 평화적 이용은 물론, 핵무기 제조 능력을 확보하기 위해 국력을 총동원하여 대미 원자력 외교를 전개했다. 1967년 당시 사토 일본 총리는 "핵무기를 생산하지도 않고, 보유하지도 않으며, 반입하지도 않는다"라는 비핵 3 원칙을 발표했다. 1970년에는 핵확산금지조약(NPT)에 가입하고 1976년 의회 비준을 마쳤다. NPT 가입 이래 국내의 핵물질에 대해 국제원자력기구(IAEA)의 핵사찰을 성실히 받고 있기 때문에 비밀리에 핵무기를 제조할 가능성은 없다고 주장하면서 미국에 원자력협정의 개정을 요구했다.

일본이 미국을 설득한 논리는 이렇다. "세계 최초로 원폭 공격을 당해 핵폭탄의 공포를 누구보다 잘 알고 있는 일본은 원자력의 경우 평화적 목적에만 국한하고, 무엇보다 IAEA의 핵사찰을 성실하게 수용하는 '우등생'이다. 핵연료 주기를 국산화하고 재처리 설비를 건설하는 것은 전적으로 에너지 안보의 확보를 위해서다. 때문에 미국은 일본에 대해 재처리와 플루토늄 이용을 허용해야 한다"는 것이었다.

반면에 미국은 일본의 고속증식로(고속증식로는 플루토늄을 사용함) 개발과 재처리 설비는 경제성과 안전성에 문제가 있기 때문에 일본은 경수로 중심의 원자력 이용과 핵연료를 한 번만 쓰고 폐기할 것을 권고했다.

고속증식로 개발과 재처리 문제를 놓고 미국과 일본은 격렬하게 대립했다. '재처리를 하겠다'는 일본과 '절대로 안 된다'는 미국이 2차 세계대전 이후 가장 불편한 관계가 될 만큼 대립각은 날카로웠다.

 당시 일본의 전력회사는 사용 후 핵연료의 재처리를 영국과 프랑스에 위탁하고 있었는데, 사용 후 핵연료를 이동할 때마다 미국의 승인을 얻어야 했다. 또 원자력 관련 기자재의 제3국으로의 이전 과정에서 미국 정부의 '사전신고서(MB-10, Material Branch)'가 필요한데, 그 수속에 예상보다 많은 시간과 절차가 요구되어 불편함이 한두 가지가 아니었다. 이 사전신고서는 영국과 프랑스에서 재처리한 플루토늄을 일본 국내로 반입할 때도 필요했다. 이것을 '사안별(case by case) 승인방식'이라고 한다. 이런 불편을 없애기 위해 일본은 미국 측에 '포괄동의방식'을 제안했다.

일본 도카이무라 핵연료 공장

레이건 정부에서 돌파구 마련돼

미국은 일본과의 원자력협상이 시작된 1977년부터 약 10년 동안 온갖 방법을 동원하여 일본의 핵무기 제조능력 보유를 막으려고 했다. 미국은 사용 후 핵연료의 재처리 과정에서 군사적 이용을 방지하는 기술적 방법을 찾기 위해 국제핵연료주기평가(INFCE · International Nuclear Fuel Cycle Evaluation)라는 연구계획을 일본에 요구했다.

INFCE의 기본목적은 재처리, 농축 문제뿐만 아니라 우라늄 자원 개발, 고속증식로 개발, 방사성 폐기물 처리방안에 이르는 핵연료 주기 전 분야에서 핵 확산을 방지하고 원자력의 평화적 이용을 양립시킨다는 것이었다. 이것을 제창한 미국의 의도는 INFCE를 통해 플루토늄의 상업화를 저지하고자 하는 것이었다.

반면에 재처리의 상용화에 성공한 영국과 프랑스, 그리고 도카이무라 재처리공장의 운전개시를 눈앞에 둔 일본, 독일 등은 재처리와 플루토늄 이용에 적극적이었다. 때문에 현안 문제가 제기될 때마다 대립할 수밖에 없었다.

미 · 일간 원자력협정 개정은 레이건 대통령 때 와서 그 돌파구가 마련됐다. 1981년 미 · 일 양국은 재처리 문제에 대한 본격 협상에 돌입했다. 당시 레이건 대통령과 스즈키 총리와의 정상회담에서 도카이 재처리시설의 운전 계속과 제2 재처리공장 건설에 대한 해결책을 찾을 것에 합의했다. 일본은 재처리 문제에 유연성을 보이는 레이건 행정부와 적극적으로 협상을 벌였다. 일본의 나카가와 과학기술청장관은 1982년 6월 부시 대통령, 헤이그 국무장관, 에드워즈 에너지장관 등 미국 고위 당국자와 회담, 재처리문제에 대해 포괄동의방식에 의한 해결을 주장했다.

일본은 협상과정에서 미 국무부, 에너지부, 군비통제군축국, 국방부, 원자력 규제위원회, 의회, 원자력산업체, 언론, 반핵단체를 대상으로 장기간에 걸쳐 치밀하게 접근했다.

일본, 원자력 외교에서 승리

두 나라는 1982년부터 1987년까지 오랜 기간 우여곡절을 겪은 끝에 1987년 새로운 원자력협정에 서명했다. 새 협정은 재처리와 제3국 이전의 사전 동의 등 양국간 원자력협력의 기본적 권리의무 관계를 규정한 협정 본문과 보장조치, 핵물질 방호조치가 확보되는 등을 조건으로 규제 대상인 원자력 활동에 30년 동안 포괄적 승인을 하는 방식을 취하고 있다.

이에 따라 사전에 양국 정부 간에 합의된 원자력 활동 범위 내에서 사용 후 핵연료 등이 계획적으로 이동하는 경우 사전 동의 수속이 불필요하다는 결론에 도달했다. 결론적으로 말하면 핵무기 보유국인 미국이 사상 최초로 비핵 보유국인 일본에 핵무기를 개발할 수 있는 제반 여건을 갖추도록 허락한 셈이다.

현재 일본이 핵무기를 보유했다거나 향후 개발할 것이라는 정황은 없다. 그러나 일본은 이미 핵무기 제조와 관련된 모든 여건을 갖추고 있고, 심지어 대륙간 탄도탄을 발사할 수 있는 로켓능력도 보유하고 있기 때문에 마음만 먹으면 언제든 핵무기 제조가 가능하다.

미국이 일본에 재처리 시설을 허용한 이유는, 첫째 일본이 미국 경제에서 차지하는 비중이 너무 커 일본을 함부로 대할 수 없었다는 점이다. 둘째 아시아에서 가장 강력한 군사동맹인 일본과 삐걱거리는 일은 바람직하지 않다. 셋째 일본의 원자력 외교가 미국의 재계는 물론 의회, 학계, 정부, NGO 단체 등 전방위적으로 치밀하고 다양하게 전개됐다는 점이다. 결국 일본이 거둔 원자력 외교의 성공은 '강한 국력'이 바탕이 되어야 가능하다는 교훈을 준다.

그린피스의 창시자 무어 박사의 전향

우리나라도 2016년까지 한미원자력협정을 개정하여 미국의 핵비확산 정책에 저촉되지 않으면서 일본처럼 사용후 연료의 재활용을 위해 원자력 외교를 전개하고 있는데, 일본의 경험은 타산지석의 사례가 아닌가 한다.

고공행진을 하던 유가가 하락 국면으로 들어섰지만 석유의 고갈이라는 미래를 부정할 수는 없다. 원자력 발전은 이산화탄소 배출량이 석탄의 100분의 1밖에 되지 않아 저탄소 녹색성장에도 크게 기여하고 있다. 이런 이유 때문에 원자력 르네상스라는 말이 나올 만큼 원자력이 각광을 받고 있다.

세계적인 환경단체인 그린피스 공동 창시자의 한 사람이자 反(반)원전주의자로 유명한 페트릭 무어 박사가 친 원전으로 전향한 것은 충격적인 사건이 아닐 수 없다. 2005년 4월 무어 박사는 미 상원 에너지 천연자원위원회에서 다음과 같이 증언했다.

"원자력은 화석연료를 대신해 전 세계의 에너지 수요를 만족시킬 수 있고 지구온난화 가스를 배출하지 않는 유일한 에너지다. 이산화탄소 외에도 다른 대기오염 물질을 전혀 배출하지 않는다는 점에서 고민할 필요가 없는 최선의 선택이다."

무어 박사는 젊은 시절 핵실험 반대, 포경 반대 운동의 선두에 섰던 투사였다. 이런 인물이 온갖 검토 끝에 내린 결론이 '원자력 발전은 안전하고 환경에도 이롭다'는 것이다. 현재 세계 에너지의 약 86%는 화석연료로 조달하고 있고 원자력과 수력이 각각 약 7%, 나머지 1% 이하를 태양열과 같은 재생 가능한 에너지가 담당하고 있다.

현실이 이러함에도 불구하고 대부분의 환경운동가들은 화석연료, 원자력, 수력 등을 모조리 반대하고 1%의 재생 가능 에너지만을 찬성하고 있다.

우라늄235 1kg의 에너지 생산량은 석탄 3,000t, 석유 1만 드럼과 맞먹는다. 2007년 통계에 의하면 우리나라 에너지 수입액 총계는 945억 달러로 총 수입액의 27%, GDP의 10%에 해당할 만큼 에너지의 해외 의존도가 지극히 높다. 에너지 수입액 중 원유가 603억 달러를 차지, 세계 5위의 수입국에 올라 있다. 부시 대통령은 "미국은 석유에 중독되어 있다"고 말한 바 있는데, 한국도 마찬가지다. 어떻게든 석유 중독에서 탈피해야 한국경제가 살아날 것이다.

원유가격이 배럴당 100달러 대를 넘어 세계 각국이 아우성을 치고 있을 때 세계 2위의 석유소비국인 일본은 전기요금을 5.42% 인하한다는 발표를 했다. 그 배경에는 30년 전부터 추진해온 '에너지 안보'정책이 있었다. 일본은 1970년대의 석유파동을 겪은 뒤 '에너지 안보' 정책을 수립, 석유 비축량을 180일분까지 늘렸고, 55기의 원전을 건설하여 세계 제3위의 원자력 대국이 됐다.

2030년 일본의 에너지계획은 원자력 전력량을 40%까지 늘리는 것을 목표로 하고 있고, 원자력 에너지가 에너지 정책의 근본이라는 입장을 분명히 하고 있다. 2030년의 세계 원전시장을 전망해 보면 중국에 약 80기의 원전이 건설될 예정이고 미국 등 북·남미가 약 50기 등 총 280여 기의 원자로가 건설될 예정이다.

후쿠시마 원전 사고 이후

원자력 르네상스를 꿈꾸던 세계는 일본의 대지진과 쓰나미에 의한 후쿠시마 원전 사고 이후 원자력 발전을 포기하는 독일과 같은 나라가 등장할 만큼 큰 충격을 받았다.

후쿠시마 원전 사고는 민주당 정권하에서 일본의 원전 정책 제로(Zero)라는 에너지정책으로 방향을 선호하는 계기를 제공했고 세계는 원자력의 안전에 대해 다시 생각하는 기회를 갖게 되었다.

필자는 후쿠시마 원자력 발전소에 남다른 감회가 있다. 한국 고리 원전이 30년 수명이 되어 10년 계속 운전을 결정지어야 하는데 세계는 수명연한을 넘어 계속 운전하는 국가가 상당히 많고 대표적인 수명연장 원전으로 후쿠시마 원전을 사고 이전에 방문한 적이 있었기 때문이다. KBS TV의 취재파일 팀과 후쿠시마로 날아가 원전 내부뿐만 아니라 외부 풍경까지 화면에 담고 주민들의 원전에 대한 생각까지 인터뷰에 담았다. 그 때 인터뷰에 응한 한 일본주민은 "원전이 있어 집을 떠나 동경까지 돈 벌러 다니지 않아도 된다"며 후쿠시마 원전에 상당히 만족한다고 했었는데.. 그만 대참사가 일어나버린 것이다. 한국의 KBS는 다시는 존재할 수 없는 일본 후쿠시마 원자력 발전소의 사고 이전 화면 자료를 보유한 미디어 매체가 되었다.

일본은 지진이 많은 나라이기 때문에 지진을 견디는 건축기술이 대단히 발달한 나라다. 원자력 발전소 사업에서도 세계 정상 수준이다. 세계의 원전 시장은 일본의 미쓰비시와 프랑스의 아레바, 일본의 도시바와 미국의 웨스팅하우스, 그리고 일본의 히타치와 미국의 GE가 지배할 정도로 일본이 안들어 가 있는 곳이 없을 정도로 원전산업이 발달한 나라다. 그런데 대지진에 이은 쓰나미가 원전을 덮쳐 비상전력이 가동되지 않는 바람에 결국 냉각 조절에 실패, 대참사로 이어진 것이다.

55기의 원전을 가동하던 일본은 2012년 5월 12일 현재 모든 원전 가동을 중지했다. 전력부족은 일본 국민의 전통적인 전기절약 정신과 문화, 그리고 가동하지는 않았지만 폐쇄하지 않고 유지해 왔던 화력발전소의 재가동, 천연가스 도입 증가분이 60조원에 이르러 처음으로 무역 적자를 기록하게 되었다. 공장도 월요일에서 금요일까지 가동하는 공장과 주말에 집중적으로 공장을 가동하는 그룹을 나누어 전력

피크(Peak) 리스크를 피해 갔고 심지어는 출근 시간대의 전동차를 한 편씩 줄일 정도로 갑갑한 생활에 일본 국민이 협력한 덕택이다.

진도 7에 견디는 내진설계, 비상시에도 원전을 냉각할 수 있는 디젤발전기를 설치해 놓았음에도 불구하고 물에 잠기는 바람에 원전이 식지 못해 방사능 오염이라는 2차 사고가 발생한 것이다. 후쿠시마 사고로 일본이 뼈저리게 느끼는 교훈은 원자력 발전소를 해발 10미터 이상 되는 높은 곳에 건설해 놓은 오나가와 원전은 쓰나미에 무사했는데 바닷가 가까운 곳에 지어놓은 원자력 발전소는 대참사를 맞게 되었다는 것이다. 한국에 던지는 진정어린 충고는 비상용 디젤발전기를 지하에 두지 말고 높은 언덕위에 설치하라는 것이었다.

후쿠시마 사고 후 일본은 지각판이 흔들렸는지 전국 각지에서 크고 작은 지진이 발생하고 있다. 동경대 지진연구소는 앞으로 4년 내에 동경 수도권 지역에 진도 7 이상의 큰 지진이 올 것이라고 예측해 공포에 떨고 있다. 55기의 원전 가운데 일부가 재가동할지에 대한 판단은 정부와 민간전력사업자 그리고 지역주민들이 합의한 지역부터 부분적으로 가동될 것으로 관측된다. 특히 아베씨가 총리에 재임되면서 원전정책이 부활할 전망이어서 일본 원자력계에서는 기대감에 부풀어 있다. 문제는 리히터 9 정도의 큰 지진이 없어야 하는데 자연의 힘 앞에는 무력한 것이 인간일 뿐이다.

일본이 원자력 발전을 못하게 됨에 따라 LNG 수입을 크게 늘려 2011년 약 30조원이던 것이 2012년에는 약 70조원의 무역적자를 내고 있다. 천연자원이 없는 나라가 원자력을 선택할 수밖에 없을 이유를 극명하게 나타내 주는 지표다.

한국이 4기의 원자력 발전소를 수출한 아랍에미레이트가 100년 동안 쓸 수 있는 석유가 있음에도 불구하고 한국의 힘을 빌려 사막 한 가운데에 원자력 발전소를 짓는 이유를 국가의 백년대계를 바라보며 깊이 생각해 볼 일이다.

03
미국과 일본의 군사일체화

- 미군과 일본 자위대, 한 몸이 되다
- 일본 요코스카에 '조지 와싱톤' 미핵항공모함 상주
- 일본 이지스함의 비밀
- 세계 최고 수준의 일본 잠수함.. 중국의 태평양 진출을 차단한다
- 일본의 미사일 요격능력과 첩보위성
- 일본의 우주 개발 전략
- 일본은 미국과 우주 개발 협력

미군과 일본 자위대, 한 몸이 되다

오키나와 시내 중심부에 있는 미 해병대의 후덴마(普天間)비행장. 한가운데 활주로가 있고, 활주로를 따라 잔디밭이 푹신하게 깔려 있다. 놀라운 것은 비행장 외곽의 철조망을 따라 주택들이 줄지어 있다는 점이다. 대낮에도 헬기가 굉음을 울리며 이착륙을 하고 있는데도 불구하고 어떻게 저 소음을 견디며 살고 있을까.

도쿄에서 온천으로 유명한 하코네로 가는 오다큐선 기차를 타고 가다 보면 철로변 바로 곁에 줄지어 있는 주택들이 나타난다. 이 모습을 보면서 일본 사람들은 소음에 적응이 잘되어 있구나 하는 생각을 했는데 오키나와의 형편은 상상을 초월할 정도였다. 후덴마 비행장이 미국의 해외 미군기지 재편 계획에 따라 오키나와 캠프 슈워브 연안으로 옮겨 갈 예정이어서 이 지역 주민들은 자신들의 일상을 옭아맸던 굉음의 공포에서 벗어나게 됐다. 몇 년 전이던가 일본 주오대학

작년 11월 하와이 근해에서 假想의 중거리 탄도미사일을 향해 요격 미사일을 발사하는 일본 해상자위대 이지스함 초카이(鳥海)호. 미국과 일본은 미사일요격체계(MD) 구축 분야에서 긴밀히 협력하고 있다.

의 T교수와 약속 때문에 도쿄 중심 신주쿠에서 기차로 30분 정도 떨어진 마치다라는 곳에서 기다리고 있는데, 갑자기 하늘에서 굉음이 울렸다. 놀라서 보니 F-18 전투기의 밑바닥이 바로 머리 위에 있는 것이 아닌가? 공포감을 느낄 정도로 너무 가까웠다. 근처에 있는 아쓰기(厚木) 공군기지에 미 항공모함 함재기인 F-18이 수리를 위해 착륙하고 있는 중이었다. 근처가 인구밀집지역인데도 이런 일이 벌어질 수 있는지 믿어지지 않았다.

미군 재편 계획에 따라 아쓰기에서 수리하던 F-18 전투기는 일본 남쪽 이와쿠니(岩國)라는 좀 외진 곳으로 옮겨 갈 예정이다. 아쓰기에서 기차로 10분쯤 더 내려가면 자마(座間)가 있는데 이곳도 미 육군 1군단 사령부가 옮겨 올 예정이다. 우연의 일치인지 몰라도 하코네행 오다큐 선로변의 미군기지가 이리저리 이동을 많이 한다.

어떻게 보면 일본의 미군기지는 한국보다 더 시내 가까운 곳에 위치하고 있다. 얼마 전에 미군 장교와 결혼한 한국 교포의 도움으로 자마 기지에 들어가 볼 기회가 있었다. 기지 내에 위치한 중령 간부의 집은 앞마당에 잔디가 깔려 있고 넓은 거실과 침실을 갖추고 있었다. 토끼장 같은 집에 사는 일본인들이 이 큰 저택을 보면 얼마나 가슴이 쓰릴까 하는 생각이 들었다. 게다가 앞마당을 잘 꾸미는 콘테스트를 해 상까지 주는 이벤트가 있다고 하니 일본인의 주거환경에 비하면 주일 미군기지는 별천지다.

미국 태평양군의 6분의 1이 일본에

미국은 세계 어느 지역이든 즉시 출격 가능한 군사전략체제를 마련하고 약 150만 대병력을 세계의 5개 지역(5통합군)에 분산 전개하고 있다. 5통합군이란 태평양군, 유럽군, 중앙군, 북방군, 남방군을 말하는데, 5통합군 중 최대 규모는 하와이의 캠프 스미스에 사령부를 둔 태평양군이다. 태평양군의 담당지역은 아프리카 동해안에서 미 본토 서해안까지 광범위하다. 조직의 구성은 함대, 태평양 공군, 태평양 해병대로 나뉜다.

태평양군의 휘하에는 전략적으로 중요한 지역을 맡고 있는 준통합군으로서 주일미군, 주한미군, 알래스카 미군 등이 있다. 주일미군 병력은 육군 2,000명, 해군 5,000명, 공군 1만4,000명, 해병대 1만8,000명 등 3만9,000여 명. 이 수치에는 요코스카와 사세보를 모항으로 하는 태평양함대 제7함대의 함선과 병력(약 1만2,000명)은 포함되어 있지 않다. 이 7함대 병력까지 합치면 태평양군의 6분의 1에 해당하는 5만 명이 일본 열도를 거점으로 활동하고 있다는 계산이 나온다.

이 대병력을 유지·관리하는 두뇌가 요코다(橫田)기지(도쿄都)에 있는 주일미군사령부다. 요코다에는 태평양공군이 직할하는 제5공군 사령부도 있으며, 그 사령관인 공군 중장이 주일미군사령관을 겸하고 있다. 이는 주일미군의 주력이 공군이라는 것을 의미한다.

2007년 10월 미·일 군사당국은 극비리에 새로운 부대 하나를 발족시켰는데, 이른바 'C2 워킹그룹'으로, 미 태평양사령관(해군 대장)과 자위대 통합막료장의 합의에 따라 결성된 합동 태스크포스(Task Force) 팀이다. 21세기형 위협에 대처하기 위해 두 개의 'C', 즉 미·일 간의 'Command Control' 시스템의 머리글자를 따 군사일체화를 가속화한다는 전략이다. 참가 멤버는 자위대의 통합막료감부, 주일미군(USFJ)사령관, 태평양군 사령부(PACOM)의 J3(작전계획)분야 엘리트 군인들이 결집된 전문가 집단이다.

미국과 일본은 부시 정권 출범 이후 주일미군기지 재편을 중심으로 방위정책 개정 협의(DPRI)에 착수했다. 이 과정에서 미국이 역점을 둔 것은 주일미군기지의 축소와 재편뿐만 아니라 아시아태평양 지역에서 긴급사태 발생 시 미·일 간에 역할 분담을 규정한 '역할, 임무, 능력'에 관한 논의였다. 그러나 논의 과정에서 오키나와 해병대의 괌 이전과 후덴마 비행장 이전 등 민감한 사안들로 시간을 허비하는 바람에 원래의 목표를 실현하지 못했다.

긴급전개력 확보 위한 주일 미군기지 재편

새로운 태스크포스 팀은 지난날의 실패를 되풀이하지 않기 위해 미·일 쌍방은 '역할, 임무, 능력'에 관한 논의뿐만 아니라 양국의 사

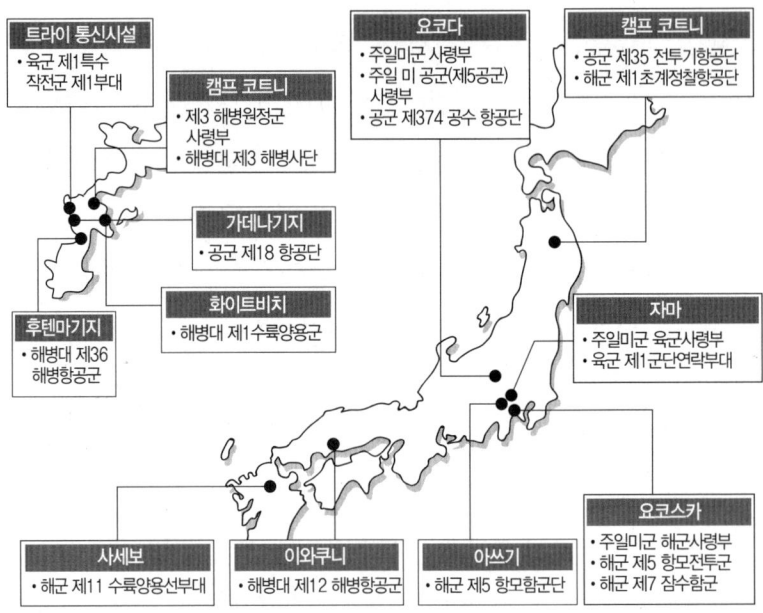

| 주일 미군기지 및 주력 전투부대 |

령 계통의 흐름이 원활하도록 하는 체계를 만드는 작업에 몰두했다. 이를 위해 하와이의 태평양사령부, 도쿄 이치가야의 통합막료감부 등에서 정기회의를 개최하여 미·일 군사일체화 작업이 마무리 단계에 들어섰다.

미국은 2006년 QDR(미군 전력구성의 4년차 수정: Quadrennial Defense Review)에서 태평양 군사력의 증강을 결정했다. 그리하여 실질작전 가능 항공모함 10척 중 6척, 잠수함 전력의 60%를 태평양에 배치하고, 일본의 역할과 주일미군의 재배치를 본격 추진하여 미·일 군사일체화 시스템을 구축하고 있다.

미·일 군사일체화의 핵심은 첫째, 유사시 미국의 군사력을 신속하게 파견하고 대처하기 위한 긴급전개력의 확보, 둘째, 미사일 방어체제(MD) 구축이다. 일본 내 미군기지가 어떻게 재편·운용될 것인가.

첫째는 주일 미군사령부가 위치한 요코다(橫田)다. 도쿄 근처 수도권에 위치한 요코다는 미국 본토·하와이와 동아시아, 그 연장선에 있는 중동(서아시아)을 연결하는 공수 거점이다. 수송임무는 제374공수항공단이 맡고 있다. 이 항공단은 전선기지에 직접 내릴 수 있는 중형 프로펠러 수송기인 C130E 허큘리스(13기)를 보유한 제36공수비행대를 주축으로 의료용 소형수송기(C9 나이팅게일)를 보유한 제30공수비행대, VIP 수송을 담당하는 제459공수비행대로 구성되어 있다.

그러나 수송거점인 요코다는 수도권에 위치해 있어 그동안 소음 등 여러 민원에 시달린 나머지 수송임무를 가데나(嘉手納)기지(오키나와현)와 미사와(三澤)기지(아오모리현)로 분산시키려 하고 있다. 그 대신에 일본 항공자위대 총사령부와 관련부대가 옮겨 와 지휘 기능의 일체화가 강화될 전망이다.

두 번째는 아시아 최대의 미군기지인 오키나와의 가데나다. 미 공군은 냉전 후 비대화한 조직의 슬림화를 위해 '1기지, 1항공단, 1사령관' 제도를 도입했다. 그 새로운 시스템으로 가데나에 주둔한 것이 제18항공단이다. 이 항공단의 특징은 요코다와 미사와가 각각 수송과 지상공격을 전문으로 하는 항공단인 반면, 제공(전투), 공중급유, 공중경계관제, 구난 등 다양한 임무를 수행하는 부대라는 점이다.

제18항공단은 '하늘의 롤스로이스'라 불리는 F-15C 이글로 구성된 제44전투비행대와 제67비행대(총 48기)가 휘하에 있다. 공중급유를 담당하는 제909공중급유비행대는 KC135를 15기 보유하여 아시아 전체를 커버한다. 2003년 봄 미 공군과 일본 항공자위대는 처음으로 공중급유 공동훈련을 실시했는데, 미국 측이 공중급유기와 교육훈련을 담당했다. 일본도 공중급유기 4기를 도입하게 되어 있어 그 동안 일본열도 내의 방위작전에만 머물겠다던 전수방위 전략에서 벗어나 일본 밖으로 나가겠다는 의

요코다 기지는 美본토와 東아시아, 西아시아를 연결하는 공수 거점이다. 사진은 요코다 기지에 주둔하고 있는 美공군 C130E 수송기들.

지를 분명하게 드러냈다.

공동훈련의 베이스 기지는 가데나와 미사와인데, 지도를 펴놓고 보면 북한과 중국을 경계하기 위함임을 알 수 있다.

그리고 '하늘의 레이더 기지'라는 AWACS를 장비한 제961공중경계관제비행대는 E3B 2기를 운용하고 있다. 세 번째는 일본 북부 아오모리현의 미사와다. 아시아 최대의 공군기지인 가데나가 갖지 못한 능력이 있다면 지상공격능력일 것이다. 미사와는 지상공격능력이라는 특화된 임무를 맡고 있는데, 그 주력이 제35전투항공단이다. 제35전투항공단은 2개 전투비행대로 편성되어 있으며 F-16 전투기를 약 40기 보유하고 있다. 이 항공단은 적 방공망 제압과 제공권 확보가 주목적으로, 전장의 최전선에 투입된다.

이밖에도 미 해군 제7, 5함대 초계정찰 항공단이 있는데 정찰 및 초계 임무를 맡고 있는 대잠초계기 P3C 오리온과 전자정찰기(EP3E)를 장비하고 있다. 이 항공단은 미 본토 등지에서 6개월마다 5~6기씩 교대로 배치된다. 가데나에 상주하고 있는 2기의 P3C도 미사와에서 파견된 초계기이고, 2001년 4월에 중국 하이난도(海南島) 근처에서 중국 전투기와 공중접촉사고를 낸 전자정찰기도 이 항공단 소속이다.

미사와 기지 내의 '시큐리티 힐'이라는 언덕 위에는 '코끼리 우리'로 불리는 원형 안테나와 14기의 대형 파라볼라 안테나가 둘러 서 있다. 파라볼라 안테나 중 4기는 비밀통신방청 시스템인 '에쉴론'으로 사용되는 것으로 알려져 있고, 이 지역 시설은 전 세계적인 군사 스파이망과 연계되어 있다. '시큐리티 힐'은 주일미군 시설 중 가장 극비의 장소이고, 4군의 정보부대가 집결해 있으며 CIA와 NSA(국가안전보장국)와 직결되어 있다.

네 번째는 도쿄 근처의 요코스카다. 태평양 함대 가운데 서태평양을 담당하는 제7함대 旗艦(기함) 블루 릿지를 포함해 조지 워싱턴 항모, 이지스함 8척 등 총 10척 이상의 모항이다. 미 항모로서는 유일한 해외의 모항이 요코스카다. 이 함정들은 제5항모전투군단에 소속되어 중동을 포함한 아시아 전역에 출동한다.

다섯째는 수도권에 위치해 있는 아쓰기(厚木)다. 요코스카를 모항으로 하는 항모에는 약 70기 이상의 해군기가 탑재되어 있는데, 이 해군기는 제5항모항공단이라 총칭된다. 이 항공단의 기지가 아쓰기다. 그동안 소음문제로 골머리를 앓던 미 해군 아쓰기의 항공모함 함재기 부대를 해병대 이와쿠니기지로 옮기게 된다. 항모가 요코스카에 귀항하면 승조원들이 휴식도 취하지만, 함재기로서는 필수적인 이착륙 훈련을 하기 때문에 이로 인한 소음으로 지역주민들의 불만이 이만저만이 아니었다.

주일미군 시설의 75%가 오키나와에

제5항모항공단은 9개 비행대로 편성되어 있는데 ▲F18A 호넷을 장비한 제27, 제102, 제192, 제195의 4개 전투공격비행대 ▲적의 통신, 레이더를 교란하는 EA6B 브라운의 제136전술전자전비행대 ▲제21초계비행대 ▲E2C를 운용하는 제115조기경계비행대 ▲헬기로 구성된 제14대잠비행대 ▲제30함재수송비행대 분견대가 있다.

여섯째는 사세보기지다. 요코스카가 항모전투군의 모항이라면 사세보는 오키나와 주둔의 해병대를 전선으로 수송하는 제11수륙양용선대의 양륙함 모항이다. 강습양륙함 에섹스 외에 도크형 양륙수송함 1척, 도크형 양륙함 2척 등 총 4척이 배치되어 있고, 에섹스는 소형 수송정 LCAC를 3척 탑재하여 오키나와에서 내륙까지 한번에 해병대

오키나와에서 훈련 중인 美해병대

원과 차량을 수송할 수 있는 기동력을 갖추고 있다.

일곱째는 오키나와의 해병대 기지다. 주일미군 시설의 75%가 주둔하고 있는 오키나와는 각종 기지와 훈련장이 즐비한데 가데나를 제외하고는 해병대 시설이다. 그리고 주일미군 중 가장 전투적인 곳이다. 미국 해병대는 3개의 원정해병군을 갖고 있는데 그중 제3해병원정군이 오키나와에 있다. 사령부는 캠프 코트니(具志川市), 주력은 제3해병사단이고 캠프 한센, 캠프 슈워브, 캠프 즈게란(瑞慶覽) 등에 분산되어 있다.

제3해병원정군의 항공부대는 제1해병항공단이라 불리는데, 오키나와 문제의 상징이 되어 있는 후덴마 기지의 헬기부대(제36해병항공군)와 이와쿠니기지의 제트기부대(제12해병항공군)로 나뉜다. 토리이 통신시설에는 주일 미 육군에서 유일하게 전투부대가 배치되어 있다. 제1특수작전군 제1대대, 즉 공수부대 그린베레다.

여덟째는 수도권에 위치한 자마기지다. 미 워싱턴주의 태평양 육군 제1군단 사령부가 이곳으로 옮겨 오게 되는데, 일본 육상자위대의 중앙즉응집단사령부가 함께 위치해 미·일 군사일체화의 상징이자 신속한 전방전개의 상징이 될 것으로 전망된다.

미 육군 스트라이커 여단의 핵심 전력인 스트라이커 장갑차

스트라이커 부대의 존재

미국의 제1군단은 비상시 상비군 이외에 미국 각지에서 예비역과 주방위군을 동원하여 아시아, 태평양 지역에 보내는 증원부대 성격이 강하다. 그래서 '아메리카 군단'이라는 별명이 붙어 있을 정도로 미국을 대표하는 육군부대. 제1군단은 스트라이커 여단 전투단 2개 부대로 편성되는데 하나는 제2보병사단 제3여단과, 제25경보병사단 제1여단이다. 제3여단은 2003년 12월 이라크 북부에 파견되어 다국적군의 주력을 담당하고 2004년 11월에 제1여단과 교대했다.

미 육군은 스트라이커 여단 전투단을 6~7개까지 증강하여 긴급전개군의 중추로 삼을 계획이다. 흥미로운 것은 제1군단의 지휘하에 있는 두 개 여단의 소재지인데, 제3여단은 한국, 1여단은 하와이다. 즉 제1군단은 일본을 포함한 아시아와 태평양을 담당하는 부대인데, 그 사령부가 일본의 자마에 위치한다.

미 육군은 걸프전쟁에서 많은 교훈을 얻었다. 예를 들면 기갑병력의 주력인 M1 에이브러햄전차가 57t이고 M2 브래들리 보병전투차가 23t인데 화력은 강력한 반면 중량이 많이 나가 수송에 상당한 애로가 있었다. 반면 이동속도가 빠른 공정사단은 경장비라서 화력이 문제였다. 그래서 이동속도도 어느 정도 있고, 경장비가 아닌 중간단계의 장갑부대가 필요했는데 그것이 8륜의 경장갑차(이를 스트라이커라고 한다)로 무장한 스트라이커 여단 전투단이다.

스트라이커는 반경 20km 이내의 표적을 순식간에 식별할 수 있는 기능을 갖추고 있고, 화력도 만족할 만한 수준이다. 경량의 스트라이커는 공군의 주력 대형수송기인 C17에 3대, 중형의 C130으로 1대를 수송할 수 있다. 비상사태가 발생하면 96시간 내에 미 서부 워싱턴주 포트 루이스에서 총 300대, 3500명의 병력을 전선으로 수송하는 것이 목표다.

마지막으로는 샤리키(車力)기지에 미군의 X밴드 레이더가 설치되는 것이다. 미국이 전 지구 규모로 추진하고 있는 군사재편의 한가운데 있는 것은 미사일 방위(MD)인데, 그 눈에 해당하는 것이 X밴드 레이더다. 미국의 X밴드 레이더는 첨단 군사기술이자 최고급 군사기밀로 분류되어 있는데, 일본에 그 모습을 드러내고 있다.

미·일 레이더 기술의 결합

X밴드 레이더의 'X'는 X라고 불리는 주파수대를 사용하는 것이 특징이다. 일본 방위성은 미군과 보조를 맞추기 위해 2006년부터 일본판 미사일 방위의 신형 레이더로 FPS-5를 4개소에 순차적으로 설치한다.

이 레이더는 L대와 S대를 사용하는데, 일반적으로 주파수가 높고 파장이 짧은 X대는 탐지거리가 짧은 반면 정밀하게 측정할 수 있다. 반면에 주파수가 낮은 L대, S대는 식별능력은 떨어지지만 더 멀리, 더 넓은 범위를 탐지할 수 있다. X밴드 레이더는 육상과 해상에 설치하는데, 탐지거리는 4,000km로 추정되고 2,000km 떨어진 곳에서부터 탄두의 형상을 식별할 수 있는 것으로 알려져 있다.

일본에 들어오는 X밴드 레이더는 이동 가능한 차량 탑재형인데, 고정적으로 배치하는 육상 및 해상형에 비해 소형이기 때문에 탐지거리는 1,000km로 알려져 있다. 소형이라 하지만 레이더 본체의 안테나가

길이 12.8m, 높이 2.6m로 무게는 34t에 이른다. 여기에 비슷한 크기의 전자기기와 냉각장치의 무게를 합하면 89t. 일본 아오모리현 샤리키(車力)에 배치되는 X밴드 레이더에 대해 현지 주민들은 "또 하나의 미군기지가 생겨난 셈"이라고 불만이 크다. 게다가 10기가Hz라는 고주파를 사용하기 때문에 5km 반경 내에서는 TV가, 10km 이내라면 라디오가 영향을 받을 수 있다고 하는데 인체에는 영향이 없는지 주민들은 불안해한다.

미사일 방위에 정보를 공유하기로 되어 있는 일본과 미국이 레이더에서도 긴밀한 동맹관계를 구축하고 있다. 레이더 전문가인 항공자위대 간부는 탄도미사일의 추적은 적도 상공에 떠 있는 미국의 조기경계위성이 탐지하고, 그 경보를 받아 탐지거리가 길고 넓은 일본의 FPS-5레이더가 포착하며, 미군의 X밴드 레이더가 추적하여 탄도미사일의 경로와 착탄지점을 정확하게 해석해 낸다.

미국 미사일 방위의 최대 표적은 북한과 중국의 중·장거리 미사일인데 이들 미사일을 요격하기 위해서는 발사로부터 약 5분 내에 미사일 경로와 착탄지점을 해석해내야 한다. 그래서 발사지점과 보다 가까운 곳에서 미사일을 탐지, 추적하는 것이다. 일본은 FPS-5 레이더를 2006년부터 매년 1기씩 총 4기를 배치할 계획인데 아오모리현 오오에(大湊), 니가타현 사도(佐渡), 가고시마현 시모코시키(下甑)섬, 오키나와현의 아자다케가 후보지역이다. 세계 최고의 레이더 두 종류가 일본에서 하나로 뭉쳐진 것이다.

X밴드 레이더와 FPS-5 레이더는 적 미사일을 추적하는 장치지만, 요격미사일 없이는 의미가 없다. 일본은 1998년 8월 북한의 대포동미사일 발사 이후 미국과 공동으로 미사일 요격체제를 구축하기 시작했다. 우선 대기권 내에 진입한 적 미사일을 요격하는 패트리엇 3(PAC-3) 미사일에 대해 살펴보자. 주일미군은 2006년 12월 말까지 오키나와의 가데나(嘉手納)기지 및 탄약고 지역에 미 육군 제1방공포병연대 제1대대를 전개했다. 오키나와에 미군이 패트리엇 1개 대대를 배치한 것은, 소규모 섬으로서는 특이한 고밀도 배치로, 미군이 북한의 탄도미사일 위협을 심각하게 받아들이고 있음을 알 수 있다.

미사일 방어 시스템 구축

오키나와에 배치된 제1방공포병대대는 4개 중대 편제로, 각 중대는 목표포착·유도용 레이더, 지휘통제시설, 전원시설, 통신시설 등을 중심으로 6기의 발사기로 구성된다. 1개 대대에서 24기의 발사기, 각각의 발사기에는 PAC-2를 4발, PAC-3를 최대 16발 장전할 수 있다. PAC-3의 유효 요격범위는 약 30km다.

일본 항공자위대의 PAC-3는 수도방위용으로, 제1고사군에 속하는 뉴마 기지의 부대(제4고사대)에 배치를 시작, 이후 도쿄 주변의 나라시노(習志野)(제1고사대), 요코스카(橫須賀) 다케야마(武山)(제2고사대), 가스미가우라(霞ヶ浦)(제3고사대)에 배치된다. PAC-3형 요격미사일 1발의 가격은 2006년 초에 미 육군용으로 약 3억5,000만 엔이었다.

대기권 밖에서 상대방 미사일을 요격하는 스탠더드 3(SM-3) 미사일은 2007년부터 배치되기 시작했는데, 해외에서는 일본이 최초로 콩고형 이지스함 4척과, 2007년부터 취역을 시작한 아타고형 이지스함에 장착된다. SM-3형은 SM-2의 로켓·모터를 강화하여, 보다 빠른 속도로 높은 고도에 도달할 수 있는 능력을 갖춰 광역방위가 가능하고, 고속의 탄도미사일, 즉 사정이 긴 탄도미사일의 방위가 가능하다. SM-3의 요격고도는 120km 정도다.

북한의 대포동미사일 발사실험 이후 일본은 '이때가 기회다'라는 생각으로 첩보위성 4기 발사와 미사일 방어체제 구축을 선언했다. 10년이 지난 지금 일본은 첩보위성 4기 체제를 마련했고 우주기본법도 통과시켜 우주의 군사적 이용이라는 기틀을 확립했다. 게다가 대기권 밖에서 요격하는 이지스함 발사 스탠더드 3 미사일 요격시스템을 구축해 가는 중이고 대기권 내에서 요격 가능한 패트리엇 3 미사일 체제도 마련한다.

일본은 미국이 없으면 안 되고, 미국은 일본이 없으면 태평양을 지키기에 힘이 부친다. 미·일 군사일체화는 역사의 진행이다. 경제대국이 된 일본은 미국을 등에 업고 군사대국으로 향하고 있다. 한국은 날이 갈수록 강대해지는 일본과 중국의 동향을 예의주시하지 않을 수 없다. 힘의 역학구도가 재편되는 세계 정세하에서 국가와 민족을 온존하는 길은 합심하여 국력을 키우는 길밖에 없다는 진리를 되새기게 한다.

일본 요코스카에 '조지 와싱톤' 미핵항공모함 상주

항공모함의 동북아 시대가 열리고 있다

인디펜던스 미 항공모함이 일본 동경 근처 요코스카 항구를 기지로 삼고 활약하던 시절, 미 7 함대 소속 해군 측에서 항공모함을 한번 타 보지 않겠느냐는 연락이 왔다. 1992년에 요코스카에 정박해 있던 인디펜던스 항모를 구경한 적은 있는데 한국에 있는 필자를 초청하겠다니…

"나는 한국에 있는데 인디펜던스가 어디 있길래 나를 오라는 것인가? 그랬더니 "오키나와 근처 바다에 떠 있는데 항모에서 비행기를 보내겠다는 것이다. 그래서 수락했더니 약속한 날짜에 성남에 있는 공군 비행장으로 경비행기를 보내 왔다. 그래서 경비행기에 올라 2 시간 가까이 날아갔을까… 바다 위에 조그만 점 하나 같은 것이 나타나

더니 점점 내려가자 항공모함이었다.

　파이로트가 앞에 놓인 스펀지 베개 같은 것을 가슴에 꼭 품으라 하고 무거운 헬멧을 쓴 상태에서 짧은 활주로에 비행기가 착륙하려고 미세한 조종을 해 대니 울렁증이 심해 토하기 일보 직전이었다. 날개가 큰 여객기만 타고 다니다가 조그만 비행기를 타고 방향을 바꾸어 대니 울렁증 때문에 토하기 일보직전.. 드디어 착륙하니 뒤에서 나를 누가 잡아당기는 듯 비행기를 낚아챘다. TV에서 항공모함에 착륙하는 비행기를 줄로 걸어 속도를 늦추는 바로 그 장면이었다.

　정신이 멍한 상태에서 내리니 함장이 무사 착륙 수료증을 준다. 그만큼 항공모함 착륙은 어려운 일인모양이다. 그래서 미국에서는 공군 전투기 조종사 보다 항공모함에서 근무하는 해군 조종사들의 프라이드가 더 높다고 하는지 모르겠다. 좁고 짧은 활주로를 이륙할 때는 엔진을 최고 출력으로 가동시킨 채 전투기를 발사하듯 항모에서 쏘아 속력을 순간적으로 상승 시켜 양력을 얻어 날게 하고 착륙할 때는 비행기의 아래에 장착되어 있는 갈고리 같은 곳에 줄을 걸어 비행기를 정지시키니 비행실력이 그 어느 조종사 보다 뛰어나지 않고는 어림없는 일이다.

　승무원 5,000 명이 넘는 항공모함에는 내부 엘리베이터가 있어 비행기를 격납고에 올렸다 내렸다 하고 웬만한 수술은 물론 치과까지 설치되어 있다. 함장이 퀴즈를 하나 내겠다며 "항해 중에 무풍지대에 들어가 있는데 전투기를 긴급발진 시켜야 할 때는 어떻게 하겠느냐?"는 질문을 내 놓았다. 대답인즉슨 항공모함은 가능하면 바람이 불어오는 방향을 향해 있어야 하고 바람이 없을 때 비행기를 이륙시켜야 할 때는 항공모함을 전속력으로 달리게 한다는 것이다. 마치 바람이 한 점 없는 여름날에 내가 달리면 바람이 느껴지듯이 공기 양력으로 날아야 하는 비행기에 양력을 얻기 위해 그리한다는 것이다.

항공모함을 운영하려면 1년에 수천억 원의 경비가 드는데 국력이 없는 국가는 꿈도 못 꿀 일이고 항공모함은 소속된 나라의 영토가 연장되어 바다를 떠다니는 국력의 상징이다. 20년 전에 경험했던 미국의 항공모함, 그 당시는 동북아에서 항공모함을 운용하는 나라가 미국뿐이었는데 2012년 현재 한반도 주변에는 중국은 항공모함을 운용하기 시작했고 일본은 언제든지 항공모함 운용으로 탈바꿈할 수 있는 오오스미 군함으로 항공모함 시대를 열어가는 동북아 시대가 열리고 있으니 역사의 진행은 현재의 시점에서 바라보아야 할 대상이 절대 아니라는 확신을 던져 준다.

항공모함의 경쟁시대가 열리는 동북아 시대에 한국이 가야 할 길은 어떤 길인지 심사숙고해야 하는 시점이다. 이 변화를 읽어내지 못하면 역사의 행간을 읽지 못하고 미래를 준비하지 못하는 국가로 뒤떨어질 수밖에 없다. 급변하고 있는 동북아시아, 그것도 아주 급하게 변화하고 있는 지정학적 현실이다. 20년 전 경험했던 일본에서의 미 항공모함 인디펜던스가 퇴역한 지금, 동북아의 항공모함 시대가 열리니만큼 미국의 핵 항공모함 죠지 와싱턴호가 핵항모로서는 역사상 최초로 자리 잡은 의미는 크다. 이제 그 의미를 들여다보자.

미 핵항모 죠지 와싱턴, 일본 요코스카에 2008년 배치

2008년 9월 일본 동경 부근 요코스카에 미국의 핵 항공모함 죠지 와싱턴이 배치되었다. 제 2 차 세계대전 말 미국의 핵폭탄 공격을 당한 일본은 이른바 핵알레르기가 있어 엄청난 국민적 저항이 예상되었는데 큰 소요 없이 배치가 완료되었다. 그동안 일본에는 미드웨이, 인디펜던스, 키티호크의 통상 동력추진형 즉 디젤동력형 항공모함이 배치되었는데 핵 항모가 배치되기는 이번이 처음이다. 순번으로 말하자면 네 번째 항공모함이 되는 셈이다.

향후 미, 일 군사동맹 관계가 지금처럼 유지된다면 미국의 핵 항모가 지속적으로 배치될 것은 당연시된다. 미국이 일본에 핵항공모함을 배치하기로 한 것은 항모운영체계가 모두 핵 항모체제로 운영되기 때문에 불가피한 선택이었다. 미국은 그동안 디젤형 항모와 핵추진 항모를 혼합하여 활용해 왔는데 항모운용을 핵추진형으로 전환한 것은 군사작전 운용상 디젤형 항모운용이 한계에 이르렀기 때문이다.

디젤추진형 항모 키티호크의 경우 약 7,828톤의 연료를 탑재할 수 있는데 이 연료로는 시속 20 노트로 약 1만 2,000 해리 밖에 항해할 수 없고 대체적으로 연료가 3분의 2 미만으로 떨어지면 연료보급을 받기 때문에 3-4일에 1회 평균으로 연료를 보충하게 된다. 연료를 보급 받으려면 몇 시간에 걸쳐 연료보급 함과 합류하는 스케줄을 조정해야 하고 보급 장소의 결정과 작전을 중단하고 안전한 장소로 이동해야 하는 등 큰 불편이 상존해 온 것이 현실이다. 뿐만 아니라 경계감시를 위하여 항모만 이동하는 것이 아니고 공중에서는 정찰 및 초계비행 지원, 수중에서는 잠수함의 경계지원이 따라야 하고 수상에서는 구축함 등의 동행이 있어야 하니 원활한 작전수행에 상당한 지장을 초래했다. 따라서 미국은 항모운용을 전부 핵항모체제로 전환하게 된 것이다. 그러면서도 하와이 서쪽 서태평양에 2척의 항모운영체제를 마련하기로 한 것은 급속한 경제성장과 함께 해군력을 급속히 증강시키는 중국의 급부상을 견제할 목적이 크다.

제 2차 세계대전 종전과 함께 미군을 일본에 주둔시키고 있는 미국은 일본이 전략적 거점으로 천혜의 요새이다. 태평양 지도를 펼쳐보면 한 가운데 하와이가 자리 잡아 태평양 사령부를 구성하고 있고 동쪽으로는 미 서부 캘리포니아 연안, 서쪽으로는 일본의 요코스카를 연결해 태평양 제해권을 장악한다. 따라서 일본은 미국의 태평양 전략에서 천혜의 전략적 거점이 된다. 미・일 군사일체화로 대변되는 미・일 군사동맹 강화의 배경이 여기에 있다.

미국이 자랑하는 지구규모의 항모기지를 들여다보면 미 동부 버지니아주 노포크에 함대총사령부와 제 2함대사령부가 자리 잡고 있고, 하와이에 태평양사령부가 자리 잡고 있다. 그리고 영국 런던에는 미, 유럽해군사령부가 있고, 미 서부 샌디에고에 제 3함대사령부, 미 동부 메이포트에 미 남방군사령부와 제 4함대사령부가 있다. 중동 지역에 있는 바레인에는 미중앙해군사령부와 제 5함대 사령부, 지중해 연안의 가에타에는 제 6함대사령부, 요코스카에 제 7함대가 전략거점이 되고 있다. 이 밖에 괌과 디에고 가르시아에 해군기지가 있어 전 세계를 장악하는 해군력을 과시하고 있는 것이다.

미 핵항모 죠지 와싱턴, 한 국가의 항공력 버금가는 전력 보유

일본 요코스카에 배치되는 핵항모 죠지 와싱턴호는 미 해군이 자랑하는 세계 최강의 군함으로 니미츠급 항모 제 6번함으로 건조되어 대서양에서의 작전임무를 맡아오다가 키티호크호가 퇴역함에 따라 대체되는 것이다.

죠지와싱턴은 요코스카를 거점으로 미국의 전방전개전략의 임무를 수행하게 되는데 탑재되어 있는 항공기는 웬만한 국가의 항공력에 버금가는 전력을 보유하고 있다. 전투공격기와 전자전기, 조기경계관제기 등 약 80기의 항공기가 탑재되어 있는데 슈퍼 호넷 F/A-18E 전투

공격기는 한국이 보유하고 있는 F-15 전투기와 동등한 능력을 보유하고 있는 것으로 평가되고 있고, E-2C 호크아이 정찰기는 약 300㎞ 이상의 탐지능력을 갖고 있어 상대방이 감히 접근할 수 없다.

이라크와의 전쟁을 수행했을 때의 작전개념도를 보면 항모의 최선두에 E-2C가 나서면서 상대방 항공기의 접근을 사전에 탐지하고 그 바로 뒤 약 70㎞ 간격을 두고 이지스(Aegis) 순양함이 포진하고 좌, 우측에 총 구축함 4척, 그리고 후방에 이지스 순양함 1척이 또 따라 붙는다. 수중에서는 잠수함이 항공모함을 보호하고 있다. 자체 방어를 위해서는 1분에 약 4,500 발의 속도의 20미리 기관포탄을 발사할 수 있는 CIWS가 있고 씨 스페로우(Sea Sparrow) 함대공 미사일 등의 최후의 방어수단을 보유한다.

2016년이 되면 핵연료 교환을 위해 미국으로 귀항 예정인 죠지 와싱턴은 막강하게 딸려 있는 해,공군력으로 동북아에서 미국의 영향력 행사는 물론 러시아의 태평양 진출 견제와 중국의 군사력 확대는 물론 북한에 대한 전쟁 억지력 역할을 하고 있다.

일본에 미국의 원자력 항모 죠지 와싱턴이 배치되는 것은 여러 가지 의미를 내포하고 있다. 첫 째는 미국의 항공모함 운용체계가 전부 원자력 항모체제로 바뀐다는 사실이고 두 번째는 인류 역사상 최초의 핵폭탄 피폭국가인 일본이 핵 항모의 기항을 용인했다는 사실이다.

세 번째는 미국이 일본과 힘을 합쳐 중국견제를 본격화 한다는 속내를 표면적으로 드러낸 것이다. 히로시마와 나가사키에 우라늄 핵폭탄과 플루토늄 핵폭탄의 공격을 받은 나라이기에 핵알레르기라는 일본적 특수성이 핵 항모의 배치가 쉽지 않을 것으로 예상했었는데 별 저항 없이 핵 항모 조지 워싱턴이 상주하게 된 것이다. 실로 놀라운 변화다. 제2차 세계대전이 끝난 후 60여 년의 세월이 지나면서 새로운 역사가 전개되고 있다는 사실을 간파하지 못하면 한국 안보의 미래는 없다.

전 세계 항공모함 19척 가운데 미국은 핵항모만 10척 보유

일본과 미국은 군사일체화의 길을 걸으며 동맹관계를 더욱 강화하고 있다. 미국은 미국 나름대로 세계의 경제대국으로 우뚝 선 일본을 진정한 동반자로 간주하게 되었고 일본은 이러한 환경변화를 강대국이 되기 위한 절호의 기회로 삼고 있다. 미국이 적극 후원하게 될 판세가 굳어지고 있기 때문이다.

세계에 있는 항공모함은 19척으로 건조 중의 항모가 취역했느냐 또는 퇴역이 진행 중인가에 따라 다소 차이가 있을 수 있으나 미국이 10척, 영국이 2척, 프랑스, 이탈리아, 스페인, 인도, 태국, 러시아, 브라질이 각 1척씩 보유하고 있다. 미국은 핵 항모만 보유하게 되는데 퇴역기준으로 보면 미국 동부 버지니아주 노포크에 2013년의 엔터프라이즈, 2027년의 아이젠하워, 2036년의 루즈벨트, 그리고 2048년의 해리 트루먼 호다. 서부 캘리포니아 샌디에이고는 2025년 퇴역할 니미츠, 2045년의 존 스테니즈, 그리고 2052년 퇴역할 최신예 핵 항모 로널드 레이건호의 모항이 되고 있다. 워싱턴주의 에버렛에는 2039년 퇴역의 에이브라함 링컨호가 자리 잡고 있고, 브래마톤에는 2032년 예정의 칼 빈슨의 본거지다. 그리고 죠지 부시호가 가까운 장래에 취역할 예정이다.

미국은 냉전시대에는 항공모함을 16척까지 보유할 계획을 갖고 있었으나 냉전이 종식되고 난 이후 12척 체제 즉 11척과 예비함 1척 체제를 유지할 생각이었는데 부시 대통령의 국방비 삭감정책에 따라 디젤형항모인 존 에프 케네디가 2005년, 키티호크를 2008년 퇴역하기로 결정된 것이다. 디젤형 항모의 연간 운용비는 약 3천 5백억 원인데 존 에프 케네디를 조기 퇴역시킴으로써 조금이라도 국방비를 삭감하겠다는 의지의 표현이다.

일본 요코스카에 배치될 미국의 핵 항모 조지 워싱턴은 1986년 8월 25일 니미츠급 핵 항모 제 6번함으로 건조가 시작되어 미국 독립기념일인 1992년 7월 4일 취역했다. 항모를 움직이는 동력은 웨스팅하우스제 A4W원자로 2기로 하고 있고 대서양 함대 소속 항모인데 요코스카에 배치되게 된 것이다. 만재 배수량은 약 10만 4천 톤으로 총길이는 332.93미터, 폭은 76.83미터, 속력은 30노트 즉 약 55km의 속도를 낼 수 있다. 승무원은 약 5,000명을 태울 수 있고 F-18전투기를 비롯한 항공기를 약 80여기 탑재할 수 있는 대형항공모함이다.

미국은 디젤형 항공모함 시대를 마감하는 이유는 분쟁발생 지역에 항모를 신속하게 배치하여 작전을 원활하게 하기 위함이다. 미 해군은 1968년 취역의 존 에프 케네디 이후 디젤 동력 추진형 항모를 건조하지 않고 있으며 1970년 대 이후 취역한 항모는 니미츠급 핵 항모뿐으로 모든 항모를 핵 항모화하는 작업을 일찍이 진행시켜 왔다.

핵항모 25년에 연료 교체, 디젤항모보다 무장, 전력 막강

핵 항모일 경우 항모의 수명을 40-50년으로 예상할 때 25년 만에 한 번 연료를 교체하면 성가신 연료보급의 문제없이 작전을 수행할 수 있으니 미국은 항공모함을 전부 핵 항모로 교체하는 것이다.

거기에다 핵 항모는 디젤연료가 차지하는 무게와 내연구조를 줄일 수 있기 때문에 핵 항모의 경우 디젤형 항모 보다 더 많은 항공기용 항공연료와 미사일 등 무기를 적재할 수 있는 장점이 있다.

디젤을 연료로 쓰는 키티호크 항모는 적재되어 있는 항공기용 항공연료를 5,800톤가량 싣고 항공장비는 약 1,600 톤 정도 탑재했는데 니미츠급 핵 항모는 항공연료를 7,900 톤, 항공장비를 2,900 톤 실어 항모의 본래 기능을 더욱 향상시키고 있다.

일반적으로 디젤연료로 쓰는 항모와 핵 항모는 서로 다른 장, 단점이 있는데 장점의 첫째는 핵 항모는 디젤형의 통상형 항공모함인 경우 배기가스가 있어 비행갑판상의 난기류가 발생할 가능성이 있어 착륙이 불안할 수도 있지만 핵 항모는 그런 단점을 해소할 수 있다.

두 번째 핵 항모는 통상형과 달리 보일러에서 연통까지 연료가 내부를 통과하지 않으니 함내 용적을 절약할 수 있고 피격을 당했을 때도 생존성이 향상된다.

셋째, 원자력으로 동력을 구하기 때문에 무한에 가까운 항속능력을 확보할 수가 있고, 세계 어느 장소에도 신속하게 항모를 파견 배치할 수 있다.

넷째는 디젤형처럼 대량의 연료를 탑재할 필요가 없고 그 대신 탑재된 항공기용 연료를 더 많이 탑재하여 작전을 용이하게 하는 큰 장점이 있고 항공기용 무기와 장비를 더욱 많이 실을 수 있다.

마지막으로 연료를 보급할 필요가 없으니 전선을 이탈할 필요가 없어 신속한 작전이 절실할 때 실기(失機)하지 않는 이점이 있다.

반면에 단점으로는 핵 항모의 경우 건조비가 디젤형 보다 비싸고 수명 기간 내에 핵연료를 한 번만 교환하면 되지만 교환하는 데 시간이 꽤 걸리는 단점이 있고 퇴역하면 예비보관이 어려운 점이 약점으로 지적되고 있다. 그러면서 핵폐기물을 특별 보관해야 어려운 점이 있는데 100여 기의 원자력 발전소를 운용하는 미국이기 때문에 핵폐기물 처리는 다른 나라에 비해 유리한 배경을 지니고 있다 할 수 있겠다.

이런 저런 장단점이 있음에도 불구하고 미국이 핵 항모로 전면 교체를 결정하게 된 가장 큰 이유는 베트남 전쟁에서의 교훈이다. 그 당시에는 6개월 이상 항해하며 전선에 투입되었다가 미 본토와 환경이 다른 필리핀이나 태국 등지에서 잠시 휴식을 취했다가 또 다시 전장에 나서다 보니 병사들의 피로가 누적되어 다양한 사고가 발생하게 되었다. 따라서 병사들의 휴식이 무엇보다도 절감한 나머지 급유에 의한 시간의 손실 없이 무급유로 항행할 수 있는 핵 항모의 전환이 결정된 것이다.

미국은 30일 이내에 총 6척의 항모를, 90일 이내에는 총 9척의 항모를 전 세계 어디든 배치할 수 있는 능력을 갖고 있다. 세계 최고의 군함 이지스함을 비롯한 첨단 잠수함과 항공기의 호위를 받는 1개 항모 군단은 웬만한 나라 전체의 화력과 맞먹는 군사력을 투사할 수 있다.

그래서 10만 톤이 넘는 미국의 거대한 항공모함이 호위하는 첨단 군함들을 동반하고 기항하게 되면 상대국 국민들은 미국의 막강한 군사력에 압도되고 이는 그 누구도 감히 대적할 수 없다는 현장감을 전달하는 미국식 외교의 상징이 되고 있다.

미국의 항공모함은 미국의 영토가 움직이는 것과 다름없듯 타의 추종을 불허한다. 세계에서 10척 이상의 항모를 운용하며 계속적으로 세계 어디든지 파견할 수 있는 나라는 미국뿐이다. 미국 이외의 나라는 항모를 보유하고 있어도 재정적인 문제 때문에 한정적으로 사용할 수밖에 없고 동아시아에서 최초로 항모를 갖게 되어 화제가 되기도 했던 태국 같은 나라는 항모를 보유하고 있을 뿐 1년 내내 거의 정박하고 있다시피 하는 형편이고 후계함 계획이 없어 항모 미 보유국이 될 전망이다. 이러한 사정은 호주도 마찬가지다. 경제력이 없으면 항공모함을 보유하는 것은 불가능하다. 2002년 당시 아리비아 해에서 경계근무를 마치고 호주에서 휴양을 즐기던 미 항모 에이브라함 링컨호가 호주 정부에 지불한 돈은 1일 평균 항만사용료를 포함하여 26억 3천만 원이었다. 경제력이 없으면 항모운용은 불가능하다는 사실을 극명하게 보여주는 사례다.

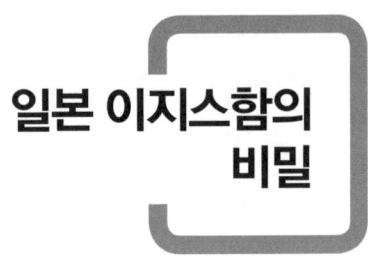

일본 이지스함의 비밀

　바다를 항해하다 일본 군함과 만났을 때 뱃머리에 173에서 178까지의 함정 번호가 새겨져 있으면 그것은 일본의 이지스함이다. 초기 콩고형은 173~176번, 최신예 아타고형은 177~178번이다. 헬기 갑판 위에는 뒤의 두 자리 숫자가 적혀 있다. 예를 들어 헬기 갑판에 77이라고 새겨진 군함이 나타나면 그것은 일본의 이지스함 아타고호다.

　일본 해상자위대의 이지스함 함 번호 관리규정에는 숫자를 세로 2m, 가로 1m 60㎝(가로 세로 비율 5 대 4) 크기로 표시하며, 함 번호는 흰색, 함정 색깔은 회색 페인트칠을 하도록 되어 있다. 일본 해상자위대가 보유한 함정은 호위함, 잠수함 등 전투함정, 작전을 지원하는 지원함정, 훈련함을 합해 총 155척이다. 호위함은 55척인데 이 중 이지스함은 콩고형이 네 척, 아타고형이 두 척 등 총 6척을 보유하고 있다.

6척의 이지스함은 나가사키 현의 사세보 기지에 콩고, 지요카이(이상 콩고형) 두 척과 아타고형의 2번 함 아시가라 호가 2008년 3월 배치되어 총 3척 체제를 이루고 있다. 또 교토부의 마이즈루 기지에는 미요카이(콩고형) 한 척과 아타고형 1번 함인 아타고호, 그리고 가나가와현의 요코스카 기지에 기리시마(콩고형)호가 배치되어 있다.

요코스카에 배치되어 있는 미 해군의 이지스함은 두 척의 타이콘데로가(Ticonderoga)급 순양함과 7척의 어레이 버크(Arleigh Burke)급 구

이지스함이란?
이지스 시스템을 탑재한 함정을 말한다. 이지스(Aegis)는 그리스 신화에서 제우스가 그의 딸 아테나에게 준 방패다. 이지스 시스템의 핵심은 3차원 위상배열 레이더 SPY-1이다. 동시에 200개의 목표물을 추적해 탐지하고, 그 중 244개의 목표를 동시에 공격할 수 있다. 한국은 2007년 처음으로 이지스함인 세종대왕함을 건조했다.

축함 등 총 9척의 이지스함이 있다. 일본 해상자위대와 합치면 총 15척이고, 미 본토와 하와이에서 비정기적으로 기항하는 이지스함까지 합치면 그보다 더 많은 숫자가 요코스카에 기항하고 있다.

일본의 이지스함 이름은 콩고, 기리시마, 지요카이, 아타고, 아시가라 등 모두 山(산) 이름으로 작명되어 있는데 '해상자위대가 사용하는 선박의 구분과 명칭 등에 부여하는 표준을 정한 훈령'에 따라 이름을 짓는다. 일본의 수상전투함 이름은 비(雨), 하천, 달, 지방의 이름 등을 차용한다. 예를 들어 범용호위함은 무라사메, 하루사메 등 비(雨)의 이름을 따왔고 다카나미, 오나미, 마키나미 등은 파도에서 이름을 따왔다. 함정 이름을 최종 결정하는 것은 방위성 장관이다. 콩고 이지스함의 경우는 제국해군 시절 태평양전쟁에서 맹활약한 金剛(금강)과 이름이 똑같은데, 화려했던 과거를 떠올리며 작명한 것으로 보인다.

일본의 최신예 이지스함 아타고는 총 길이 165m, 기준배수량 7,700t이다. 배수량이란 물을 가득 채운 수영장에 군함을 집어넣었다고 가정할 경우, 그 물이 넘치는 양을 말한다. 외국의 경우는 탄약과 연료 등을 가득 채운 만재 배수량을 공표하는 것이 일반적인데, 이 기준에 따를 경우 아타고 이지스함의 만재 배수량은 1만이 넘는 초대형 함정이다. 함정을 움직이는 동력은 일반적으로 전기추진, 디젤, 증기터빈, 가스터빈, 원자력 기관이 있는데 이지스함은 가스터빈을 사용한다. 가스터빈을 채택한 이유는 우선 중량이 가벼워 무게를 줄일 수 있기 때문에 다른 무기들을 더 많이 탑재할 수 있고, 가속도를 내기 좋아 기민한 기동이 가능하기 때문이다. 또 항구에 입항 중 긴급 출동해야 하는 경우 증기터빈처럼 워밍업(Warming-up)이 필요 없이 즉시 출동할 수 있는 장점이 있다.

가스터빈은 비행기의 제트엔진과 같은 원리로서 압축공기를 등유 같은 저옥탄 연료로 연소시켜 발생한 가스를 팽창, 배출하여 동력을 얻는다. 단점은 저속항행 시 연비가 좋지 않다는 점이다. 아타고형 이지스함은 1기당 2만5,000마력의 이시가와지마 하리마 중공업이 제작한 가스터빈 4기, 총 10만 마력으로 시속 56㎞의 최대 속력을 낼 수 있다. 아타고형 이지스함의 척당 가격은 약 1조5,000억 원으로 범용 호위함인 다카나미 호의 가격(척당 6,000억 원)의 두 배가 넘는다.

대포동 미사일 덕분에 첨단전력 증강

우리나라의 이지스함인 세종대왕함은 가격이 약 1조 2,000억 원으로 총 3척을 보유하고 있는 데 두 번째 함은 율곡 이이함이고 세 번째는 임진왜란의 국난을 슬기롭게 극복한 서애 유성룡함이다. 일본은 이미 6척을 보유하고 있고, 두 척을 더 건조하여 곧 8척 체제를 갖추게 될 것으로 예상된다.

한국, 미국, 일본 이외에 이지스함을 보유한 국가는 스페인, 노르웨이가 이미 보유하고 있고, 호주가 도입을 계획하고 있다. 이들 국가는 소규모 이지스 시스템을 갖추고 있어 한국의 이지스함에 맞설 수 있는 상황은 아니라는 평가가 나오고 있다. 예를 들어 스페인의 이지스함은 가격이 약 6,000억 원으로 한국의 절반, 노르웨이의 이지스함도 6,000억 원대. 이들 함정에 탑재된 레이더는 한국 것과 비교되지 않는 간이 SPY 레이더로 알려졌다.

일본은 막대한 예산을 쏟아 부어 해상자위대 전력을 강화, 궁극적으로는 항공모함 기동전투단을 보유하는 방향으로 나가고 있다. 사진은 일본 이지스 구축함 기리시마호가 수직발사관(VLS)을 통해 스탠더드 함대공 미사일을 발사하는 장면(사진·해군 제공).

그렇다면 일본은 왜 이지스함 보유에 국력을 쏟아 붓고 있는 것일까? 가장 큰 이유는 중국 견제다. 중국을 경쟁자로 생각하는 일본은 미국과 함께 동북아에서 중국이 패권국가로 부상하는 것을 견제하고 있다. 그래서 미국은 세계 최고의 군함인 이지스함을 일본에 판매하게 됐고, 일본은 미국과 함께 중국 견제에 나서고 있다.

중국 견제를 위한 일본의 행보는 1998년 북한의 대포동 미사일 발사실험이 가속도를 붙게 했다. 일본은 미국과 미사일 방어체제(MD)를 구축하기 위한 작업이 완성단계에 이르고 있는데, 일본이 보유한 6척의 이지스함 모두 북한의 대포동 미사일에 대처하기 위해 수직발사 시스템을 對(대)탄도미사일 요격용 SM-3 미사일을 발사할 수 있는 준비를 마쳤다. SM-3의 요격이 실패할 경우를 대비해 대기권 내에서 요격이 가능한 패트리어트3 체제의 구축도 착착 진행되고 있다. 2008년 7월 도쿄 한복판 이치가야에 있는 일본 방위성과 총리관저 등 주요 시설을 방어하기 위한 패트리어트3 체제의 실전훈련이 이루어졌다.

북한 덕분에 첩보위성을 통한 정보수집의 족쇄도 풀렸다. 일본은 1969년 우주를 평화적으로만 이용하겠다고 일본 의회가 결의한 '우주의 평화이용 원칙'이 깨지고 4기의 첩보위성을 우주공간에 올려놓았다.

최신예 이지스 시스템 버전 7.1J 보유

이지스함에 탑재된 이지스 시스템은 이지스함을 적의 대함미사일과 공중공격으로부터 방어해 준다. 대함미사일은 1발에 8억 원 정도인데, 그 표적이 되는 구축함이나 프리깃함은 1조 원 이상, 전투기가 갑판에 만재된 상태의 항공모함은 10조 원 이상이다. 8억 원을 투자하여 1,000배 이상 값이 나가는 무기를 파괴할 수 있다면 이보다 비용 대 효과가 큰 전술은 없을 것이다.

이에 맞서기 위해 방어자 입장에서는 적의 대함미사일이나, 대함미사일을 발사하는 적기를 격퇴하기 위해 대공 및 대함 미사일로 응전한다. 대공미사일을 발사하기 위해서는 적기나 적 미사일의 위치와 속도, 진행방향을 정확하게 파악해야 한다. 요격을 성공시키는 비결은 목표를 1초라도 빨리, 1m라도 멀리에서 탐지할 수 있어야 한다. 이를 위해서는 대공레이더의 성능이 중요한데, 대공레이더와 무기를 연결하는 시스템 전반의 성능을 높이는 것이 관건이다.

인류 역사상 최초의 이지스함은 1983년, 미 해군의 타이콘데로가 순양함에 최초로 이지스 전투시스템을 탑재한 것이 시작이다. 이 시기의 기본형 이지스 전투시스템을 베이스라인 1이라고 부른다. 이지스 전투시스템은 '이지스의 눈'이라 불리는 레이더, 두뇌에 해당하는 프로세서, 미사일 등을 발사하는 수직발사기(VLS) 등 다양한 무기시스템으로 구성되어 있는데 이를 점점 업그레이드시키고 있다. 현재 미국이 보유하고 있는 이지스함은 약 74척으로, 항공모함 호위에 우선 배치됐다.

이지스 시스템도 점점 능력이 향상되어 베이스 라인 2, 3, 4로 업그레이드되었다. 미 해군의 타이콘데로가급 이지스함이 27척 정도 취역할 무렵이던 1991년에 새로운 이지스함인 어레이 버크급 구축함이 데뷔했다. 이 이지스함은 베이스 라인 4로 불리는 이지스 전투시스템을 탑재했는데, 일본 이지스함인 콩고형의 모델이 되었다. 콩고도 베이스라인 4를 탑재하고 있다.

이지스 전투시스템은 그 능력이 점점 향상되어 현재는 베이스라인 7이 가장 최신 버전이다. 2007년부터 취역한 일본의 아타고형 두 척은 베이스라인 7.1J다. 그렇다면 일본의 이지스함은 어느 정도의 무장능력을 갖고 있을까?

▲對(대)수상함 전력

이지스함은 하푼 미사일(AGM-84), 또는 SSM-1B라 불리는 대함미사일을 탑재하고 있다. 하푼은 이지스 레이더에 의해 유도되며, 미사일 본체에 내장되어 있는 관성유도장치에 의해 발사 직전 입력되는 위치 데이터에 따라 비행한다. 목표물에 접근하면 미사일에 내장되어 있는 레이더를 사용하여 적 함정을 수색하고 해수면에 바짝 붙어 낮은 고도로 날아가 목표물을 타격한다. 하푼 미사일의 사정거리는 약 120㎞ 이상으로 평가되고 있다.

콩고형 일본 이지스함에는 하푼 미사일 이외에 對(대)수상함 공격 무기로 이탈리아 오토사가 제작한 127㎜ 포가 장착되어 있다. 이 주포는 대공사격도 가능해 함교 위에 있는 사격지휘장치로 사격을 관제한다. 아타고형에 탑재되어 있는 주포는 127㎜로 구경은 같지만 제작사는 미국의 유나이티드 디펜스사의 포(모델 Mk45Mod4)를 장착하고 있다. 이 포는 대함 사격의 경우 포신을 늘리면 사정거리가 24㎞까지 늘어난다.

이 포를 이용해 ERGM이라 불리는 유도포탄을 발사할 수도 있는데, 이 경우 미사일과 똑같이 사정거리가 120㎞ 이상이 된다. 이 기능은 현재 일본의 아타고 이지스함에는 없는데, 앞으로 장착할 가능성이 높다고 한다.

만약 적함이 아군 이지스함을 겨냥하여 미사일을 발사했을 경우 SPY-1 이지스 레이더와 對(대)수상 레이더(OPS-28)로 포착하여 우선 전자방해장치(ECM) 등으로 상대방 미사일의 접근을 방해한다. 미사일의 비행고도가 높을 경우 SM-2 대공미사일로 격추하지만 해수면에 바짝 붙어 날아올 경우 127㎜ 포나 근접방어 무기 시스템(CIWS)인 고성능 기관포로 요격한다.

▲對空(대공) 전력

이지스함의 본래 목적은 적 항공기의 동시 다발적인 공격에 대항하기 위해 만들어졌다. 미 해군은 태평양전쟁에서 일본 전투기의 자살 특공대 공격에 뼈아픈 경험을 했기 때문에 종전 후 새로운 대공레이더와 대공미사일 개발에 진력했다. 그러나 냉전시대에 소련이 고성능의 대함미사일과 초음속 전투기를 개발하여 목표를 향해 한꺼번에 100발의 미사일을 발사하는 포화공격 전술을 개발했다. 당시의 레이더로는 이 포화공격에 대처할 수 없어 보다 고성능의 레이더가 요구됐다. 록히드 마틴은 기존 방식처럼 빙빙 도는 레이더가 아닌, 센서를 내장한 SPY-1이라 불리는 대공 레이더(페이즈드 어레이 방식)를 개발하여 이지스 시스템이라고 명명했다.

일본의 이지스함은 이지스 레이더로 위협 정도를 식별하는데, 반경 400km 이상의 범위에서 100개의 목표의 탐지가 가능하다. 우선 항공기가 접근하면 피아를 식별하는데 아군기라는 특별 신호를 보내지 않거나 초음속으로 비행하거나 급선회, 급상승 등 군용기 특유의 움직임이 포착되면 즉각 대응태세에 들어간다. 이지스 시스템의 정보 해석장치는 탐지한 목표 중 위험한 목표부터 우선순위를 정해 두뇌부에 해당하는 CIC(전투정보중추)의 표시 모니터에 표시한다. 함장은 이것을 판단자료로 SM-2 대공미사일 발사를 지시한다. 콩고형은 최대 90발, 아타고형은 최대 96발의 미사일을 수직발사기에서 발사할 수 있다. SM-2가 발사되면 목표를 계속 추적하는 이지스 레이더의 정보를 레이저를 쏘는 장치(SPG-62 일루미네이션)와 미사일의 유도전파를 내는 장치에 전달한다. SPG-62는 목표에 레이저를 쏘고, SM-2는 목표에 반사된 레이저파를 수신하여 목표의 위치를 포착, 유도과정을 통해 목표를 파괴한다. 일본의 이지스함에는 3기의 SPG-62가 있다.

▲對潛(대잠) 능력

 이지스함의 최대 약점은 잠수함에 의한 공격인데, 이를 막기 위해 헬기로 예방 조치를 취하고 있다. 헬기는 이지스함 주위를 초계비행을 하며 잠수함을 찾아낸다. 헬기가 음향탐지장치(소나)를 바다에 투하하여 잠수함을 수색하고, 이 과정에서 잠수함이 탐지되면 폭뢰와 어뢰를 떨어뜨려 잠수함을 파괴한다. 잠수함은 헬기보다 속도가 느려 도주가 쉽지 않고, 공격을 피하려면 해저 깊숙이 내려가는 수밖에 없다. 이지스함에서 대잠어뢰를 발사해 잠수함을 공격할 수도 있다.

이지스함의 약점

 이지스함은 한꺼번에 100개의 목표를 추적하고, 다발적 공격에 대응할 수 있다고 알려져 있지만 약점도 있다. 이지스함이 가진 취약점은 우선 한 척 단독행동으로는 위험이 따른다는 점이다. 이지스함은 목표 탐지는 동시에 100개 정도가 가능하지만 미사일 요격은 10~14개 정도만 가능하다. 대공미사일을 추적하여 유도하는 SPG-62일루미네이터라는 레이더가 3기밖에 없기 때문에 이 능력을 초과하면 공격을 당할 수밖에 없다. 그래서 일본의 이지스함은 늘 2척 행동체제를 유지하고 있다.

 요코스카에 있는 기리시마 이지스함은 하타카제라는 호위함과 2척으로 팀을 이루어 제61 호위대를 구성하고 있다. 이처럼 두세 척으로 팀이 구성되고, 이 팀이 3개 합쳐져 호위대군이 되는 것이다. 기리시마가 소속된 제61 호위대는 제1 호위대군에 속해 있다. 제1 호위대군은 기리시마 이지스함을 포함해 8척의 호위함과 8기의 헬기로 구성되어 있어 흔히 '88함대'라 불린다.

두 번째는 잠수함 공격에 취약하다는 점이다. 헬기를 이용해 대잠 방어능력을 보유하고는 있지만 잠수함도 이지스함이나 헬기의 소나(음향탐지장치)에서 전파를 발사하면 잠수함이 그 전파를 토대로 이지스함의 위치를 추적하여 어뢰를 발사할 수 있다. 이지스함은 잠수함의 공격에 대비하기 위해 엔진이나 스크류에서 나는 음이 멀리 퍼져 나가지 않도록 마스카라 불리는 작은 기포를 방출하여 기포에 음이 흡수되도록 한다. 만약 잠수함이 어뢰를 발사했을 경우 함정 후미에서 어뢰 기만용 금속체를 방출하여 어뢰를 엉뚱한 방향으로 빗나가도록 유도한다.

이지스함이 잠수함과 대적할 때 음향과 전파로 피 말리는 숨바꼭질을 한다면 이지스함과 스텔스기는 레이더 반사단면적(RCS)이 얼마나 작은가에 승부가 달려 있다. 스텔스기는 레이더에 잡히지 않도록 특수 페인트를 칠하거나 모양을 특이하게 해 레이더 반사파가 레이더에 되돌아가지 않도록 하게 되어 있다. 그러나 스텔스 성능이 우수하지 않으면 일부는 레이더에 잡히기 때문에 스텔스 기술의 우열이 승패를 가른다.

2차 세계대전 당시 일본이 보유했던 세계 최대의 전함 야마토는 장갑의 두께가 무려 40㎝에 이르는 곳이 있을 정도로 단단해 어지간한 포격에도 견딘다. 그러나 미사일의 명중도와 파괴력이 높아진 요즘엔 기동력을 중시하여 이지스함의 장갑 두께는 이전의 전함보다는 훨씬 얇게 설계되어 있다.

일본은 이지스함 6척 등으로 무장한 아시아 최강의 해군력을 보유하고 있다. 중국이 난주급 이지스함을 갖고 있다고는 하나 성능 면에서 일본에 크게 뒤진다. 톈안먼 사태 이후 서방 세계에서 첨단 군사기술을 획득하지 못하고 있는 중국은 자체 기술로 첨단 무기를 개발하고 있으나 한계에 부딪힌 상황이다. 결국 안보는 기술의 문제이고 경제력이 관건이 될 수밖에 없다.

있을 수도 없는 일이지만 독도를 둘러싸고 한일 간에 무력충돌이 벌어진다면 한국의 군사력, 특히 해군력과 공군력으로 일본에 대응할 수 있을지에 대해서는 누구도 장담을 못하는 것이 현실이다. 일본은 6척의 이지스함을 가동 중이고 한국은 한 척에 불과하다. 일본은 매년 한 척의 잠수함을 퇴역시키고 새로 건조한 16척의 잠수함을 보유하고 있다.

독도 해역 공동 이용이 일본의 속셈

과거를 청산하고 미래 지향적인 한일 신시대를 김대중 정권부터 지향해 왔지만 일본의 독도 야심은 수그러들지 않고 있다. 우리가 '조용한 외교'를 펼치는 동안 일본은 국제사회의 구석구석에 독도 영유권을 주장하는 근거들을 만들어 왔고, 그 근거들이 우리에게 불리한 자료가 될지도 모르는 사태가 현실로 나타나고 있다. 독도 방어를 위한 군사훈련이 실시되고 국무총리가 독도를 방문하는 등 독도의 실효지배를 위한 방안이 모색되고 있지만, 실효지배의 내용이 훼손되지 않기 위해서는 경제가 위축되어서는 안 된다.

문제는 일본은 한국의 힘이 약해질 때를 노린다는 점이다. 그때는 모종의 타협이 가능할 것이라고 집요하게 바라보고 있다. 일본은 독도 영유권을 주장해서 손해 볼 것이 없다는 입장이고, 일본에 유리한 상황이 조성되면 독도의 공동 이용이라도 제안해 보려는 목표를 갖고 있다.

아시아에는 서로가 영토분쟁이라고 인정하지 않는 영토분쟁이 몇 군데 있다. 중·일 간의 센가쿠 열도 분쟁, 러시아와 일본 간의 쿠나시리, 하보마이, 시코탄, 에토로후 4개 섬 등이 그 대상이다.

일본은 교과서 해설서에 러·일 간의 북방영토 바로 다음에 독도영유권 문제를 거론함으로써 이들 영토분쟁과 같은 맥락에서 다루려는 조짐을 보이고 있다. 최근 중·일 간에 배타적 경제수역 부근에서 가스전 공동개발에 합의한 사례가 있어 기회가 되면 공동이용이라도 해보려는 생각을 갖고 있는 것으로 추측된다. 19세기 말 우리의 국력이 약해졌을 때 두 눈 뜨고 나라를 잃었던 뼈저린 교훈을 상기해야 한다.

세계 최고 수준의 일본 잠수함, 중국의 태평양 진출을 차단한다

일본 잠수함 16척 보유에서 22척 체제 전환 중

2차 세계 대전에 패배한 일본이 전후 최초로 보유하게 된 잠수함은 1955년에 미국으로부터 대여 받은 [쿠로시오] 1척부터 시작되었다. 그 후 잠수함을 계속 건조하면서 1977년 3월에는 15척을 보유하게 되었고 최종 목표인 16척 잠수함 전력을 유지하게 된다. 일본의 16척 잠수함 체제는 냉전 시대 때 소련의 블라디보스톡에 정박되어 있던 잠수함들이 홋카이도 북쪽의 소야 해협, 홋카이도와 혼슈 사이의 쓰가루 해협, 그리고 대한해협을 통과하여 태평양으로 진출하지 못하도록 만들어진 잠수함 전력이었다. 각 해협에 2척씩 배치하면 유지, 수리를 포함하여 총 16척이면 미국과 협력하면서 소련의 태평양 진출을 저지할 수 있을 것으로 판단한 것이다.

일본 해상자위대 소속 잠수함 나루시오호가 '림팩 2008'연합군사훈련에 참가하기 전 하와이 진주만 항구에 진입하는 모습.

 그러나 중국의 해양진출이 본격화 되면서 일본의 불안은 커지게 되고 대잠수함 작전의 목표가 중국의 태평양 진출을 막는 것으로 변환되면서 총 22척 체제로 바뀌고 있다. 중국의 잠수함에 대한 일본의 생각은 북해함대와 동해함대는 남서제도(南西諸島)를 통해 태평양으로 나가게 되고, 남해함대의 잠수함은 대만과 필리핀 사이의 해협을 통해서 진출한다. 중국의 잠수함이 남서제도를 통해 나아갈 때 큐슈남단에서 대만까지의 거리를 보면 약 1,200km이고 이쪽에는 조그만 섬들이 많고 바다가 얕아 중국의 잠수함이 몰래 통과할 수 있는 해협의 폭이 좁다. 그래서 일본에서 볼 때는 중국의 잠수함 활동을 잡아내기가 비교적 용이하다.

 2004년 12월에 발생한 중국의 한(漢)급 원자력 잠수함 일본영해 침범 사건도 이런 이유가 있었기 때문이다. 이런 판단 하에서 6척이면 경계 감시가 가능할 것이고 대만 필리핀 사이 해역은 2척이면 될 것이기에 총 8척 체제를 운용하면 중국의 태평양 진출을 견제할 것으로 보고 있다. 일반적으로 잠수함 전력은 배치해야 하는 잠수함이 8척이면 거리에 따라 달라지기도 하지만 약 3배정도를 계상하므로 총 24척이면 중국을 견제할 것으로 판단하고 있는 것이 일본의 생각이다. 그래서 22척 체제를 유지하면서 연습함 2척을 포함하여 24척의 잠수함을 실전 투입한다는 것이다.

그러나 실질적으로 24척 보다 더 많은 일본의 잠수함이 일본열도를 에워쌀 것으로 생각된다. 미쯔비시 중공업과 가와사키 중공업이 매년 교대로 1척의 잠수함을 생산하고 있기 때문에 잠수함을 완전히 퇴역시키지 않으면서 수명 연장하여 총 보유수를 늘려가며 대중국 잠수함 작전을 펼칠 것으로 보이기 때문이다.

"아시아에서 일본 잠수함을 상대할 잠수함을 가진 나라는 없다." 일본 해상자위대를 은퇴한 군 간부가 한 말이다. 해상자위대의 주력 잠수함은, 현재 티어 드롭형(teardrop: 누적형, 눈물방울형이라고도 함) 잠수함 하루시오급 6척과 1998년에 데뷔한 시가(Cigar:여송연)형 잠수함 오야시오급 11척이 있다. 잠수함 16~17척 체제를 유지하고 있는 일본 잠수함의 평균 함령(나이)은 7.5년. 세계에서 가장 젊은 최신예 잠수함들로만 구성돼 있다. 척당 1조 원에 육박하는 잠수함을 매년

일본 해상자위대의 하루시오급 잠수함. 기준배수량 2450t, 속력 20노트, 정원 75명이 승함한다.

한 척씩 퇴역시키고 새로 한 척을 건조하는 나라는 세계에서 일본뿐이다.

1998년 3월, 해상자위대 잠수함에 새로운 식구가 생겨났는데 그것이 오야시오(SS 590)다. 2008년 현재 이 잠수함의 동형 함 11척이 건조됐다. 해상자위대에서는 1971년부터 건조가 시작된 우즈시오급 이후 잠수함의 외양이 티어 드롭형이었다. 잠수함을 위에서 내려다 봤을 때 눈물방울이 떨어지는 모양을 하고 있다 해서 붙여진 艦型(함형)이다. 이 형태를 오야시오급에서는 일자 형태의 시가(呂宋煙·여송연)형으로 바꾼 것이다.

해상자위대의 최신형 오야시오급 잠수함. 기준배수량 2750t에 속력

20노트, 정원 70명을 태운다.

　수중에서의 기동력이나 속도를 중시하면 티어 드롭형이 유리하다. 하지만 시가형으로 설계한 덕분에, 선체 측면에도 수중음파탐지기(Passive Sonar Array)를 장비할 수 있게 됐다. 선체 전체를 '귀'로 만듦으로써 상대방을 색출하는 능력이 현격히 향상된 것이다.

　잠수함은 적의 '귀'로부터 자신의 존재를 숨기기 위해 선체 외벽에 흡음타일이 부착돼 있다. 이로 인해 액티브 소나(Active Sonar)의 음파 반사를 줄여, 적이 탐지하기 곤란하게 하고 있다. 일본의 시가형 잠수함은 음파의 반사방향을 헷갈리게 하기 위해 함교에도 경사를 주고 있다. 이런 것을 종합하면 음향 스텔스 잠수함이라 할 수 있다. 현재 오야시오급과 동등한 성능을 갖고 있다고 평가되는 것이 러시아의 킬로(K)급, 독일의 209급이다.

　현재 11척의 오야시오형과 6척의 하루시오형을 가동 중인 해상자위대는 모의 군사행동 전용의 연습잠수함을 갖고 있는 점이 특기할 만하다. 퇴역한 잠수함을 연습함으로 변경하여 운용하는데, 이 시스템에 의해 수준 높은 잠수함 교육이 가능하고, 우수한 잠수함 인력의 획득 유지가 가능하다.

신형잠수함 소류, 수 주일간 잠행 가능한 스털링 엔진 탑재

하루시오형의 최종함인 아사시오는 신형잠수함 소류형에 탑재된 공기不要(불요) 추진체계(AIP) 기관의 시험을 위해 연습잠수함으로 개조되고 있다. 소류형은 2009년부터 배치되는데 아사시오에 시험운용되고 있는 스털링식 AIP 엔진이 소류에 탑재됐다. AIP는 스웨덴이 개발한 스털링 엔진(4V-275R Mk II)을 가와사키중공업이 라이선스한 것이다. 이 스털링식 AIP 엔진을 탑재하게 됨에 따라 오야시오형보다 수 주일간 수중에서 작전하는 것이 가능해졌다.

디젤엔진을 탑재한 재래식 잠수함은 수중에서는 배터리로 가동하기 때문에 원자력잠수함보다 소음이 작은 것이 최대 강점이다. 대략 4~6노트(시속 7~10km)의 저속으로 항행하면 전력 소모가 적어 약 3일간 수중작전이 가능하다. 하지만 20노트로 달리면 1시간도 안 돼 배터리가 방전된다. 때문에 배터리 충전을 위해 하루에 1~2회, 3시간 정도 수면 위로 배기관(스노클 마스트)을 내놓고 디젤엔진을 돌려야 한다. 이 과정에서 상대방에게 발각될 위험이 있는 것이 최대의 약점이다.

이런 디젤잠수함의 취약점을 개선하기 위해 독일(연료전지 방식), 스웨덴(폐쇄회로 디젤엔진을 활용한 스털링식), 프랑스 등이 배기관을 수면 위로 내놓지 않고도 배터리 충전이 가능한 AIP 엔진 개발경쟁을 벌였다. 우리나라는 손원일함(214급)에 독일의 연료전지 AIP가 탑재되어 있다.

AIP 엔진을 장착한 잠수함은 잠항하기 전에 액체산소 등의 연료를 육상에서 공급 받아 출발하고, 그 연료로 물속에서 동력을 얻기 때문에 디젤잠수함처럼 연료전지 충전을 위해 수면 가까운 곳으로 부상할 필요가 없다. 그래서 오랜 시간 수중작전이 가능하다는 장점이 있다. 스웨덴 잠수함의 경우 약 3주까지 잠항할 수 있는 것으로 알려졌는데, 스웨덴과 같은 AIP를 탑재한 일본도 이와 유사할 것으로 평가된다.

일본의 아사시오 잠수함은 수중 배수량 4,200 t으로 AIP 탑재함으로는 세계 최대로 평가된다. 또 잠수 키에 X자형을 채용해 수상항행에서의 선회기능 등 기능성이 높아졌고, 해저에 착지할 때 키의 손상을 줄였다는 특징이 있다.

원자력선 무쓰 이용 경험 있는 일본

여기서 잠시 원자력잠수함 이야기를 하고 넘어가야겠다. 디젤잠수함은 육상으로부터 디젤엔진 연료를 주기적으로 보급 받아야 하기 때문에 장기간 원양 작전은 사실상 불가능하다. 이러한 연료의 제약을 뛰어넘기 위해 개발된 것이 원자력잠수함이다. 소형 원자로를 탑재하고 있는 원자력잠수함은 한번 핵연료를 장착하면 연료의 재보급 없이

20년 이상을 사용할 수 있다.

현재 세계에서 원자력잠수함을 보유하고 있는 국가는 미국·영국·프랑스·러시아·중국 등 5개국이다. 인도도 최근 원자력잠수함 클럽의 일원이 되기 위해 개발 계획을 추진 중이다.

원자력잠수함은 개발 과정에서 엄청난 비용이 든다. 또 승무원의 교육훈련, 핵연료 확보, 반응로의 유지정비·폐기와 재이용의 라이프 사이클(life cycle)을 안전하게 운영하기 위해 첨단기술 인프라와 막대한 비용이 발생하기 때문에 경제 대국이 아니면 엄두를 내기 힘들다.

원자력기관은 핵반응로에서 핵분열에 동반되는 고열을 이용하여 보일러에서 증기를 발생시키고, 터빈으로 추진축을 회전시켜 추진력을 얻는다. 미 해군의 잠수함용 핵동력 채용은 1950년대로 거슬러 올

| 국가별 원자력 잠수함 보유 현황 |

국가	전략잠수함	전술잠수함	계
미국	14	60	74
영국	4	6	10
프랑스	4	6	10
러시아	18	26	44
중국	2	7	9
계	42	108	150

라간다. 인류 최초의 원자력잠수함 노틸러스호에는 순도 20%의 핵연료를 사용했지만, 후에 40%로 개선했다. 이후 건조된 초대 시 울프(Sea wolf)에는 爐心(노심) 온도를 높이기 위해 순도 90%의 핵연료를 사용하고 있다.

원자력잠수함은 거의 무진장하게 에너지를 꺼내 쓸 수 있기 때문에 1년 혹은 2년간 완전 잠항이 가능하다. 1960년대 초기에는 잠항상태에서 기관 연속운전 약 4,000시간(5개월 이상), 약 14만 리의 잠항 기록을 수립했다는 기록이 있다. 문제는 장기 잠항 항해는 승무원의 신체나 정신건강에 좋지 않은 결과를 가져오기 때문에, 미 해군의 경우 승무원을 두 팀으로 나누어 6개월씩 교대제로 운영하고 있다.

현재, 세계 각국이 가동 중인 원자력잠수함은 전략잠수함 42척, 전술잠수함 108척 등 총 150척이다.

일본은 과거에 원자력선 무쓰를 운용해 본 경험이 있기 때문에 마음만 먹으면 핵잠수함 개발이 가능하지만 현재는 세계 전략을 구상할 입장이 아니고, 핵폭탄을 피폭하는 등 핵 알레르기가 있어 핵잠수함 개발 계획은 아직 없는 것으로 알려졌다.

게다가 원자력잠수함은 동력 추진 구조상 소음이 커 은밀성을 지향하는 일본 잠수함 전략에 맞지 않는 것으로 판단되고 있다. 소음이 작지만 은밀성이 뛰어난 디젤잠수함을 보완하기 위한 AIP 타입의 잠수함을 채택한 것으로 보인다.

러시아와 중국잠수함 音紋 파악

일본 잠수함 전력 중에서 주목해야 하는 것은 잠수함 탐지능력이다. 2004년 11월에 발생한 중국 잠수함의 일본해역 침범 사건은 일본의 대잠 능력을 과시하고 있는데, 미국과 일본은 중국 잠수함의 동향을 샅샅이 파악하고 있었다.

일본은 이미 미국과 함께 동북아 해역에서 활동하고 있는 러시아와 중국 잠수함의 音紋(음문)에 관한 정보를 거의 공유하고 있는 것으로 알려졌다. 음문은 사람의 지문처럼 잠수함의 종류마다 제각기 내는 소리의 특성인데, 그 소리의 특성으로 어느 나라의 어떤 종류의 잠수함인가를 식별한다.

소리로 상대방의 위치와 존재를 탐지하는 잠수함의 세계에서는 한 국가가 상대방 국가의 잠수함의 음문 정보를 어느 정도 정확히, 그리고 많이 갖고 있느냐에 따라 승패가 갈린다. 일본이 상대방 국가의 잠수함 음문 정보를 확보하기 위한 군사전략은 2차 세계대전의 쓰라린 경험으로 되돌아간다.

태평양전쟁 중 동남아로부터 공업자원 생산에 필요한 원료를 수송선에 싣고 일본으로 향하다가 미군 잠수함의 공격으로 침몰하여 자원 조달이 끊겼고, 그 결과 군수품 생산에 치명적인 타격을 입어 참패했다고 판단했기 때문이다.

종전 후 일본은 미국과 동맹국이 되어 블라디보스토크에 주둔한 소련 극동함대의 태평양 진출을 저지하는 공동작전을 수행했다. 미국은 소련의 잠수함들이 태평양으로 나아가는 것을 견제하기 위해 일본 홋카이도와 사할린 사이의 소야 해협, 그리고 일본 혼슈 본토와 홋카이도 사이의 쓰가루 해협, 대한해협(일본인들은 쓰시마 해협이라 부른다)에 각 2척씩의 잠수함을 배치하기 위해 적어도 총 16척의 방위계획 대강이 실현되었다. 또한 유사시에 소련의 구축함이 3개 해협들을 통과하지 못하도록 기뢰를 설치해 태평양으로 진출하지 못하도록 봉쇄 전략을 구사하고 있다. 이 과정에서 미국과 일본은 러시아 잠수함의 음문 데이터를 거의 확보한 걸로 추정되고 있어 제해권을 장악한다는 것은 여타의 어느 군사력 보다 공포스러운 우월적 지위를 확보하는 것이다.

미국과 일본이 중국에 대해서도 마찬가지다. 중국 잠수함은 소련의 기술로 이루어졌기 때문에 중국의 재래식 잠수함에서부터 킬로(Kilo)급 잠수함을 근간으로 한 중국 잠수함 음향 데이터는 거의 대부분 일본의 수중에 들어와 있다 해도 과언이 아니다. 한국의 잠수함이 대한 해협 멀리 나아가서 수중작전을 수행하는데 조심스러운 이유도 일본이 일찌감치 바다 밑을 장악하고 있어 불안할 수밖에 없다.

　냉전이 종식 되면서 일본의 잠수함은 중국의 해양진출을 막는 전법으로 바뀌었다. 중국의 북해함대, 동해함대의 잠수함들은 남서제도(南西諸島)를 통해서 태평양으로 나아가고, 남해함대의 잠수함은 대만과 필리핀 사이의 해협을 통해 태평양으로 진출하게 된다. 그래서 규수남단으로부터 대만까지의 거리는 약 1,200km인데 지도를 상세히 보면 작은 섬과 얕은 바나 지역이 많아 잠수함이 잠항해서 은밀하게 통과하기가 쉽지 않아서 이 해역에 대한 감시는 6척의 잠수함이면 충분하다는 것이 일본의 생각이다. 그리고 대만과 필리핀 해역은 2척 정도로 가능하리라 판단하기 때문에 중국 잠수함에 대한 경계감시는 8척 체제가 된다. 그런데 잠수함 작전의 구상에는 배치 척수보다 3 배를 가져야만 수리와 교육훈련 등의 계획을 맞추어 나갈 수 있어서 신 잠수함 전략에서 밝힌 22척 체제 플러스 연습함 2척으로 실제로는 24척 체제가 되게 된 것이다.

　게다가 일본 해상자위대는 '잠수함 사냥꾼'인 대잠초계기 P3C를 무려 100기 보유하고 있다. 전 세계를 상대하는 미 해군의 대잠초계기가 200여 기, 한국이 10기, 대만이 12기인 것과 비교하면 일본은 작전영역에 비해 가장 많은 대잠초계기를 보유한 나라로 평가된다.

대잠초계기 P3C는 잠수함 탐지를 위한 초계 임무뿐만 아니라 최대 8발의 대잠어뢰와 폭뢰를 장착할 수 있고, 단 한 발로 100km 밖에서 대형 군함을 격침시킬 수 있는 91식 공대함 유도탄(ASM 1C), 대함미사일 하푼을 최대 4발 탑재할 수 있다. P3C는 해상감시 능력도 탁월하다. 1999년 일본해역에 침투한 북한 공작선을 발견한 것도 P3C고, 2001년 12월 동중국해에서 일본 보안청 순시선과 교전 끝에 자폭한 북한 공작선을 최초로 발견한 것도 P3C다.

일본은 현존 대잠초계기의 성능을 훨씬 향상시킨 XP-1을 개발하고 있는데, 항속거리 9,000km에 제트엔진을 장착하여 서태평양 전체의 초계작전을 수행할 것으로 판단된다. 그래서 일본의 우경화를 경계하는 아사히신문에서는 이 초계기의 별명을 "대동아 공영권 초계기"라

해상자위대의 P3C 대잠초계기

고 힐난했다. 일본의 대잠초계기는 4개의 엔진을 갖고 있어 수색지역에 도달할 때까지는 4개의 엔진을 가동하여 빠른 속도로 비행하고 탐색을 시작하게 되면 2개의 엔진을 끄면서 연료도 절약하고 저공으로 날며 낮은 속도로 바다 밑 잠수함 찾기에 들어간다. 찾아내는 방법은 소너 브이라는 음향추적장치를 물속에 담궈서 잠수함에서 발생하는 소리를 청취해서 발견하는 방법이고 또 하나는 비행기 맨 끝에 막대기처럼 달린 자장(磁場) 추적기로 잠수함과 같은 바다 밑 쇠붙이를 찾아내 공격하는 것이다.

흡음 타일로 무장한 쿠로시오

필자는 오야시오급의 잠수함 라인업 중에서 2004년 3월 8일 취역한 7번 함 쿠로시오(SS 596)에 사흘간 승함한 적이 있다. 해상자위대 구레 잠수함 정박소에 계류된 쿠로시오는 멀리서 봐도 시가형 외관을 하고 있다는 사실이 판별될 정도로 모양이 특이했다. 가까이서 선체를 관찰해 보니 고무상태의 판들이 한 장 한 장 볼트로 고정되어 있었다. 고무판 색깔은 선체와는 다른, 조금 밝은 검은색이었다. 이것이 흡음타일이다. 다른 나라 잠수함도 선체 외부에 흡음타일을 붙이는데, 대부분이 항해 중에 벗겨지거나 떨어져 모습이 흉측하다. 특히 영국 해군의 잠수함은 흡음타일이 쉽게 손상되는 것으로 알려졌다.

舷門(현문)에는 커다란 저울이 놓여 있다. 잠수함에 승선하기 전에 저울로 무게를 재고, 그 무게를 당직사관에게 신고해야 한다. 이것은 장비품 이외의 무게를 정확히 파악하기 위한 조치다. 정박 중인 잠수함에 승선할 때는 앞부분 해치를 이용한다. 해치의 뚜껑에는 녹색 커버가 씌워 있었다.

사관실에서 승함 시의 생활 전반에 대한 설명, 그리고 함장과의 인사를 마쳤다. 잠수함 안에서 사관실은 공간이 넓고 공기청정기와 액정 모니터도 놓여 있었다.

구레를 출항하여 당분간 부상 항해를 했다. 함교와 潛舵(잠타)에는 견시가 배치돼 왕래하는 선박들을 감시하고 있었다. 항행 도중 관광객을 태운 페리와 나란히 항해하게 되었는데, 페리 갑판에서 관광객들이 손을 흔들거나 기념촬영을 했다. 페리 관광선의 선장들이 서비스 차원에서 잠수함에 가까이 접근해 오는 경우도 있어 견시를 비롯한 잠수함 당직자들은 바짝 긴장한 채 항해했다.

잠수함은 오랜 시간 부상 항해를 하다가 잠항 가능 수역에 이르자 함장이 "잠항준비" 명령을 내렸다. 그에 맞춰 "잠항~! 잠항~!"하는 소리가 함 내에 울려 퍼졌다. 잠항 과정에서 함이 비스듬하게 기울지도 않았고, 삐거덕거리는 소리도 들리지 않았다. 그저 "아! 잠수하고 있구나"라는 사실이 느껴질 정도였다. 부상 항해 때는 디젤엔진을 작동하다가 잠항을 하면서 배터리 추진으로 바뀌면서 잠수함은 멈춰선 것 같은 느낌이 들었다.

잠망경 당직자가 "아! 불꽃이다"라고 외쳤다. 필자도 잠망경을 들여다 볼 수 있었는데, 번쩍번쩍하는 불빛들이 밤하늘에 떠있는 모습이 보였다. 아마 어선들이 켜놓은 집어등인 것 같았다. 바다 속에서 잠망경으로 불꽃을 보는 것은 독특한 경험이었다.

이이 쿠로시오호는 수상함에 대한 어뢰공격 훈련이 실시됐다. 적의 역할을 맡은 것은 호위함 마키나미(DD 112)였다. 훈련 과정은 정숙한 과정에서 담담하게 진행됐다. 고함을 치는 사람도, 함 내를 돌아다니는 사람도 없었다. 역시 잠수함에서는 소리를 내는 것은 철저한 금기 사항이었다.

마키나미에 대한 공격준비가 진행되고 있었다. 하지만 잠수함의 심도나 공격 요령 등은 비밀이었다. 어뢰는 고압산소에 의해 발사관으로부터 발사된다. 이날 실제 발사는 이루어지지 않았지만, 실제로 어뢰를 발사할 때는 "펑~"하며 공기를 두드리는 듯한 소리가 난다고 한다.

미국의 최신형 원자력잠수함, 시 울프급

핵잠수함은 특성에 따라 전략형 핵잠수함(SSBN)과 공격형 핵잠수함(SSN)으로 구분된다. 전략형 핵잠수함은 수십 기의 VLS(수직발사기)를 탑재해 핵탄두가 장착된 대륙간탄도탄을 발사할 수 있다. 공격형 핵잠수함은 대륙간탄도탄은 탑재하지 않고, 대잠전투나 해상 전투 시 요격용으로 특화돼 있다.

현재 세계에서 가장 많은 잠수함을 운용하고 있는 나라는 미국이다. 공격형 핵잠수함의 주력은 1976년부터 62척이 배치된 로스앤젤레스급이다. 1997년부터 3척이 배치된 시 울프급은 건조비가 계속 늘어 3척만 실전 배치됐다. 그중 3번 함 지미 카터는 특수부대 작전용으로 사용되기 때문에 전장이 30m나 더 길다.

오하이오함은 1만 8,000t급으로 길이 170m, 폭 12.8m로 승조원 160명이다. 토마호크 156기와 어뢰 등 각종 특수전 장비를 탑재하고 있다.

버지니아급은 로스앤젤레스급의 뒤를 이어 2004년부터 배치돼 3척이 작전 중이다. 최대속력은 시 울프보다 5노트 느린 34노트(시속 61km)지만, 어뢰와 토마호크 순항미사일 탑재량은 시 울프급과 거의 동일하다. 특수부대 운용을 위한 공간을 함 내에 마련했다.

미 해군의 오하이오급 핵추진 잠수함인 오하이오함의 내부가 부산 해군작전사령부 부산기지 부두에서 국내 언론에 처음 공개됐다. 사진은 중앙통제실.

오하이오함은 1만 8,000t급으로 길이 170m, 폭 12.8m로 승조원 160명이다. 토마호크 156기와 어뢰 등 각종 특수전 장비를 탑재하고 있다.

중국, 잠수함 전력 증강

중국은 국력이 신장함에 따라 대양해군으로 변모하고 있다. SLBM(잠수함 발사 탄도미사일)을 탑재한 전략 핵잠수함인 '夏(하)'급과 '晋(진)'급이 각각 1척 있고, 향후 '진'급이 6척이 돼, 상시 1척의 전략 원자력잠수함을 外洋(외양)에 대기시켜 놓은 셈이 된다.

중국의 漢(한)급 공격용 핵잠수함. 배수량 4,500t으로 대함 크루즈미사일을 발사할 수 있다. 얼마 전 미국의 상업위성은 海南島(해남도)의 榆林(유림)기지에 있는 전략형 핵잠수함(SSBN) 격납시설로 추정되는 높이 18m의 터널형 기지를 관측했다. 이 기지는 항공모함 같은 대형 함정도 접안이 가능하도록 岸壁(안벽)을 만들었다고 한다.

공격형 핵잠수함(SSN)은 '漢(한)'급, '元(원)'급, '宋(송)'급, '明(명)'급이 있고 디젤추진 재래식 잠수함 '킬로'급을 합쳐 30척 정도를 보유하고 있는 것으로 알려졌다. '명'급과 '송'급을 대신해 신형 공격형 핵잠수함 '商(상)'급이 그 자리를 메우게 된다. 중국은 '진'급(094형) 핵탄두 탑재 탄도미사일 잠수함을 1척 완성해 테스트를 마쳤으며, 5척을 추가 건조할 계획이라고 한다.

'진'급은 신형 공격형 핵잠수함인 '상'급(093형)을 베이스로 선체를 키우고, 탄도미사일 탑재공간을 증설한 것으로 알려졌다. 다만, 잠수

중국의 漢(한)급 공격용 핵잠수함. 배수량 4,500t으로 대함 크루즈미사일을 발사할 수 있다.

중국 최신 宋(송)급 S20 잠수함.

함의 형상은 현재 1척을 운용하고 있는 전략형 핵잠수함 '하'급과 비슷하며, 선체 상부에 수직발사기가 크게 뻗어 있다.

미국의 상업위성은 기지에 접안하고 있는 중국의 '진'급 잠수함을 촬영하는 데 성공했고, 분석 결과 미국의 예측과는 달리 잠수함발사 탄도미사일(SLBM)의 셀은 12기(1셀당 7발 미사일 탑재)로 판명됐다. '진'급은 사정거리 8,000km인 잠수함발사 탄도미사일(SLBM) '거랑 2형'을 탑재하고 있어 미국 본토 공격이 가능하다.

한국 주력 잠수함 1,200톤 장보고급 9척 도입

한국의 주력 잠수함은 장보고급(209급/1,200t) 잠수함으로 1993년부터 9척을 도입했다. 그 후속으로 독일제 AIP를 탑재한 214형인 손원일함, 정지함, 안중근함 등 3척의 잠수함이 2007년 건조 완료됐고, 그 중 2척이 작전 중이다. 해군은 2009년부터 2014년까지 추가로 6척을 건조하기로 하고, 현재 4번 함 건조를 대우조선해양에 의뢰했다.

그러나 손원일함은 계획 소음치가 209형(100~110데시벨)보다 40데시벨을 상회하는 바람에 제작사인 독일의 하데베(HDW)社(사)에 의뢰, 성능개선 중인 것으로 알려졌다. 잠수함을 사용한 특수작전은 돌고래급 잠수정을 사용하는데, 잠수정은 북한 연안부 등에 접근해 특수부대를 잠입시키는 임무를 수행하는 것으로 알려졌다.

북한 300톤 상어급 등 특수작전 위주 소형 잠수함 수십 척 보유

북한은 수중배수량이 약 300t인 상어급과 110t의 유고급을 수십 척 보유하고 있는 것으로 알려졌다. 半(반)잠수정 등도 상당수 보유하고 있는데, 모든 잠수함은 특수작전에 사용되고 있다. 한국의 잠수함과 비교해 볼 때, 성능은 떨어지지만 잠수함 운용 역사가 오래돼 경계해야 할 전력으로 평가된다.

무장간첩 20명을 싣고 왔던 북한의 상어급 잠수함이 강원도 강릉시 강동면 안인진리 해안에 좌초된 채 떠있다.

러시아, 신형 보레이급 원자력잠수함 보유

러시아 해군의 함대는 태평양함대, 북양함대, 흑해함대, 발틱함대, 카스피해 소함대로 구성돼 있다. 태평양함대의 블라디보스토크에는 4척의 델타Ⅲ급 전략형 핵잠수함이 있고, 핵잠수함은 보조함과 예비역함을 포함해 50척 정도를 보유하고 것으로 알려졌다.

　북양함대는 세계 최대의 전략형 핵잠수함인 타이푼급 잠수함 3척과, 델타Ⅳ급 6척, 델타Ⅲ급 3척을 보유 중이다. 2008년에 데뷔한 잠수함 가운데 눈길을 끄는 것은 러시아 해군의 신형 전략형 핵잠수함인 보레이급 핵탄두 탑재 탄도미사일 잠수함이다. 이 잠수함은 1996년 건조에 들어갔지만, 취역 예정인 2002년을 훨씬 넘겨 2007년에 진수됐다. 설계구상은 델타Ⅳ급을 계승하고 있지만, 추진체로 펌프제트 방식을 채용하고 있다. 러시아 언론에 따르면, 수중배수량은 2만 4,000t, 최대 잠항심도는 480m나 된다고 한다.

　탑재된 3M14 블라바(Bulava) 잠수함발사 탄도미사일(NATO명 SS-N-30)은 보레이급에 탑재하기 위해 개발된 신형 SLBM으로, 사정거리는 약 8,000km다. 1번 함은 유리 돌고루키로 명명됐으며, 현재 3번 함을 건조 중인데 2017년까지 8척을 건조하여 델타Ⅲ, 델타Ⅳ급을 대체할 예정이라고 한다.

러시아 야센급 공격형 잠수함 건조

　공격형 핵잠수함도 새로 건조되고 있는데, 야센(Yasen)급 또는 1번 함의 함명을 따 세베로드비스크라고도 부른다. 이 공격형 핵잠수함은

1998년부터 건조가 시작됐는데, 재정난으로 우여곡절을 겪은 끝에 2008년 진수됐다.

  수중배수량은 1만을 넘고, 핵연료의 수명이 긴 신형 원자로, 펌프제트 추진 등 새로운 시스템도 탑재되어 있는 것으로 알려졌다. 앞으로 러시아의 주력 공격형 핵잠수함이 될 가능성이 높지만, 현재 1척밖에 건조하지 못하고 있다. 야센급 공격형 핵잠수함은 함대 호위와 對地(대지) 공격에 적합한 사양을 갖추고 있어, 미국의 로스앤젤레스급과 같은 탄력적인 운용이 가능하다.

  러시아 해군의 디젤추진 잠수함은 킬로급의 후계로 불리는 상트페테르부르크급 잠수함이다. 2007년 11월에 실전 배치된 이 잠수함은 루빈해양공학설계국의 수출용 디젤기관을 채용한 1,650t급 통상전력

2008년 7월25일, 러시아 해군의 날을 맞아 블라디보스토크 군항에서 사열하고 있는 러시아 수병들.

잠수함 아무르1650을 기반으로 하고 있다.

상트페테르부르크급 잠수함은 킬로급보다는 소형이지만 기동성, 항속거리 등이 개선된 것으로 평가를 받고 있다. 이 잠수함은 8척(또는 9척)이 배치돼 있고, 2014년까지 4척이 작전에 투입된다.

상트페테르부르크급 잠수함은 인도네시아에 2척을 수출할 예정이다. 러시아 해군은 특수작전용 소형 잠수함을 여러 종류 보유한 것으로 알려졌다. 러시아는 '피라냐'라고 불리는 잠수함을 비롯해 130~1,000t 정도의 소형 잠수함을 수출전략 종목으로 정해 수출대상국의 구미에 맞게 맞춤건조를 실시하고 있다.

이 잠수함은 동력으로 폐쇄회로(closed circuit) 디젤 등 배터리를 변용한 타입을 채용하고 있는데 특수부대 침투나 회수, 기뢰 부설, 정찰 등에 사용된다. 이 잠수함은 모든 클래스에서 533mm어뢰발사관을 장비하고 있고, 어뢰는 대함, 대잠 공격과 통상파괴 등 전술용도로 사용할 수 있다.

동구권 국가나 아랍국가 등은 3,000t 정도의 공격형 잠수함보다 값싸고 소형인 잠수함이 실속이 있는 것으로 판단, 러시아의 소형 잠수함을 구입하고 있는 것으로 알려졌다.

디젤잠수함이냐 원자력잠수함이냐

독립운동가의 이름을 처음으로 딴 214급 3번째 잠수함인 '안중근함(KSS-Ⅱ·1,800t)'이 2008년 6월 4일 울산 현대중공업에서 진수식을 가졌다. 해군의 핵심전력인 이 잠수함은 2009년 말 해군에 인도돼 전력화될 예정이다.

한국의 잠수함 전력은 1,200t 209형 9척과 1,800t급 214형을 2척 보유하고 있다. 전 세계 잠수함 동향과 북한의 동태를 살펴볼 때 한국의 잠수함 능력은 결코 뒤떨어진다고 볼 수는 없다. 다만 한국은 북한보다 30년이나 뒤늦게 잠수함 보유를 시작했기 때문에 상대국 잠수함의

독립운동가의 이름을 처음으로 딴 214급 3번째 잠수함인 '안중근함(KSS-Ⅱ·1,800t)'이 2008년 6월 4일 울산 현대중공업에서 진수식을 가졌다. 해군의 핵심전력인 이 잠수함은 2009년 말 해군에 인도돼 전력화될 예정이다.

음문 파악에 취약하다.

잠수함의 세계는 얼마나 먼저 시작했느냐가 중요하다. 주변국 중 잠수함 역사가 가장 일천한 한국은 북한보다 경험 면에서 떨어지고 있는 것으로 알려졌다.

한국 해군은 오래 잠항하지는 못하지만 소음이 적은 디젤잠수함을 선택하는 것이 유리할 것으로 판단된다. 아울러 장기간 작전을 위해 공기불요추진체계(AIP) 잠수함의 숫자를 늘려가는 것이 중요하다. 핵잠수함은 장기간 동안 작전할 수 있는 이점이 있으나, 예산이 많이 드는데다 핵확산방지라는 국제적 추세에도 역행돼 국가간 갈등의 소지가 크다. 그리고 소음이 큰 단점도 있어 지금은 고려할 때가 아니라는 생각이다.

핵잠수함을 개발하고, 보유 가능한 정도의 기술력과 경제력이 있는 나라는 전 세계적으로 드물다. 대부분의 나라는 통상형 잠수함을 작전에 배치하고 있다. 또 통상형 잠수함이 모든 국면에서 핵잠수함에 뒤처지는 것도 아니다.

핵잠수함은 소음이 크고 덩치도 커 쉽게 발각된다. 통상형 잠수함은 배터리의 전력만을 이용해 은밀하게 기동하면 핵잠수함이 호락호락 탐지해 낼 수 없다. 때문에 통상잠수함은 연근해와 해협 등지에서 잠복하며 제 역할을 충분히 할 수 있다.

북한은 한국에 대해 비대칭군사전략을 구사하고 있다. 경제력이 약하다 보니 무기 구매에 돈이 많이 들어 상대적으로 비싼 무기가 아닌 군사력으로 한국의 위협하겠다는 것이 비대칭 전략이다. 그래서 휴전선 근처에 배치되어 있는 1,000 여문이 넘는 장거리 대포가 서울을 포격할 수 있어 화력을 집중시키고 있다. 그리고 사이버 전력을 키워가며 한국의 중요 핵심시설의 컴퓨터 기능을 교란시키려 하고 있다. 원자력 발전소라든가 항공기 등이 정교한 소프트웨어로 운용되고 있는 점을 감안할 때 북한의 사이버 전력은 투자에 비해 가공할 위력을 지니게 될 것이다.

마지막으로 북한이 비장의 카드로 생각하고 있는 것이 잠수함 전력이다. 은밀성을 무기로 언제든지 한국의 군함과 상선 등 안보를 위협할 수 있기 때문이다.

우리는 천안함 사태로 북한이 잠수함으로 한국의 목줄을 죄려한다는 사실을 확인했다. 평택에 있는 해군 제2사령부에는 북한에 의해 피격당한 천안함이 전시되어 있는 것을 볼 수 있는데 함정 아래 부분이 바다 밑에서 위로 충격이 가해져 두 동강 난 것을 확인 할 수 있다. 이른바 어뢰 공격에 의한 버블현상으로 함선 밑바닥 구조물이 위로 휘어져 조각난 것이다.

북한의 잠수함이 성능 면에서 한국보다 뒤떨어져 있으나 바다 속이라는 은밀성, 그리고 한국이 보유하고 있는 북한 잠수함 탐지 장치가 충분치 않기 때문에 언제든지 공격을 당할 수 있다는 현실을 직시하고 잠수함 관련 장비를 첨단화하는데 국력을 모아야 할 것이다.

일본의 미사일 요격능력과 첩보위성

2009년 4월 5일 북한의 미사일 발사가 초읽기에 들어간 가운데 일본은 일본 최초의 이지스함 '콩고'를 일본 열도 서북쪽 아키타縣(현) 앞바다에서 한반도에 가장 가까이 포진시켰다. 바로 뒤에는 또 다른 이지스함인 '치요카이'가 비상 대기 중이었다. '콩고우'가 1번함이어서 고참 서열을 인정한 배려라는 생각이 든다.

11시30분경 북한과 가까운 동해에서 콩고의 SPY1 레이더가 북한 무수단리 미사일 기지에서 발사되는 미사일을 탐지했고, 곧바로 함내의 전투지휘소는 도쿄 이치가야에 있는 방위성 중앙지휘소에 이 사실을 타전했다.

연이어 미군의 조기경계위성이 탐지한 발사정보가 요코다에 있는 주일미군사령부를 경유하여 들어왔다. 레이더 탐지거리 1,000㎞인 이지스함이 현장에 가까이 있다 보니 미국의 조기경계위성 정보가 아무리 빠르다 해도 콜로라도의 북미우주방공사령부(NORAD) 주일미군사령부를 거쳐 들어오는 시간보다 이지스함의 정보수집 속도를 따라올 수 없었던 것이다.

일본이 1998년 8월 북한의 대포동 미사일 발사실험 이후 독자적인 미사일 정보수집체계를 갖추겠다고 선포한 이유가 드러나는 순간이다. 미사일을 요격하기 위해서는 1분 1초가 바쁜 데 아무리 군사동맹을 맺고 있다지만 남의 나라가 주는 정보를 입만 벌린 채 기다릴 수는 없는 것이다.

콩고우에 이어 지요카이도 북한의 미사일 발사를 탐지했고, 3분 후 두 이지스함은 발사된 미사일의 비상 방향과 각도를 분석하여 비행경로를 밝혀냈다. 비행경로를 즉각 파악해야 하는 이유는 미사일

2007년 12월 17일 하와이 인근 해상에서 미일 합동훈련에 참여한 일본 이지스함 콩고가 스탠더드 미사일을 발사하고 있다.

이 일본 영토와 영해 내에 낙하할 가능성이 있으면 즉각 요격에 나서야 하기 때문이다.

콩고우는 '미사일이 일본 열도를 통과할 것'이라고 판단, '현 시점에서 추정되는 비상체의 낙하지점은 일본 열도 동쪽 약 1,270㎞'라고 타전했다. 그리고 '1단의 부스터(추진장치)는 일본 열도 서쪽 280㎞의 동해상에 낙하할 예정'이라는 정보를 중앙지휘소에 보고했다.

중앙지휘소는 미사일이 일본 영토에 낙하할 가능성이 없다고 판단, '요격중지' 명령을 하달했다. 발사 후 7분이 경과하자 미사일은 일본 열도를 넘어 태평양 상공 300~400㎞의 대기권 바깥을 통과하고 있었다.
방위성은 "사정거리가 6,000~10,000㎞라면 고도가 600㎞ 이상은 되어야 하는데 고도가 낮은 감이 있다"고 분석했다.

일본의 북한 미사일 발사 탐지 · 추적능력 '합격점'

북한 미사일의 계속된 추적은 일본 열도 동쪽 1,000㎞의 태평양상에 배치되어 있는 이지스함 '기리시마'에 넘겨졌다. 북한 미사일이 3단식이라고 알려졌기 때문에 기리시마는 2단 부분이 분리되는 순간을 추적하고 있었다. 그런데 분리되어야 할 북한 미사일이 분리되지 않은 채 기리시마의 머리 위를 날아갔다. 11시 48분경 미사일은 기리시마의 레이더가 탐지할 수 있는 1,000㎞의 한계를 넘어 수평선 멀리 사라졌다.

일본 자위대는 북한이 발사한 로켓이 인공위성이 아니라는 판단을 내렸다. 인공위성이라면 초속 7.9㎞ 이상의 속도가 나와야 하는데 북한 로켓은 이에 못 미쳤기 때문이다. 하지만 자위대는 1998년 8월 발사한 대포동 미사일은 일본 열도 동쪽 태평양상 1,600㎞ 지점에 낙하했지만, 이번에 발사한 로켓은 3,000㎞를 넘어갔기 때문에 군사요충지인 미국령 괌이 확실한 사정권 안에 들어가게 됐다고 평가하고, 앞으로는 사정거리가 더욱 늘어날 것이라고 분석했다.

일본 자위대는 이번 북한 미사일 발사의 탐지와 추적능력에 대해 스스로 '합격점'이라고 평가하고 있다. 하지만 발사 지점이 이미 알려진 상태라 일본의 추적능력은 당연한 것일 수 있다. 만약 북한이 이동식 발사대를 사용했다든가 2006년처럼 미사일을 연쇄 발사할 경우에도 '합격점'을 받을 수 있을지는 의문이다.

그러면 실제로 미사일 요격은 어떤 절차를 거쳐 이루어지는가? 두 가지 경우를 상정할 수 있다. 첫째는 미사일 발사 징후는 있지만 이것이 일본으로 날아올지는 확증적이지 않을 때다. 이런 경우 사태가 급박해 총리의 승인을 얻기 어려울 때를 상정하여 방위상이 총리의 승인 없이 자위대에 미사일 파괴조치 명령을 하달한다. 이 경우는 비공표로 한다는 것이 원칙이다.

두 번째는 미사일이 일본에 날아올 가능성이 있을 경우인데, 이때는 방위상이 총리의 승인을 얻어 자위대에 파괴조치 명령을 하달한다. 두 경우 모두 시간이 촉박하여 방위상의 허락을 얻지 못할 상황이면 자위대가 먼저 요격하고 총리는 즉각 국회에 보고하는 형태로 준비되어 있다.

대포동 발사로 PAC-3, SM-3 도입

1998년 8월 북한의 대포동 미사일 발사실험 이후 일본은 미국과 탄도미사일 방위시스템의 공동연구개발계획을 결정했다. 북한의 미사일과 핵무기개발 의혹이 증대되고 있는 상황이었기 때문에 미국이 실용화를 노리고 있던 요격용 미사일 패트리어트 3(PAC-3)와 스탠더드 3(SM-3)의 도입도 결정했다.

2005년 북한이 대포동 2호 미사일을 발사할지 모른다는 우려가 높아지자 일본은 PAC-3와 SM-3의 도입계획을 1년 앞당기기로 결정했다. 2006년 7월 북한이 복수의 미사일 발사실험을 하자, 일본의 요격용 미사일 도입계획은 더욱 빨라졌다. 2006년 10월 9일 북한이 핵실험을 하자 PAC-3 도입은 일본 국방정책 순위 1번에 올랐다.

항공자위대는 PAC-3를 수도방위용으로 제1高射軍(고사군)에 속하는 뉴마(入間) 기지의 부대(제4고사대)부터 배치하기 시작했다. 이후 PAC-3는 도쿄 주변의 나라시노(習志野: 제1고사대), 요코스카(橫須賀)시 다케야마(武山: 제2고사대), 가스미가우라(霞ヶ浦: 제3고사대)에 배치됐다.

PAC-3의 유효 사거리는 약 30km로 수도권을 중심으로 배치됐기 때문에 적의 미사일이 일본 열도의 다른 지역으로 사전 경고 없이 날아올 경우 대처할 수가 없어 추가 배치가 논의될 예정이다.

일본은 PAC-3 도입과정에서 라이선스 생산을 고집하여 1발당 약 40억 원이라는 고가의 비용을 지불하고 있는데, 이는 은밀히 미사일 실력을 연마하는 일본의 전략이다. 21세기는 미사일의 시대이고, 미사일은 공격뿐만 아니라 방어적 측면에서도 정확도가 생명이기 때문에 일본의 미사일 연구는 집요하다.

장거리 탄도미사일을 요격할 수 있는 SM-3는 당초 계획보다 1년 앞당겨진 2007년부터 배치되기 시작했다. 이 미사일의 사정고도는 120km. 대기권 바깥에서 날아오는 미사일을 요격하게 되어 있는 SM-3 미사일은 이지스 시스템 탑재함으로부터 발사된다. 즉 날아오는 미사일을 향해 이쪽에서 미사일을 발사하여 격추시키는 것이다.

이지스 시스템은 미 해군의 '타이콘데로가'급 순양함(27척)과 '알레이 '버크'급 구축함(62척)에 탑재되어 있다. 미국 이외에서는 일본이 1993년에 완성한 '콩고우'형 호위함(4척)과, 2007년부터 취역을 시작한 '아타고'형(콩고우형의 확대설계형)에 탑재되어 있다. 그후 스페인, 노르웨이, 한국, 호주가 채용을 결정했으며, 사우디아라비아 등 수십여 개 국가들도 도입을 검토하고 있다.

SM-3 미사일로 요격

이지스함의 함대공 미사일에는 스탠더드 미사일이 사용되지만, 이 스탠더드도 SM-1, SM-2로 진화되어 왔다. 'SM-2 블록 Ⅳ'라고 불리는 형은 중.단거리 탄도미사일의 요격능력을 갖추고 있지만, 개발과 배치에 따른 경비 문제로 실전배치는 보류됐고, 현재 SM-3형이 일본의 해상 배치형 탄도미사일 요격시스템으로 자리 잡았다.

SM-3형은 SM-2의 로켓모터를 강화하여 보다 빠른 속도로 높은 고도에 도달할 수 있는 능력을 갖고 있다. 때문에 고속의 탄도미사일, 사정거리가 긴 탄도미사일로부터 방위가 가능하다

하지만 SM-3의 요격고도는 120km 정도로 요격 가능한 탄도미사일은 중 · 단거리형까지다. 다만 유효사정반경(수백km) 내에 탄도미사일의 발사기지가 있고, 발사된 미사일이 가속 상승단계(Boost phase)일

때 요격할 수 있다면 ICBM(대륙간탄도미사일)과 같은 장거리미사일에 대해서도 유효한 것으로 여겨진다.

일본 이지스함에서의 적 미사일 요격률은 2009년 현재 33%로, 3번 실험에서 한 번 성공했다. 하지만 그 한 번의 성공도 미리 세팅해 놓은 수순에 따라 이루어진 것이라 조금만 난이도를 높이면 어떻게 될지 예측하기 어려운 수준이다. 미사일 요격이라는 기술 분야가 시작된 지 얼마 되지 않았고, 아직도 발전단계에 있는 상태라 시간이 지나면서 요격 성공률은 더욱 향상되리라고 본다.

미.일 공동으로 요격 미사일 개발

미국과 일본은 SM-3를 바탕으로 요격 미사일을 지속적으로 개발하고 있다. SM-3가 미·일의 공동연구개발의 대상이 된 이유는 1980년대의 미 전략방위구상(SDI) 공동연구계획 당시 섬나라인 일본이 탄도미사일의 공격을 받을 경우 제1 요격단계(광역방위시스템)로 해상 배치형 요격 시스템이 최적이라는 결론을 얻었기 때문일 것이다.

미·일 공동연구에서 주로 이루어진 것은 SM-3 요격미사일의 제2단 로켓모터를 강화하고, 탄두의 목표 포착능력을 높이기 위해 신형 적외선 센서를 탑재하는 것이었다. 또 이 센서를 우주공간까지 보호하는 노즈 콘(Nose cone: 원추형 머리부분)도 신형화하고, 목표에 정확하게 명중하기 위한 궤도수정(운동) 능력을 향상시킨다는 것이었다.

노즈 콘과 제2단 로켓모터 개발은 일본이 담당하며, 적외선 탐지 기능과 궤도 수정 능력을 높인 탄두부는 미·일 공동으로 연구가 진행됐다. 이 연구를 통해 2005년에 미사일의 연구시험제작 단계를 마쳤고, 2006년부터 개발시험제작 단계로 들어갔다. 이 신형 요격미사일의 개발시험 제작은 2014년까지 계속될 예정이다.

미국은 미·일 공동개발계획과는 별도로 KEI(Kinetic Energy Interceptor: 운동 에너지형 요격미사일)라고 하는 신형 요격미사일 개발도 진행 중이다. KEI는 부스트 단계, 중간비행 단계, 마지막 단계 어느 순간에라도 사용할 수 있으며, 육상 및 해상에도 배치될 수 있다.

만약 KEI의 개발이 순조롭게 진행되어 성능을 발휘하게 된다면 미래 미국 BMD(탄도미사일 방어)의 주역이 될 가능성이 크다.

이 시점에서 북한의 미사일 발사를 평가해 보자. 북한이 아무리 인공위성 발사체라고 억지를 부려도 미사일과 작동 원리는 동일하다. 미사일이라면 대기권 바깥에서 대기권 내로 재돌입해야 하기 때문에 섭씨 약 2,000도의 열과 마하8의 속도를 견디는 탄두 제조기술이 요구된다.

로켓을 개발하여 언제든지 발사해도 성공이 보장되는 기술적 신뢰를 쌓으려면 적어도 10번의 실험에서 성공해야 하기 때문에 북한의 미사일 개발과 발사는 그들의 지속적인 과제일 것이다.

핵무기 개발도 마찬가지다. 북한이 개발하고 있는 핵무기의 무게를 정확하게 계산해 내기 어렵지만, 핵실험을 통해 기술이 진보된다면 미사일에 탑재할 수 있을 정도의 크기로 줄일 수도 있다. 이렇게 되면 미국과 협상카드도 달라질 것이고, 한국은 핵 위협에 놓이게 되어 북한의 무리한 요구에 응할 수밖에 없는 참담한 현실에 직면하게 될 것이다.

북한이 도입한 스커드B형 미사일은 탄두 무게가 1,000kg, 사정거리가 300km였다. 북한은 사정거리를 늘리기 위해 탄두 무게를 500kg으로 줄이고 사정거리는 500km로 늘렸다. 탄두 무게와 사정거리는 함수관계가 있어 탄두의 무게를 줄이면 더 멀리 보낼 수 있다. 핵무기의 무게를 대폭적으로 줄이지 못할 경우 미사일 능력을 배가시키면 핵탄두 탑재도 가능하다는 이론이 성립하기 때문에 북한의 미사일 능력 증강 노력을 우려하는 것이다.

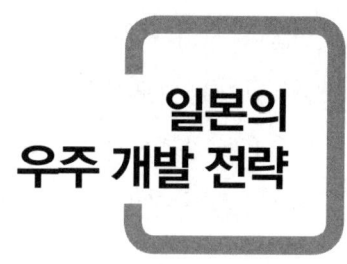

일본의 우주 개발 전략

우주선진국 일본

일본은 우주를 오로지 평화적으로 이용한다는 말을 되풀이 해 왔다. 우주기술은 평화적인 기술과 군사적인 기술이 혼재하는 범용기술(Dual Technology)인데 과연 평화적으로만 활용할 수 있을까라는 말을 신뢰할 수 있을지 주변국의 의혹을 끊임없이 받아 왔다. 1969년 일본 중의원이 [우주의 평화이용 원칙]마저 선언하면서 국제사회의 신뢰를 구축해 온 일본이지만 그 기술의 축적은 언제든지 군사적으로 잠재되어 있다는 것이 북한으로부터의 위협을 느끼면서 수면 위로 드러나게 된다.

일본은 1998년 8월 북한이 대포동 미사일 발사 실험을 하자 즉각적으로 첩보위성 4기 체제의 구축을 선언하며 우주의 군사적 이용에 돌입한다. 그러나 우주를 평화적으로만 이용한다는 선언을 국제사회에 내놓았기 때문에 합법성을 부여하고자 우주 기본법을 마련하게 된다. 일본은 우주기본법을 통과시킴으로써 명실공히 우주를 군사적으로 이용하겠다는 선언을 하고 있는 것이다.

일본 로켓의 근간은 H-2A 로켓인데 이 로켓은 약 250㎞의 우주궤도에 약 10톤의 인공위성을 올릴 수 있는 발사능력을 보이고 있다. 좀 더 알기 쉽게 설명하자면 70인승 버스를 지구 저궤도에 올릴 수 있는 수준이다. 일반적으로 200 킬로그램의 인공위성을 지구 저궤도에 올릴 수 있는 수준이 되면 장거리 미사일 능력에 버금가는 로켓 실력을 보유했다고 평가한다. 일본은 2009년 9월 11일 H-2B 로켓으로 약 6 톤의 화물 우주정거장보급기 HTV(H-II Transfer Vehicle)를 통해 국제우주정거장에 보내는데 성공하는데 이로써 일본은 고도 약 400㎞의 우주공간에 약 18톤의 인공위성을 올리게 되었다. 일본은 2020년을 목표로 최대 4 명의 우주 비행사를 지구주회궤도에 비행시키고 귀환 캡슐로 지상으로 돌아오게 하는 유인우주선 계획을 추진하고 있을 정도로 일본은 우주강국이다. H-2 B 로켓이 18톤의 인공위성을 지구 저궤도에 올릴 수 있으니 군사적으로 활용한다면 그 능력을 짐작하고도 남음이 있다.

우주개발은 과거와 같이 미국과 러시아의 전유물이 아니고 프랑스, 일본, 중국 심지어는 인도와 브라질 등 신흥경제발전국가들도 우주개발에 국력을 기울이고 있다. 한국도 고흥 외나로도에 나로우주센터를 건설하고 2009년 8월 25일 한국 최초로 한국형우주발사체 KSLV-1을 발사했지만 위성보호덮개 즉 페어링이 완전분리 되지 않아 로켓 발사가 절반의 성공에 머무르고 말았다. 2018년 경 순수 한국형 우주발사체 KSLV-2의 개발이 계획되어 있어 한국의 우주개발도 뒤늦은 감이 있지만 본격적인 궤도에 오를 전망이다.

우주관련 기술은 우주라는 극한환경을 대상으로 하기 때문에 최첨단 기술의 집약체라고 해도 과언이 아닐 정도로 기술 수준이 높아야 하고 우주관련 기술의 여타 분야에의 파급효과도 대단히 크다. 예를 들면 고체 로켓의 점화기술이 자동차의 에어백 기술이 되었고 위성보호덮개인 페어링 제조 기술이 단열 기술이 우수해 건축물의 냉방과 난방 조절에 활용되고 있다. 그리고 우주활동에 쓰이는 다관절 로봇 기술은 치과의 치료기구로 기술 응용되었다.

우주기술은 인간의 일상생활에 활용될 만큼 평화적 목적도 지대하지만 대륙간탄도탄(ICBM) 기술 등 군사적 목적으로도 활용될 수 있어 기술협력 등 국가 간 우주협력이 제한받고 있는 것도 현실적 상황이다.

우주선진국으로 대두된 일본이 어떻게 해서 우주의 평화 이용과 군사이용이라는 두 가지 목표를 달성할 수 있었는가를 들여다보자.

일본의 우주개발과정

일본의 우주개발역사는 1950년대로 거슬러 올라간다. 미 군정은 제2차 세계대전에 패배한 일본에 대해 항공과 우주산업을 전면 금지시켰는데 1952년 샌프란시스코 강화 조약에 의해 우주개발이 시작되게 된다. 도쿄대학의 이토가와 교수가 중심이 된 생산기술연구소는 1955년 4월 14일 일본 최초의 '펜슬 로켓' 발사에 성공하면서 그 서막이 오르게 되는데, 이토가와 박사가 중심이 된 항공우주연구소는 일본 우주개발의 메카가 된다.

우주항공연구소는 관측용으로 개발한 3단식 고체로켓에 의한 인공위성 발사계획에 착수하고 베트남 전쟁이 한창 격화됐던 1966년 9월 '라무다' L-4S형 제1호기를 발사했으나 실패했다. 그 후 3개월 뒤 再(재)시도를 해 1, 2, 3단이 순조롭게 진행됐지만 제4단 로켓의 점화가 이루어지지 않아 인공위성의 궤도진입은 실패했다.

제3호기 발사는 4개월 후인 1967년 4월에 실시됐다. 3호기는 두 차례의 실패를 거울삼아 몇 군데를 개량했으나 이번에도 역시 3단 로켓 부분이 점화되지 않아 실패하고 말았다. 세 차례에 걸친 연속 실패로 일본 국민들의 실망이 커지자 우주항공연구소는 신중한 연구를 계속한 끝에 1969년 9월 제4호기를 발사했다. 1, 2, 3단 로켓이 성공적으로 분리되고 위성탑재 부분의 자세 제어도 순조롭게 진행되어 성공을 눈앞에 둔 순간 분리된 제3단 로켓이 위성 탑재 부분과 충돌해 4호기 마저 실패로 끝났다. 3년 동안 일본은 엄청난 예산을 들였음에도 불구하고 우주개발사업은 참담한 실패를 맛보게 된 것이다. 연속 4 번의 실패였다.

일본이 세계 정상급의 우주선진국이 되기까지 최고의 공로자는 나카소네 야스히로 (中曾根康弘) 전 총리다. 1959년 기시 노부스케(岸信介) 내각의 과학기술청 장관으로 첫 입문하여 우주과학기술부흥 준비위원회를 설치한다. 나카소네씨는 일본의 원자력 개발에 불을 붙인 장본인인데 거대과학의 두 분야인 원자력과 우주개발의 초석을 쌓아 일본이 강대국이 되는 초석을 쌓은 인물이다. 일본의 우주개발은 나카소네 전 총리의 미래를 내다보는 혜안이 없었으면 불가능했을 것이다.

앞으로 우주개발을 본격적으로 해 나가야 할 우리나라도 참고해야 할 일이지만 우주선진들의 우주개발 경험을 살펴보면 엄청난 국가예산이 소요되기 때문에 지도자의 강력한 리더쉽이 필요하고 로켓 발사에 실패할 가능성이 높아 국민들의 인내력과 격려가 있어야 한다. 일본은 연속 4 번 실패를 딛고 드디어 1970년 2월 11일 일본은 최초 인공위성 '오오스미'를 우주 궤도에 올려 보내는 데 성공하게 된다. 일본이 우주 선진국에 들어가게 되는 순간이었다.

일본의 인공위성 자력발사는 소련, 미국, 프랑스에 이어 세계 네 번째로 중국보다 1개월 앞서 성공한다. 일본이 인공위성 자력 발사에 성공하자 이를 내심 우려한 나라는 미국이었다. 왜냐하면 우주능력으로 볼 때 일본은 대륙간탄도탄(ICBM) 기술을 획득한 것이나 다름없고 원자력 기술을 축적하는 것으로 판단할 때 핵탄두 탑재 미사일 기술능력을 보유할 가능성이 크다고 평가했기 때문이다. 더욱이 1964년 핵실험에 성공한 중국이 포진하고 있는 지정학적 상황은 일본의 핵무장 그리고 우주개발의 군사적 이용과 맞물리면서 미국의 핵비확산 정책에 부정적 요소로 작용할 것이라는 우려가 비등했다.

일본이 그 당시 보다 대용량의 로켓 개발 능력은 없었으나 가까운 장래에 개발에 성공할 것이라는 평가를 했고 그렇다면 일본의 우주개발을 도와줌으로써 평화적 이용에 한정시킬 수 있다는 계산을 하게 된 것이다. 그러면서 일본을 미국의 의도대로 묶어놓고 중국을 견제하겠다는 전략이었다. 중국에게는 일본이 마음만 먹으면 핵무기든 대륙간 탄도탄이든 언제든지 생산에 돌입할 수 있는 과학적 능력이 있다는 사실을 보여 주어 중국이 잘못된 판단을 하지 못하도록 한다는 계산이었다.

1967년 11월 일본의 사토(佐藤)수상과 미국은 존슨(Johnson)대통령은 우주개발분야에 관한 미일협력에 대하여 정부 사이에서 협의하기로 합의하고 1969년 7월 말 양국정부는 [우주개발에 관한 일본국과 아메리카 합중국과의 협력에 관한 교환공문]을 체결하는데 이르렀다.

그 결과 미국정부가 일본의 인공위성 및 발사 로켓개발을 위한 미국 기업의 기술이나 기기를 일본으로 수출을 촉진하기 위한 제도적 골조가 정비되었고 이를 계기로 일본은 미국의 기술을 도입한 반면 대형 실용위성 발사로켓의 개발을 진행할 수 있게 되었다.

미국은 이 과정에서 3가지 목표를 갖고 있었는데 첫째는 중국견제였다. 그 당시 케네디정권은 중국의 핵무기개발을 염려하고 그 저지를 모색하기 위한 여러 대항조치를 검토하는 한편 중국이 핵실험을 실시했을 경우에 그것이 아시아 국가들에 미치는 심리적 영향을 완화하기 위한 조치를 고려하면서 일본의 우주개발의 성과를 이용하려 했다. 로켓 개발 분야에서의 미일협력 확대를 통하여 미일관계 및 동아시아에 대한 비공산주의 진영의 입장을 강화하려는 목적이었다.

두 번째는 미국정부는 미일우주협력에 핵무기 및 탄도미사일이 일본으로 확산되는 것을 방지하는 효과도 기대하고 있었다. 중국의 최초 원폭실험 후 일본에의 핵확산을 방지하기 위해 어떠한 조치를 강구해야 한다는 인식이 미국정부 내부에서 높아졌으며 여러 방면으로 대일핵비확산조치에 관한 검토가 실시되었다.

그 결과 우주개발과 같은 과학 분야에 일본의 기술력이나 열망을 유도하는 것이 대일핵비확산조치라고 판단한 것이다. 게다가 로켓개발에 이용되는 기술이나 기기의 대부분은 탄도미사일의 개발 · 제조에 전용가능하기 때문에 미국정부 내부에는 일본으로의 탄도미사일 확산 저지에 대한 경계감도 있었던 것이다.

그러나 로켓 개발 분야에서 일본에 기술협력을 실시했을 경우 미국의 기술이 일본을 통해 제3국으로 수출되어 탄도미사일 관련기술의 확산이 진행될 수 있다는 사태는 절대 용납될 수 없었기 때문에 대일협력의 조건으로서 일본의 경우에도 탄도미사일관련기술이 확산되지 않도록 미국과 같은 엄격한 수출규제조치를 강구할 것을 일본 측에 요구했던 것이다.

이런저런 우여곡절 끝에 일본은 미국의 델타로켓 기술을 전수 받아 1975년 9월 N-1 로켓의 발사를 성공적으로 완수하게 된다. 그 이후 2월 11일 H-1 로켓으로 발사했던 지구자원관측위성 제 1 호에 이르기까지 17년간 24개의 위성을 발사하게 되는데 발사 성공률은 100%를 기록하게 된다.

일본의 우주개발에 가장 주목되는 점은 H-2 로켓이 순 일산(日産)으로 개발되었다는 사실이다. H-2 로켓은 직경 약 4미터의 2 단식 로켓이다. 제 1 단에는 액체수소와 액체산소를 사용하는 LE-7 엔진 1기를 탑재하고 제 2 단에는 H-1 로켓에서 개발되었던 LE-5 엔진의 개량형인 LE-5A 1기를 탑재한다. 일본의 로켓발달 과정은 초기의 N-1, N-2 로켓은 라이센스 생산을 도입하였고 H-1 로켓에서는 2단

엔진이 일산이었고 1단 엔진은 라이센스 생산이었다.

그러나 H-2 로켓에서는 완전히 순 일산 로켓으로 기술의 완전 자립을 이루게 된다. 2010년 현재 일본의 근간 로켓은 H-2 로켓을 개량한 H-2A 로켓이다. 일본의 로켓발사장이 있는 다네가시마의 사카즈메 노리오 우주센터장은 "H-2A 로켓은 로켓의 안정성을 높이고 가격을 내리기 위해 총력을 기울인 작품이다. 국산부품을 사용하는 것 보다 외국제품을 쓰면 가격이 무려 20분의1 로 줄어드는 부품도 있었다"라고 회고한다.

일본은 세계 최고 수준의 로켓능력을 보유하면서 H-2 로켓에서 기술의 완전 자립을 달성하고 H-2A 로켓에서는 가격을 내리는 작업에 돌입한다. 순 국산부품이 아니더라도 품질이 좋으면 값이 더 저렴한 외국제 부품을 활용하여 가격을 절반쯤 내렸던 것이다.

일본은 인공위성을 대리발사해 주는 우주산업을 육성하기 위해 국가가 주도하던 로켓 발사 프로젝트를 2007년에 민간기업인 미쓰비시중공업으로 이관했다. 2007년 9월 달 탐사위성 '가구야'의 발사는 미쓰비시중공업에 이관된 후 최초의 상업 발사다. 이제 일본의 로켓 기술은 로켓발사 상업시장 즉 돈을 받고 대리로 위성을 발사해 주는 시장에 뛰어들게 됐다.

세계의 인공위성 대리발사 시장은 연 20회 정도로 프랑스의 '아리안 5'가 절반을 차지하고 있고 나머지를 미국과 러시아가 나눠 갖고 있는 상황이다. 이 시장에 일본이 명함을 내밀고 본격 참여를 선언했다.

일본은 N-1에서 H-2A에 이르기까지 93.2%라는 높은 로켓 발사 성공률을 보이고 있다. H-2A 하나만 놓고 보면 92.3%로 세계의 우주 선진국들과 대등한 발사 성공률을 보이고 있다. 마지막 남은 과제는 마케팅이다. 미쓰비시중공업은 1년에 3기 정도의 인공위성을 발사하면 손익분기점을 넘을 수 있을 것으로 보는데 일본 정부가 수주해 주는 것이 1년에 2기 정도이고 나머지 1기는 외국으로부터 수주해야 한다. 프랑스나 미국 등과 경쟁해서 수주를 따 내기 위해 일본이 세운 목표는 가격 인하와 발사시기를 맞춰 주는 일이다. 일본 H-2A 로켓의 발사 가격은 2009년 기준 700억 원 정도인데 이는 프랑스 미국 러시아의 600억~700억 원대와 경쟁할 수 있는 가격대다.

발사시기를 수요자에게 맞춰 주는 것도 일본과 프랑스가 1년 정도 미국과 러시아는 1년 6개월 정도라서 일본은 경쟁에서 앞서기 위해 납기 단축과 가격인하에 총력을 기울이고 있다. 이제 일본은 H-2B 로켓을 성공시킴으로써 국제우주정거장에 미국의 화물을 대신 수송해 주는 세계 정상급의 우주강국이 되었다. 일본은 어느 분야에서건 '소형화'가 장기인데 로켓 분야에서도 예외는 아니다. 일본은 로켓의 소형화 분야에 총력을 기울이고 있어 머지않은 장래에 소형화를 통한 '저렴한 가격 경쟁력'을 확보할 수 있을 것으로 전망된다.

앞서 언급했다시피 일본의 H-2A 로켓은 지구 저궤도에 약 10톤의 인공위성을 쏘아 올릴 수 있는 대형로켓이다. 이 로켓이 유사시 대륙간 탄도탄에 버금가는 미사일 능력을 갖게 됨은 당연한 일이다. 군사적 목표를 평화적으로 한정한다고 겉으로 말하면서 그 능력을 축적하고 때가 무르익으면 슬며시 속내를 드러내는 것이 일본이다.

우주의 평화이용원칙 – 중의원 선언

일본이 1970년 인공위성의 자력 발사에 성공하자 우주 관련 기술의 협력을 주저하던 미국도 '미일 동맹을 강화한다'는 목적으로 더욱 적극적으로 기술이전에 나섰다. 다만 조건이 붙은 것은 일본이 우주개발을 오로지 평화적인 목적에만 한정하고 제 3 국으로의 기술이전을 금한다는 전제하에서 미국이 우주기술을 공여하는 것으로 협의가 마무리되었다. 일본은 미국의 이러한 의도에 화답하듯이 1969년 중의원 결의로 [우주의 평화이용원칙]을 선언한다. 일본이 채택한 독특한 우주의 평화이용원칙의 출발점은 우주조약 제4조이다.

제 4 조에는 [조약의 당사국은, 핵무기 및 그 밖의 종류의 대량파괴

무기를 운반하는 물체를 지구를 둘러싼 궤도에 올리지 않을 것(place in orbit), 이러한 무기를 천체에 설치하지 않을 것(install) 및 다른 어떠한 방법에 의해서도 이러한 무기를 우주공간에 배치(station)하지 않을 것을 약속한다. 달 그 밖의 천체는, 오로지 평화적 목적을 위해, 조약의 모든 당사국에 의해 이용되어야 한다. 천체 상에 있어, 군사기지, 군사시설 및 방비시설의 설치, 어떠한 형태로의 무기의 실험 및 군사연습의 실시는, 금지한다. …….(후략)]라고 명기되어 있어 우주공간에 그 어떤 군사와 관련된 것을 설치도 하지 않고 이용도 하지 않는다는 취지를 수용해 우주의 평화이용 원칙을 선언하게 된 것이다.

그러나 일본의 독특한 [우주의 평화이용원칙]은 1998년 8월 북한이 대포동 미사일 발사 실험을 하자 우주를 군사 이용의 길을 모색하기 시작한다. 일본은 미국과 함께 미사일 방어체제(Missile Defense)의 구축을 결정하고 첩보위성 4 기 체제의 정비를 서두른다. 그리고 2008년 우주기본법을 마련하며 우주를 안전보장의 목적으로 이용한다는 국가정책을 실현하기까지 첩보위성의 배치 및 이용이 비군사라는 해석으로 합리화하는 작업을 벌인다.

1998년 8월 31일 북한이 대포동1호를 일본을 향해 발사하여 미사일이 일본 영역을 넘어 태평양 해안에 떨어지자 일본은 우주의 평화이용 원칙이라는 국가차원의 약속을 깨뜨리는 작업을 개시한다. 일본은 위성화상의 활용에 대해 검토할 취지를 발표하고 자민당이 [다목적위성]의 도입검토에 들어갔다. 자민당 내에 정보수집위성에 관한 프로젝트 팀을 발족시켜 11월 6일에 정보수집위성 도입을 각의 결정, 10일에는 우주개발위원회 위원장이 정보수집위성의 연구 착수를 승인, 12월 22일에는 [외교·방위 등의 안전보장 및 대규모 재해 등에 대한 위기관리를 위해 필요한 정보 수집을 주된 목적으로서] 2002년을 목표로 4기의 정보수집위성 도입이 각료 결정되었다. 민주당도 적극적으로 협력했다.

지금까지아는 다른 신속한 의사결정이 이루어졌다. 자민당의 입장을 요약하면 [이번에 도입을 제언한 위성은 적극적인 평화외교 추진을 위한 정보수집, 전수방위로서 안전을 확보하기 위한 방위정책의 전개, 더욱이 대규모 재해·대사고 등에 대한 예지·대응을 위한 민주목적으로의 공헌으로서 이용되는 것이며, 또한 외국에서도 상용으로서 일반화되어 이용되고 있는 것이라는 점에서, 지금까지의 국회에 대한 정부답변에 비추어도 어떠한 [평화의 목적]에 위반하는 것은 아니다]고 하는 것이었다. 민주당도 정보수집위성의 도입은 국회결의에 위반하지 않는다는 입장을 취했다.

일본이 첩보위성을 도입하는 것에 대한 법 해석은 학자에 따라 나뉘어져 있는데 일부에서는 군사이용이 아니라고 주장하고 또 한편에서는 군사이용의 가능성을 전혀 배제할 수 없다고 우려한다.

군사이용이 아니라고 강변하는 주장이 일본 정부의 입장과도 일치하는데 이 주장의 근거에는 일본의 다목적 위성 즉 정보위성은 인공위성 정보의 일반적 이용의 연장선상에 있다는 주장을 한다. 일반적 이용이라 함은 기상위성이나 지구탐사위성과 같이 위성정보를 상업시장에서 구매할 수 있는 것과 마찬가지라는 것이다.

1998년 당시에는 위성정보 시장에서 구입 가능한 위성화상의 분해 능력은 몇 미터에서 수십 미터의 단위의 것이 많았는데 정보수집위성이 필요로 하는 분해 능력이 1미터이상의 것을 분해 능력이 낮은 위성화상과 [같은 기능을 갖는] 것이라고 말할 수는 없다. 1998년 정보수집위성 도입을 결정하는 당시 시장에서 판매되는 화상으로 분해능력 1미터의 것은 존재하지 않았다.

일본은 우주개발과정에서 인공위성을 지구 저궤도와 3만 6천km의 정지궤도에 올려놓을 수 있는 로켓 능력, 군사적으로 정의하면 대륙간탄도탄 미사일 능력을 배양해 왔지만 시종일관 [우주를 오로지 평화적으로 이용한다]라는 이중적 태도를 취해 왔었다. 그 전략은 인공위성에서도 여실히 증명된다. 미국 최고의 우주전략가인 리첼슨(Richelson)박사는 일본의 정보수집위성 개발은 오래전부터 예측되어 온 현실이라고 결론짓는다.

일본은 1992년 2월에 H-1 로켓으로 지구자원탐사위성 [후요우 1

회]를 발사한다. 이 위성은 고도 570㎞ 상공을 주회하면서 가시광선에서 적외선까지 감지하는 광학센서뿐만 아니라 가로 2.9m, 세로 4m의 합성개구 레이더 안테나를 보유하고 있다. 이 위성은 미국의 라크로스 위성과 마찬가지로 구름, 비와 상관없이 지구를 정찰할 수 있는 전천후 위성이다.

이 위성은 분해 능력이 18미터였지만 바다와 같이 장애물이 없는 관측대상은 2m 분해 능력을 보유했는데, 분해 능력의 향상은 안테나의 기로길이를 늘리고 컴퓨터 능력을 증강시키는 것인데 일본은 마음만 먹으면 언제든지 더욱 더 첨단화된 정보위성을 보유할 수 있다고 평가했다. 실제로 일본은 1993년 해양관측위성 [모모]를 동원하여 중국이 서사제도에 건설한 군사기지를 관측한 것을 발표하는데 그 화상에는 군용기가 착륙할 수 있는 2,600㎞의 활주로와 5천 톤급 함정이 기항할 수 있는 항만이 분명하게 나타나 있다.

그리고 1994년 H-2 로켓으로 쏘아 올린 기술실험위성 6호로 정보위성에 꼭 필요한 3축 안정시스템의 연구를 성공적으로 시행해 기술기반을 확립한다. 일본은 인공위성 능력을 향상시키기 위해 꾸준한 노력을 펼치는데 2003년 목표로 개발 중이었던 육역관측(陸域觀測) 기술시험위성은 분해 능력을 2.5m로 높였고 북한의 대포동 미사일 발사 이후 일본의 목표는 분해능력 1m였고 현재 우주공간을 주회하며 정보를 제공 중이다.

일본은 정보위성 4기 체제를 지향하고 있는데 광학위성 2기, 레이더 위성 2 기다. 광학위성은 가시광 영역에서 관측할 수 있는데 선명한 화상을 얻을 수 있는 장점이 있는데 반하여 구름이나 비가 오면 관측할 수 없는 단점이 있다. 그래서 날씨에 상관없는 전천후 레이더 위성이 필요한 것이다. 이로써 일본은 24시간 원하는 곳을 관찰할 수 있는 능력을 확보하게 된다. 일본은 현재 일본의 정보수집위성의 능력을 분해능력 1m급이 아니라 40 센티미터급으로 향상시키고 있는 것으로 알려지고 있다.

일본이 우주를 군사적으로 이용하겠다는 기술축적은 이미 오래 전부터 진행되어 온 일이다. 1993년 11월 미국의 워싱턴포스트지는 일본이 핵무장을 할 가능성을 지적하고 H-2라는 순일본국산 로켓 기술이 미사일에 전용될 수 있어 대륙간 탄도 미사일(ICBM) 개발 능력을 갖추게 될 것이라 했다.

이에 대해 일본은 즉각 반박하고 나서며 일본의 로켓 개발은 평화적 목적에 한정되어 있다고 흥분했지만, 과학 기술이란 군사 부문과 민간 부문이 공유하는 기술인 탓으로 설득력이 없다. 민간 위성으로 수집한 정보를 군사적 목적으로 쓰고 있기 때문에 평화적으로 운용된 우주 기술이 군사적으로 사용되지 않으리란 보장은 절대 불가능한 것이다.

1994년 1월 10일 일본의 아사히신문(朝日新聞)은 H-2 로켓이 병기로 활용될 수 있는 기기를 싣고 있다고 공개했다. 그 하나가 관성 유도 장치의 중추인 자이로이다. 이 장치는 로켓이 자신의 현재 위치와 비행 자세를 자동적으로 인식해 목표궤도를 계산하는 데 필요한 장치로, 미국은 이것이 고도의 군사 기술이라는 이유로 일본에 장치 공급만 했을 뿐 그 속은 보여주지 않았었다. 그러나 일본은 H-2 로켓에 이 자이로를 개발하여 장착하는데 성공했다. 그것도 세계 최초로 레이저 광을 사용하여 급격한 자세 변화에도 대응할 수 있는 신제품을 개발하여 실용화했다.

또 하나는 우주에서 대기권으로 재돌입하는 기술로서, H-2로켓에 장착된 오렉스(OREX)라는 장치가 대기권 재돌입 기술의 실험기이다. 이것도 미국은 대륙간 탄도탄 기술과 관련돼 있다 하여 일본에 제공치 않았으나 일본이 20억 엔을 들여 개발에 성공했다.

오렉스는 일본이 개발을 추진 중이었던 일본판 스페이스 셔틀 호프(HOPE)를 위한 것이었다. 호프는 우주 왕복선이므로 대기권 재돌입 기술이 필수적인데, 오렉스는 대기권 재돌입시 공기와의 극한 마찰 상황에 대한 내열 구조와 열방호(熱防護) 시스템 개발에 필요한 자료를 수집하기 위함이다.

일본이 개발한 오렉스는 H-2 로켓이 발사된 후 고도 450km의 원 궤도를 약 1시간 40분 만에 일주하고, 대기권에 재돌입하면서 필요한 정보를 수집한 뒤 태평양상의 크리스마스 섬 근해에 무사히 낙하했다.

OREX에 이은 회수 실험은「HYFLEX(Hypersonic Flight Experiment)」였다. 냄비 같은 OREX와 달리 펭귄 같은 유익형, 즉 작은 날개가 달린 회수기인 HYFLEX는 '리프팅 바디'라 불린다. 대기 중으로 낙하할 경우에 둥글게 생긴 동체 윗면에 '리프트(Lift)', 즉 기체를 부양시키는 양력이 발생하는 것이다.

HYFLEX는 1996년에 중형 로켓「J-L」에 탑재되어 발사되었다. 그리고 110km 고도에서 분리된 후, 초속 4,000미터로 수평으로 발사되어 펭귄 날개 같은 작은 날개로 비행방향과 자세를 제어해 가면서 오가사하라 동쪽 해상에 착수했다. 이때도 비행 중인 HYFLEX가 보낸 데이터는 모두 수신되었으며, 또 해상에 기체가 떠있는 모습도 상공을 날던 항공기에 의해 확인되었다. 그러나 그 직후에 기체와 부낭을 연결한 로프가 절단되었다. 착수 3시간이 지난 뒤에 인양하기 위해 배가 접근했을 때는 벌써 해저에 침몰해 버렸다. OREX의 경우처럼 데이터의 취득은 완벽했지만 실제 기체를 손에 넣는 데는 실패하여 100점 만점의 성과는 거두지 못했다.

1996년 여름에는 또 다른 우주 유익 회수 기술연구의 일환으로「ALFLEX(Automatic Landing Flight Experiment)」에 의한 실험이 호주에 있는 활주로에서 실시되었다. ALFLEX는 자동조종으로 착륙할 수 있게 만든 기체로 동체와 날개가 HYFLEX보다 훨씬 컸다. ALFLEX는 헬리콥터로 끌어 올려 높은 고도에서 분리시킨 뒤 자동조정에 의해 지상을 향해 활주로에 무인 착륙하는 것이었다. 유익형 회수가 우주에서 낙하, 활공, 그리고 착륙한다는 '귀환'의 최종 단계에 관한 것으로 반복해서 실시된 실험은 모두 성공했다.

그 후에는 ALFLEX의 후속기인 두 대의 고속비행 실험기(HSFD:High Speed Flight Demonstrator)에 의해 비행 데이터가 수집되었다. 2002년에는 첫 번째 기체가 태평양 크리스마스 섬에서, 그리고 2003년에는 북극권인 스웨덴의 실험장에서 두 대째의 실험이 실시되어 데이터를 축적했다. 또 하나는 일본 경제산업성의 우주개발기관인 재단법인「무인 우주실험시스템 연구개발기구(USEF: Institute for Unmanned Space Experiment Free Flyer)」에서도 회수 실험이 이루어졌다. USEF의 차세대형 무인 우주실험시스템 USERS은 질량 900킬로그램의 캡슐형 회수기로 2002년 9월에 H-IIA 3호로 발사되었다. 그 후 약 2개월에 걸쳐 궤도에서 무중력환경을 이용한 초전도재료 제조실험 등을 행한 후 재돌입해 사이판 섬 해역에서 무사히 회수되었다.

미국의 우주왕복선과 같은 일본판 미니 셔틀 [HOPE] 프로젝트는 현재 중단된 상태다. 우주왕복선 계획을 추진하기 위해 지구 재돌입 기술을 축적한 일본은 슬그머니 [HOPE] 계획을 중단시켰다. 일본판 우주왕복선을 지구로 귀환시키기 위해서는 지구재돌입 기술이 있어야 하는데 평화적인 우주왕복선 계획을 공표하고 공개적으로 지구재돌입 기술을 축적했다.

그리고 나서는 엄청난 예산을 이유로 우주왕복 계획을 중단한다. 이 기술은 군사적으로 활용하게 되면 대륙간 탄도탄 재돌입 기술이다. 지구로 되돌아 와야 하는 셔틀 계획을 수립하여 재돌입 기술을 확립하고 난 이후 예산상의 이유로 중단되었지만 우주기술의 평화적 목적과 군사적 목적이라는 교묘한 이중성의 상징적 사례다.

우주기본법 제정 - 북한이 빌미 제공

우주기본법이 2008년 5월 21일 오전에 열린 참의원 본회의에서 자민당, 공명당, 민주당 3당 등의 찬성다수로 가결되어 성립되었다. 이번에 성립된 우주기본법에는 우주개발에 대하여「일본의 안전보장에 기여하도록 해야 한다」고 명기되어 있어, 고해상도의 정찰위성이나 탄도미사일 발사를 탐지하는 조기경계위성의 보유가 가능하게 된다. 우주기본법은 국가의 우주개발이용의 방향성을 정하여 추진해 나가기 위한 법률로서 구미 등 여러 나라에는 이미 존재하고 있었지만 일본에는 없었기 때문에 그 필요성과 내용에 대해서 논의가 계속되어 왔다.

법안의 주요내용을 보면 첫째 일본의 우주개발에 구심력을 가지도록 하기 위해 내각에 우주정책에 관한 사령탑으로서 총리대신을 본부장으로 하는 「우주개발전략본부」를 둔다는 것이고 두 번째는 우주의 「방위목적」 이용을 인정하여 「안전보장에의 활용」을 도모한다는 것이다. 세 번째는 우주산업을 활성화시켜서 국제경쟁력을 강화하며 우주과학의 추진도 도모하며 네 번째는 이들 사항을 연동시키면서 우주개발이용을 국가전략으로 자리매김 시켜 나간다는 것이다.

이 법안이 논의되어 온 배경에는 최근 급속히 변화하고 있는 세계의 우주개발 경쟁상황이 있다. 세계 각국은 현재 치열한 우주개발 경쟁을 전개하고 있는 가운데, 미국은 2004년에 「신우주탐사비젼」을 발표하고 우주개발 목표를 달과 화성에 맞추고 있으며 빠르면 2015년에 달 표면 유인기지 건설을 시작하여 그 성과를 화성 유인탐사에 연계시킨다는 장대한 계획을 내세우고 있다. 이러한 미국을 EU, 러시아, 중국이 추격하고 있고 일본이 그 뒤를 따르고 있으며 일본 뒤로는 인도, 캐나다, 이스라엘, 한국이 계속해서 힘을 축적해 가고 있다.

미국, EU, 러시아는 우주개발의 3대 열강으로 원래 일본은 그 뒤를 잇는 위치를 지키고 싶었지만, 최근 중국이 유인우주비행 및 우주외교의 성과를 배경으로 일본을 앞지르고 있는 상황이다. 일본은 부분적으로는 건투하고 있지만 아직은 다소 부족한 부분이 있어서 예를 들어 우주기기산업의 추이를 보면 종업원수, 매출액 모두 감소경향으로 우주개발을 근저에서 지지하는 힘이 저하되고 있는 실정이다.

일본이 우주개발과 관련하여 기술면에서는 세계 최고의 수준이면서도 다른 나라들을 완전히 제치고 뛰어난 존재로 부각되지 못하고 있는 점에 대해서 관계자들은「일본의 우주개발에 걸림돌이 되는 두 가지 장벽」이라는 말을 사용하고 있다.

그 하나는, 1989년에 미국이 발동한「슈퍼301조」에 근거한 미일무역협의이다. 목재, 슈퍼컴퓨터, 상업용 인공위성 등의 시장개방을 촉구하는 미국에 대하여 일본이 그 조건을 받아들인 결과, 당시 우세했던 미국의 인공위성에 일본의 위성이 맞대결 할 수 없게 되어 국제경쟁력이 갖추어지지 못했다는 것이다.

또 하나는, 우주의「평화이용원칙」이다. 이는 1967년에 발효된 UN 우주조약을 일본이 엄밀히 해석했기 때문에 우주개발 전체에 제약이 생겨서 힘이 저하되었다는 것이다. 이번에 성립된 우주기본법은 이들 두 가지의 멍에를 제거하여 일본의 우주개발이용을 자유롭고 경쟁력 있는 산업으로 이행하게 하려는 것이다.

일본의 우주개발은 지금까지는 각 성청단위로 분산되어 이루어지고 있었는데 주된 부분은 문부과학성이 관할하고 있었다. 그 때문에 전체적으로「연구개발」에 한정되어 버리는 측면이 있었다. 우주기본법의 통과의미는 크다.

첫째는 1988년 8월 북한이 대포동 미사일을 발사하자 이에 대처하기 위해 일본은 미국과 미사일 방어체제를 구축하고 있는데 우주활동을 군사적으로 사용하기 위한 법적 기반을 마련하기 위한 것이고 두 번째는 우주를 오로지 [평화이용에만 한정]하겠다며 축적해 온 우주 관련 기술을 군사적으로 활용하겠다는 선언적 의미를 지닌다.

특히 우주기본법의 제1장 3조에 언급되어 있는 [국민의 안전을 위하여]라는 말은 미사일 등 우주로부터 국민의 안전을 확보하기 위해 우주를 군사안보적으로 활용한다는 의미를 지닌다. 1969년 일본 중의원이 우주를 평화적으로만 이용하겠다는 선언을 한지 실로 40년만의 일이다. 지난 40년 동안 일본은 평화적인 우주개발을 주창해 왔는데 국제환경이 바뀌니까 우주기술을 군사적으로 활용하려는 것이다. 우주기술은 평화와 군사적 측면 모두에서 활용될 수 있기 때문에 평화적으로 한정한다는 말은 당초부터 잘못된 말이다. [중일 우주전쟁]의 저자 나카노 후지오씨는 "우주를 평화적으로만 이용하겠다는 아름다운 말을 하는 나라는 세상에서 일본 밖에 없다"라고 일본 우주정책의 이중성을 꼬집는다.

일본은 이제 우주기본법을 성립시킴으로써 우주의 군사이용에 본격적인 시동을 걸게 되었다. 일본 요미우리신문은 2008년 9월 21일자로 '우주기본법은 우주의 군사적 이용 해금과 산업진흥이 핵심 내용이다'라는 사설을 싣고 있다. 지금까지 비군사분야에 한정해 온 우주이용을 방위목적에의 이용을 용인했다는 것이다. 그러면서 우주정책을 정치주도로 진행시키기 위해 그 사령탑으로서 우주개발전략본부를 발족시키고 총리가 본부장을 맡고 전 각료가 참석한다. 총리가 직접 우주개발을 진두지휘하게 된 것이다.

나카노 후지오씨는 독자적인 우주정보획득 능력은 [조용한 억지력]이라고 평가한다. 일본은 스스로의 정보획득 능력이 있어야 동맹국으로부터의 기밀정보도 쉽게 얻을 수 있다고 판단한다. 일본은 최대 동맹국인 미국과 외교당국자, 안전보장 당국자, 정보기관 당국자들이 빈번히 의견교환을 하고 있지만 미국에 도움이 될 만한 정보를 갖고 있지 않으면 단순히 동맹국이라 하여도 진정으로 귀중한 정보를 제공해 주지 않을 것이라고 판단하고 있다.

예를 들어 극동이나 서태평양 해역은 미국 제 7 함대가 전개하고 있지만 지금 배가 어디서 활동하고 있는지는 방위성에조차 알려주지 않는 미국의 국가기밀이다. 그러나 일본 독자의 위성정보에 의해 이 함대의 구체적인 위치를 확인한다면 보다 진행된 다음단계의 정보교환에 들어 갈 수 있다. 따라서 일본의 정보수집 능력을 더욱 향상 시킬 필요가 있다는 것이 우주기본법의 안전보장 목적에의 활용 이유다.

한국에 던지는 교훈

일본이 우주선진국이 된 배경을 몇 가지로 간추리면 첫째, 탄탄한 제조공업능력이 있었기 때문이라고 평가하게 된다. 이토가와 박사라는 로켓 인재가 있었던 행운이 있었고 1950년대에 이미 펜슬 로켓이라는 것을 성공시켜 고체연료 로켓에 대한 기술기반이 축적되어 있었기 때문이다. 미국이 협력을 하지 않을 수밖에 없었던 이유는 일본에게 우주개발의 기술협력을 하지 않으려 해도 어차피 자주개발에 성공할 것으로 판단했기 때문이다. 그럴 바에야 동맹국의 관계유지를 강화하면서 통제도 하는 편이 낫겠다는 의도에서 기술전수가 이루어졌고 그 때문에 우주개발의 속도가 빨라졌다.

두 번째는 나카소네라 야스히로라는 탁월한 지도자가 있었다. 선진국이라면 공통적으로 갖고 있는 거대과학 첨단 기술이 원자력과 항공우주 분야 기술인데 나카소네씨는 이 두 분야의 개척자이기 때문이다. 우주개발에 대한 국가정책과 원자력에 대한 분야 모두를 나카소네씨가 기초를 닦았다.

세 번째는 [우주의 평화이용]이라는 위장전술을 잘 펼쳤다. 그 과정에서 운도 따랐던 것은 중국이 1964년 핵실험에 성공했고 그것을 견제하기 위한 목적하에 일본을 도왔기 때문에 일본은 기술협력을 얻어내기 위한 방편으로 1969년 중의원의 이름으로 [우주의 평화이용 원칙]을 선언하기에 이른다.

 우주 관련 기술은 범용기술이기 때문에 평화적인 부분에만 머무를 수가 없다. 그럼에도 불구하고 철저하게 [평화적 목적]으로만 한정한다는 주장을 굽히지 않았다. 그러다 1998년 북한의 대포동 미사일 발사 실험으로 일본의 우주개발 능력이 군사적으로도 활용될 수 있다는 사실이 수면 위로 드러나게 되는데 그것이 정보위성의 배치이며 미국과의 미사일방어체제 구축이다. 그것도 즉각적으로 실현될 수 있는 능력을 보여 주었고 현재 정보위성을 통한 우주정보가 활용되고 있다. 평화라는 이름을 내세우면서도 언제든지 군사적으로 활용할 수 있는 기술을 축적해 놓은 것이다.

 일본의 우주개발에서 특기할만한 내용은 M-V의 고체연료 로켓이다. 지구 저궤도에 약 1.8톤의 인공위성을 올릴 수 있는 M-V 로켓은 인공위성을 발사하는 세계 최대급의 고체연료로켓이다. 더욱이 일본이 추구하고 있는 준천정(準天頂) 위성 시스템은 일본 독자의 GPS 시스템으로 이 시스템이 완성되면 미국으로부터 독립할 능력을 확보하게 된다. 이제 일본은 우주기본법마저 성립시켜 우주기술의 국가 안전 보장상의 활용 즉 군사적 이용을 법률적으로 가능하게 했고 우주산업에의 경제적 이익을 추구하는 수준이 되었다.

 우주개발은 어려운 일이다. 첫째는 엄청난 예산이 투입되어야 하기 때문이고 두 번째는 첨단기술의 집약체이기 때문에 안정적인 기술 확보가 용이한 일이 아니다. 세 번째는 기술자립을 이루기까지 대부분의 경우 우주선진국들로부터 기술협력을 받아야 하는데 우주기술은 대륙간탄도탄 등 미사일 기술과 동일하기 때문에 기술이전을 허용하지 않아 우주개발은 쉬운 일이 아닌 것이다.

'한·미 미사일 지침'에 액체연료 로켓의 평화적 개발은 무한정 허용되나 고체연료로켓의 사정거리는 300㎞ 이내로 제한되어 있다. 액체연료 로켓의 평화적 개발은 허용되어 있기 때문에 우주외교를 잘 진행하여 우주선진국들로부터 기술협력을 받아내는 일에 국력을 집중시켜야 할 것이다.

KSLV-1의 경우 러시아로부터 엔진을 공급받아 발사를 진행했는데 엔진제조과정에 참여하지 못했지만 이런저런 절차를 통해 습득한 경험은 우주개발의 귀중한 자산이 되었다. 예를 들어 나로우주센터의 발사대 설계는 러시아가 설계도를 제공하여 만들어졌는데 한국의 우수한 건설능력을 십분 발휘하여 한국에 맞게 설계변경을 하여 발사대를 구축한 경험이다.

우주개발을 처음 하는 한국으로서는 다양한 시행착오에 직면할 가능성이 적지 않다. 그 시행착오를 줄이기 위해서라도 활발한 우주외교는 전개되어야 한다. 그러면서 우주를 평화적으로만 개발하겠다는 한국의 의지를 전 세계에 표명하여 신뢰구축에 힘쓰는 일도 중요하다. 일본처럼 국회차원에서 [우주의 평화이용원칙] 같은 것을 결의하여 선언하는 것도 고려해 볼만한 일이다.

세 번의 발사 시도 끝에 성공한 나로호는 발사에 관련된 전 과정을 경험한 것이 소중하다. 세계적으로 처녀발사 성공율이 30%를 넘지 못할 만큼 로켓발사의 성공은 어렵다. 한 국가가 로켓의 기본 모형을 개발하여 적어도 10번 발사성공 했을 때 비로서 안정된 로켓 모델로 인정하게 된다. 일본 로켓의 개발 지휘자였던 고다이 토미후미씨는 "우주개발은 실패를 통하여 성공한다"고 조언할 만큼 우주선진국들도 수없는 실패를 통하여 우주선진국이 되었다.

마지막으로 순조로운 우주개발을 진행하기 위해서는 국민이 함께 하는 우주개발이 되어야 한다. 엄청난 국가예산이 투입되는 우주개발은 국민의 세금으로 이루어지기 때문에 국민의 지지는 필수불가결하다. 거대과학의 큰 기둥인 우주개발은 선진국으로 진입하느냐 마느냐의 소중한 가늠자가 된다. 한국의 우주개발은 [국민과 함께 하는 우주개발]이 되어야한다.

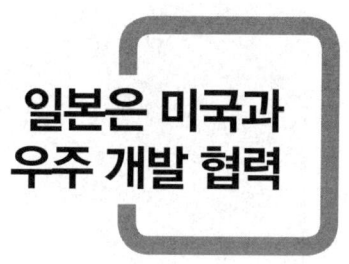

일본은 미국과 우주 개발 협력

한국 2013년 1월 나로호 발사 성공, 러시아와 협력

2013년 1월 30일은 대한민국 역사의 새로운 한 페이지가 열린 날이다. 나로호 로켓이 3차에 걸친 발사 끝에 성공한 것이다. 나로호 로켓은 러시아와 협력하여 만들어졌다. 가장 중요한 제1단 엔진의 추력은 170t으로 단일 엔진으로는 힘이 상당히 강력한 엔진이다.

2018년경 한국형 순 국산 우주발사체인 KSLV-2의 개발 목표를 갖고 있는 한국은 기초 기술이 모자라 우주 선진국들의 도움을 받아야 될 형편이다. 지금처럼 러시아와 손잡고 우주개발사업을 계속할 것인지 아니면 군사동맹국인 미국의 협력을 받아낼 것인지 선택의 기로에 서 있다.

2002년 2월 4일 일본 다네가시마 우주센터에서 H-2 로켓이 발사되고 있다.

현재로서는 어느 국가와 손잡고 우주 개발을 진행해야 할지 결정된 것은 없다. 만약 미국과 우주협력을 하게 된다면 일본의 경험은 우리에게 시사하는 바가 크다.

미국은 우주개발을 하는 데 있어 '다른 나라의 우주개발을 돕기 위해 돈을 받고 기술이전하는 일은 없다'는 원칙을 갖고 있다. 그럼에도 불구하고 미국이 어떤 이유 때문에 일본의 우주개발을 돕게 됐는지 불가사의한 일이 아닐 수 없다.

미국이 일본의 우주개발을 도운 이유는 두 가지다. 첫째는 일본의 강력한 자주개발 의지였고, 두 번째는 중국의 핵실험 성공이었다.

일본의 자주개발 의지는 한국이 미국의 협력을 얻어 내는 데 있어 중요한 교훈을 시사한다. 즉 미국이 일본을 돕지 않아도 언젠가는 일본이 우주개발에 성공할 것이기 때문에 차라리 도와주면서 미국의 국익을 취하는 것이 유리하다는 판단을 하기에 이른 것이다.

일본의 우주개발 능력이 이미 상당 수준에 이르렀다는 사실은 미국으로 하여금 일본을 돕게 만드는 배경이 됐다. 태평양을 장악해야 하는 미국의 글로벌 전략에서 일본은 절대적인 파트너였다. 그 파트너가 독자적인 우주개발 의지를 갖고 있는 것을 외면할 수 없는데다가, 우주개발 능력도 상당 정도 갖고 있으니 적극적인 협력을 하며 동맹관계를 더욱 굳히는 것이 좋다는 선택을 한 것이다.

제2차 세계대전 종전 후 1945년부터 샌프란시스코 강화조약이 맺어지는 1952년까지 7년 동안 미국은 일본의 항공관련 연구를 전면 금지시켰다. 태평양전쟁에서 기동성이 뛰어난 일본의 제로 전투기에 골머리를 앓았던 미국은 일본의 항복을 받아내자마자 항공산업을 초토화시키기 시작한 것이다.

이 조치로 인해 일본의 항공산업은 미국에 뒤쳐지게 됐고, 우주개발도 뒤늦게 출발할 수밖에 없었다. 일본의 로켓 개발이 시작된 것은 경제성장이 본 궤도에 오르기 시작한 1950년대 중반부터다.

일본 자체기술로 고체연료 로켓 개발

1954년 2월 도쿄대 생산기술연구소의 이토카와 히데오(絲川英夫) 교수를 중심으로 한 AVSA(Avionics and Supersonic Aerodynamics)연구반이 조직되어 본격적인 로켓 개발에 착수했다. AVSA연구반은 1955년에 펜슬 로켓(직경 1.8㎝, 전체 길이 23㎝, 무게 200g)을 완성하고 비행실험을 하게 되는데, 이것이 일본 우주개발의 시발점이다.

1958년 9월에는 관측장비를 탑재한 카파 로켓(K-6 로켓) 발사에 성공, 일본은 미국, 소련, 영국과 함께 자력으로 관측로켓을 발사하여 데이터를 수집하는 국가가 됐다. 그 후에도 일본은 고체연료를 이용한 관측로켓의 대형화를 진행하여 1964년에 도쿄대가 발사한 L-3 로켓은 도달고도 1100㎞, 탑재중량 120㎏이었다.

도쿄대는 1963년부터 과학위성 발사를 목표로 L로켓보다 대형이고 강력한 추진력을 가진 뮤(M) 로켓의 연구개발에 착수했다.

일본이 일찍부터 고체연료 로켓의 자체 개발에 돌입한 것은 대단히 현명한 선택이었다. 오랜 기간 동안 미국의 간섭 없이 고체연료 로켓을 개발한 결과 국산화에 성공했고, 현재는 1.8t의 인공위성을 지구 저궤도에 올리는 수준에 도달했다. 이것은 바꿔 말하면 지구상 어느 곳에도 대륙간 탄도탄을 날려 보낼 수 있는 로켓 능력을 보유하고 있다는 뜻이다.

그렇다면 고체연료 로켓이 왜 중요한가. 액체연료 로켓은 연료 주입에 상당한 시간이 걸리는 반면 고체연료 로켓은 즉시 발사가 가능하다는 장점이 있어 군사용에 적합하다. 한미 미사일 지침에서도 액체연료 로켓은 평화적 목적이라면 사거리를 무한정으로 개발할 수 있지만 고체연료 로켓은 사정거리 300km, 탑재 중량 500kg 이상은 개발을 못하게 되어 있어 개정의 목소리가 높아지고 있다.

일본 우주개발의 아버지 나카소네 야스히로 전 총리

일본은 1950년대 말부터 우주개발에 본격 착수하게 되는데 그 리더 역을 맡은 인물이 1959년 6월 기시 노부스케(岸信介) 내각의 과학기술청 장관으로 입각한 나카소네 야스히로(中曾根康弘. 후에 총리 역임)였다.

일본 우주개발의 아버지인 나카소네 전 총리.

나카소네는 7월 11일 사적 자문기관으로 우주과학기술부흥 준비위원회를 설치한다. 1950년대 중반 일본 원자력 개발의 본격적인 가동 역할을 담당한 것으로 알려진 나카소네가

우주개발이라는 거대 과학기술 분야에서도 정치적으로 중요한 역할을 맡은 것이다.

우주개발에 있어 나카소네의 공헌을 인정하지 않을 수 없는 것은 그가 미·일 우주과학기술협력 협정의 체결을 제창했다는 점이다. 나카소네는 일본 외무성에 미·일 우주과학기술협력 협정 체결을 요청했다. 그러자 외무성은 전문가를 포함한 관계자들로부터 우주과학기술 분야의 미·일 협력의 필요성에 대한 의견을 듣고, 주일 미대사관을 통해 일본이 희망하는 구체적인 협력 협정안을 미국 정부에 제시했다.

그러나 미·일 우주협력은 나카소네의 생각대로 진전되지 않았다. 미국 측은 우주개발 분야에서 미·일 간의 과학기술 수준에 큰 격차가 있어 일본이 원하는 우주협력은 시기상조라는 판단이었다. 미국 정부로부터 돌아온 답변은 "정식 협력을 체결할 필요가 없다"는 것이었다.

그러나 시대의 흐름은 일본 편이었다. 미국이 일본의 우주개발을 도울 생각이 전혀 없었지만 중국이 핵실험에 성공하면서 분위기가 급반전했다. 미국은 아시아에서 일본을 통해 중국을 견제해야 한다는 전략을 구상했고, 이는 미국이 일본의 우주개발에 협력하는 계기가 된다.

이 와중에 일본이 미국의 도움 없이도 독자적으로 우주개발을 할 수 있는 능력을 가지고 있다는 사실은 미국의 도움을 이끌어내는 데 결정적인 계기가 됐다. 미국과의 협상에서 그 어느 나라든 미국의 협력을 얻어내려면 스스로 할 수 있다는 자주능력을 보여주는 것이 결정적으로 유리하다는 점을 상기시킨다.

미국이 일본의 우주개발을 도울 것인가 말 것인가를 고민하던 그 시점에 미국은 일본이 핵무기의 운반수단이 되는 탄도미사일 개발능력을 보유하고 있다는 평가를 내렸다. 미국은 도쿄대 우주연(東大宇宙研)이 개발하는 고체연료 로켓인 M-3를 주목하고 있었다.

미국은 만약 일본이 M-3 로켓을 군사적 목적에 전용하려 할 경우 로켓 본체의 유도·제어 시스템이나 지상지원·지상전자 시스템을 보완할 필요가 있는데, 그것은 시간의 문제일 뿐 불가능한 과제는 아니라고 판단했다.

중국의 핵실험으로 미국은 일본 우주개발 적극 협조

미국은 군사적 목적의 M-3는 2~3년의 비행시험을 거쳐 1967년 후반에서 1969년 초 사이에 작전능력을 획득할 것이라고 평가했다. 당시 미국의 보고서에 의하면 "비교적 잘 진행되고 있는 일본의 우주계획을 고려할 때 일본은 1975년까지 100기 정도의 핵탄두를 탑재한 준중거리 및 중거리 탄도미사일(MRBM/IRBM)을 제조할 수 있을 것"이라고 전망했다. 미국은 일본이 소련이나 중국에 대한 억제력을 보유하기 위해 핵미사일을 개발할 것이라는 판단을 하고 있었던 것이다.

두 번째로 미국이 일본의 우주개발을 돕게 된 결정적인 배경은 중국의 핵실험 성공이었다. 1962년 가을 이후 미 국무성은 중국의 핵실험에 대항하기 위해 일본 측의 희망사항이 있다면 미국은 어떤 원조라도 할 용의가 있다는 의향을 일본 측에 전달했다. 일본이 우주협력을 해 달라고 할 때는 냉정하게 거절하던 미국이 중국이 핵실험을 하자 적극적으로 일본에 달려들기 시작한 것이다.

케네디 정권은 '중국 봉쇄'를 위해 과학기술 분야에서 일본의 능력을 이용해야 한다고 생각했다. 미국이 일본의 우주개발을 도운 이유는 미국의 냉전철학의 일환이었다고 해도 과언이 아니다.

중국이 1964년 10월 16일 최초의 원폭실험에 성공하자 일본은 큰 충격을 받았다. 일본의 우주개발 관계자들에게는 중국의 핵무기 개발에 대항하기 위해 우주개발이 필요하다는 인식이 크게 자리 잡게 됐다.

미국의 동북아 담당자들은 일본이 마음만 먹으면 언제든지 핵무기와 미사일을 개발할 수 있다는 과학기술 능력을 보여줌으로써 중국을 견제할 수 있을 것이라는 기대가 있었다. 한편에서는 일본의 관심과 정력을 우주개발로 향하게 함으로써 일본의 핵무장을 미연에 방지하려는 목적도 있었다. 그 결과 1968년 1월 초 미국 정부는 미·일 우주협력을 진행하기로 합의하기에 이른다.

미국의 의도는, 첫째 일본과의 협력관계를 긴밀히 하여 동아시아에서 비공산주의 측 입장을 강화시키려는 목표가 있었고, 둘째 일본의 핵무기 확산을 방지하고 평화적인 우주개발에만 관심을 가지도록 유도한다는 정책목표가 있었다. 셋째 우주개발에 관한 군사기밀이 아닌 일반기술에 대해서까지 제공을 거부할 경우 반미운동이 일어날 위험이 있다는 판단이었다.

반면 미국이 일본의 우주개발에 긴밀히 협력하는 대가로 우주개발 분야에 관한 일본 정부의 의사결정에 대해 미국의 영향력을 높일 수 있다는 것이 장점이었다.

미국 텔타로켓 기술 일본에 이전

미국 정부는 일본과의 협력의 전제로 세 가지 조건을 만족시킬 필요가 있다고 생각했다. 첫째는 미·일 양국이 가맹한 인텔샛(INTELSAT) 결정에 따라 미국이 주도하는 단일 세계 통신위성 체제에 일본을 포함시키는 것이었다.

둘째는 미국에서 일본으로 제공된 기술이나 기기가 평화이용에 한정되어 있다는 점이다. 일본이 핵무기나 그 운반시스템 개발을 목표로 할 가능성은 적지만, 로켓기술 중에는 ICBM 등 핵무기 운반수단의 개발에 전용 가능한 것이 있다. 따라서 일본의 로켓 개발을 위해 미국이 기술이나 기기를 제공할 때는 그것이 평화적 이용에 한정되어 있는지에 대한 확인을 일본 정부로부터 얻어내기로 했다.

셋째는 일본에 제공된 기술이 제3국으로 확산되는 것의 방지였다. 미국 정부는 기술협력의 조건으로 엄격한 규제를 일본에 요구했다. 미국 정부는 특히 중국으로의 기술 유출을 걱정했다.

미국과 일본의 본격적인 우주협력은 이처럼 어려운 협의 과정을 거쳐 미국의 아폴로 11호가 인류 역사상 최초로 달 착륙에 성공한 지 얼마 되지 않은 1969년 7월 31일 윌리엄 로저스 국무장관과 아이치 기이치(愛知揆一) 일본 외상이 미·일 교환공문에 서명했다. 그 내용은 다음과 같다.

① 미국 정부는 일본의 Q 및 N 로켓, 통신위성, 그 밖의 평화적 응용을 위한 위성개발을 위한 기술 및 기기를 미국 기업이 일본에 제공하는 것에 대해 허가할 것을 약속한다.

② 일본 정부는, 일본에 이전된 기술 및 기기가 평화목적에만 사용될 것, 이전된 기술·기기 및 이러한 것들을 사용하여 제작한 로켓, 통신위성 등이 미국과 합의됐을 경우 이외에 제3국으로 이전되지 않도록 법령 및 행정 수속에 따라서 모든 가능한 조치를 취할 것, 미국과 협력으로 개발된 통신위성이 인텔샛(INTELSAT) 협정의 목적과 양립하도록 사용할 것을 약속한다.

또 부속서에 '기술 및 기기'로 표시된 부분은 Thor델타 로켓 시스템 기술이고 기밀 취급으로 되어 있지 않은 기술 및 기기다. 한편 대륙간 탄도탄 미사일 기술로 전용을 막기 위해 재돌입 기술은 제외시켰다.

미국이 유럽 제국으로의 매각을 거부하고 있던 Thor·델타 수준의 기술을 일본에 제공키로 한 것은 일본이 제공된 기술 및 기기를 평화적 이용에 한정할 것을 약속하고, 미국의 인텔샛 정책에도 협력하겠다고 합의했기 때문이다.

일본의 정치권도 1969년 우주개발사업단법, 같은 해 중의원 본회의에서 가결된 '우주 개발·이용의 기본에 관한 국회결의' 등 신속한 입법 활동으로 화답했다. 일본은 의회 이름으로 인공위성 및 로켓의 개발·이용을 평화목적에 한정한다고 전 세계에 선언한 것이다.

미·일 우주협력 방침에 의해 일본은 우주 분야의 자주개발 노선을 수정하게 된다. 1970년 10월 21일 우주개발위원회는 "지금까지 우주개발사업단에 의해 개발이 진행되어 온 Q로켓의 개발을 중지하고, 우주개발사업단은 액체로켓 엔진을 제1단계로 이용하는 N로켓 개발에 즉시 착수한다"고 결정했다. 그리고 Q 또는 N로켓으로 발사하기로 예정되어 있던 전리층 관측위성, 실험용 정지통신위성 등도 3년 동안 개발 스케줄을 늦추기로 했다.

미·일 우주협력의 교훈; 독자기술 확보, 정부.기업 협상 병행

N로켓 계획에 따라 미국으로부터 도입된 델타로켓 기술과 국산기술을 융합시킨 대형 실용위성 발사로켓 개발이 진행되어 1975년 9월, 일본은 첫 대형 로켓 N-I의 제1호기를 발사했다. 이것이 미·일 우주협력의 대표적인 성과다. 그 후 일본은 순국산 로켓인 H-1 개발에 성공했고, 이제는 H-2A 로켓, H-2B 로켓 시리즈로 세계 정상급의 우주선진국 대열에 올랐다.

미·일 우주협력을 보며 타산지석의 교훈으로 삼아야 하는 점은 첫째, 우리 나름의 연구 개발을 통해 로켓기술을 어느 정도 확보해 놓아야 협상력을 높일 수 있다는 점이다.

두 번째는 미국과의 협상은 투 트랙(Two-track), 즉 정부 간 레벨의 협상과 기업 간 협력이 동시에 진행되어야 성과를 얻는다는 점이다. 미국의 기술 이전 시스템은 정부가 허가한다고 해서 다 되는 것이 아니라 기업이 협력해야 가능하다. 반대로 기업과의 협의가 이루어졌다 해도 정부가 반대하면 아무 소용이 없다는 점도 알아야 한다.

한국은 외나로도에 우주센터가 마련되어 독자적인 발사장이 구축됐고, 인공위성 제조기술도 발전을 거듭하여 아리랑 2호의 경우 영상 사진을 판매해 2,000만 달러 이상의 소득을 올릴 만큼 위성제조 기술도 보유하고 있다.

이제 남은 것은 독자적인 로켓 제조기술인데 아직도 갈 길이 멀다. 우리나라는 2018년에 약 75t의 순 국산 액체로켓을 개발하여 이를 4개로 묶어 300t의 추력으로 1.5t의 인공위성을 저궤도에 발사하는 것이 국가 목표다. 그러나 관련기술을 습득하려면 피눈물 나는 과정을 거쳐야 한다는 사실을 우주 선진국들의 경험이 보여주고 있다. 순 국산 위성을 우리의 로켓으로 우주로 올려 보내는 날이 진정한 우주 독립국이 되는 날이다.

04
에너지 확보 전쟁

- 중국의 아프리카 공략
- 일본의 '아름다운별50(Cool Earth 50)' 에너지 프로젝트
- 세계는 스마트 그리드 전쟁 중(Smart Grid·차세대지능형전력망)
- 세계는 희소광물 획득 전쟁 중

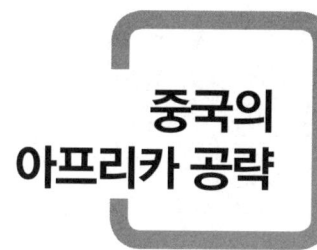

중국의 아프리카 공략

중국 전체 석유 수입량의 43% 아프리카에서 들여와

요즘 아프리카 국내선 여객기에는 중국인이 탑승하지 않은 비행기가 없을 정도라고 한다. 중국인들이 아프리카 대륙 곳곳을 누비고 있는 이유는 아프리카의 자원, 그중에서도 石油(석유) 때문이다.

중국은 1978년 국내총생산이 3,645억 위안이었는데 2007년에는 24조9,529억 위안으로 무려 68.5배의 놀라운 성장을 보였다. 무역수지도 1978년에는 마이너스 11억1,000만 달러였는데 2007년에는 2,622억 달러로 증가했다.

경이로운 경제발전 때문에 중국은 석유를 블랙홀처럼 빨아들이고 있는 실정이다. 일본에너지경제연구소의 沈中元(심중원) 박사는 필자와 인터뷰에서 "세계의 공장으로 불리는 중국이 필요 에너지의 전부를 석유로 충당한다면 지난 30년간 벌어 놓은 외화 1조 9,000여 억 달

중국의 아프리카 '짝사랑'은 나이지리아, 수단, 알제리, 앙골라 등 산유국들이 대상이다. 나이지리아 해상의 한 유전.

러는 10년 안에 소진될 것"이라고 말했다.

중국은 중동지역의 정세가 불안하고 석유획득이 날이 갈수록 어려워지는 점에 대비하기 위해 아프리카와 중앙아시아, 러시아, 남미 등으로 수입다변화를 시도해 왔다. 이런 이유 때문에 중국은 아프리카를 집중공략하고 있는 것이다. 그 결과 2006년 중국의 석유 中東(중동) 의존도는 2005년의 47%에서 45%로 줄어들었다. 석유수입의 80% 이상을 중동에 의존하고 있는 일본과는 대조적이다.

아프리카에서 석유자원을 획득하기 위한 중국의 전위부대는 3대국영석유회사, 즉 중국석유천연가스총공사(CNPC), 중국해양석유총공사(CNOOC), 중국석유화공총공사(SINOPEC)다. 앙골라 등 아프리카에서의 석유수입은 중국 전체 석유수입 분량의 43%를 차지할 정도로 아프리카는 중국의 생명줄이나 마찬가지다.

중국의 3대 국영석유회사는 2006년 말 현재 해외에서 총 123건의 자원획득 프로젝트를 진행하고 있는데, 개발권 획득에 의한 석유조달이 연간 약 3,000만t에 이른다. 국제 석유가격이 언제 천정부지로 치솟을지 모르는 상황에서 중국은 석유를 수입에만 의존하지 않고 석유채굴권 확보에 의한 공급안정을 도모하고 있는 것이다.

국영 석유 3사가 정상외교까지 좌우

중국에서 3대 국영석유회사의 영향력은 막강하다. 3사 모두 국내 유전에서 생산한 저가의 석유를 높은 가격에 판매한 이익으로 풍부한 자금을 손에 넣고 있다. 최대 기업인 중국석유천연가스는 2006년 상반기에만 약 12조 원이 넘는 이익을 올렸다. 이 돈으로 닥치는 대로 해외 자원개발권을 사냥하고 다니는 것이다.

이들 중국 석유회사의 요청으로 정상외교가 이루어지기도 한다. 중국의 어느 전직 관료는 "중국석유천연가스와 중국석유화공의 회장은

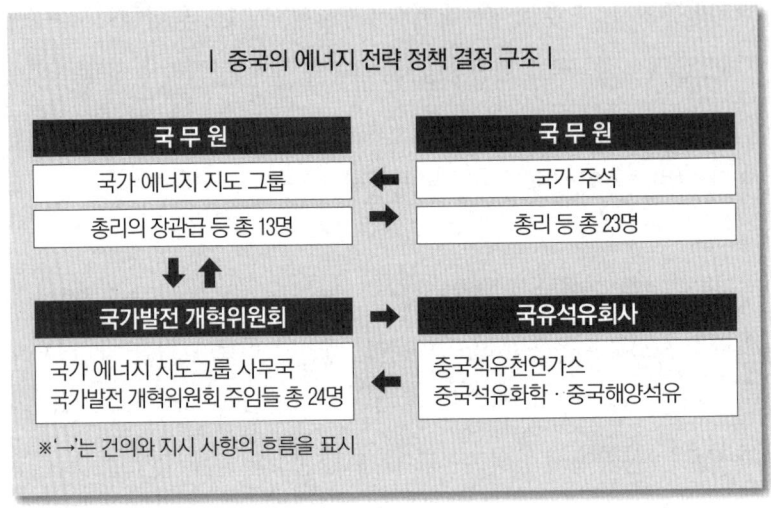

공산당 간부로, 각료급 지위를 맡고 있다"고 증언한 바 있다.

　석유 3사가 정부나 당에 올리는 의견은 국가주석을 필두로 한 공산당정치국의 심사를 거친 후 정책에 반영된다. 중국 에너지 정책을 결정짓는 핵심인물은 원자바오(溫家寶) 총리였다. 그는 2005년 6월 에너지 관계 관청의 관료들로 구성된 '국가에너지지도그룹'을 창설, 그 기구의 최고 지위에 취임했다. 중국의 에너지 외교는 이렇듯 정부와 국유기업의 밀접한 제휴를 통해 만들어지고 있다. 중국의 에너지 정책 결정구조는 앞의 그림과 같다.

　중국의 아프리카 천연자원 개발을 위한 진출은 시간이 흐를수록 가속도가 붙어 1990년대 후반 5건에서 2006년 약 30건에 달하고 있다. 나라별로 보면 나이지리아 7건, 수단 6건, 알제리 5건, 앙골라 4건, 모리타니 3건, 튀니지 2건, 가봉, 콩고, 적도기니가 각 1건이다.

최근 중국은 나이지리아를 집중 공략하고 있는데, 이는 2007년 말 현재 나이지리아의 원유 매장량이 36.2억 배럴로 아프리카에서 리비아(41억 배럴)에 이어 두 번째로 많은 나라이기 때문이다. 2007년 5월 일본의 〈요미우리신문〉이 기획한 '자원쟁탈'이란 기사의 한 부분을 소개하면 다음과 같다.

'나이지리아 남서부의 항구도시 라고스. 연해부의 유전개발 덕분에 거리는 떠들썩하다. 다수의 중국인이 원유채굴 시설에서 일하고 있지만, 유전 시설이 반정부 게릴라의 공격목표가 되어 있기 때문에 관계자 이외는 접근할 수 없다. 시내의 도로나 통신케이블 등의 인프라(산업기반)공장은 중국기업이 맡고 있다. 현장감독도 중국인이다.

중국요리 가게의 경영자인 나루세 사카에(成世榮·50) 씨는 "여기 손님 명함 묶음을 보세요. 중국 대기업의 사장이나 간부들밖에 없습니다. 이들은 최근 석유관계로 여기에 온 사람들입니다"라고 말했다. 섣달 그믐날인 12월 31일, 중국남방항공의 여객기가 라고스 국제공항에 착륙했다. 중국과 아프리카를 연결하는 첫 정기편이 취항하면서 양국의 관계는 더욱 깊어지려 하고 있다.'

중국의 아프리카 자원외교 역사

나이지리아는 하루에 250만 배럴의 석유를 산출하는 아프리카 최대의 산유국이다. 중국의 국영 석유회사 3사가 모두 진출, 탐광이나 개발 권리를 취득하고 있다.

이 중 중국석유천연가스공사(CNPC)가 개발권을 얻은 4광구는 중국과 나이지리아의 정상외교를 이끌어냈다. 2006년 4월 후진타오(胡錦濤) 주석이 나이지리아를 방문, 발전소 건설 등 40억 달러(약 5조 2,000억원)의 원조를 하기로 제의한 것이다.

중국은 아프리카 각국에 철도, 병원, 주택, 발전소 등을 무상으로 건설해 주고 있다. 이러한 원조를 통해 정치적으로 긴밀한 관계를 구축함으로써 이들 나라의 에너지 개발권을 취득하려는 전략이다.

후진타오 주석은 2003년 취임 이후 세 번에 걸쳐 아프리카를 국빈방문했다. 2007년 1월, 카메룬과 수단, 나미비아 등 아프리카 국가순방에 나서는 모습.

중국과 아프리카의 관계는 오래됐다. 1955년 인도네시아 반둥회의를 기점으로 중국은 공식적으로 아프리카 외교를 시작했다. 중국은 이후 아프리카 및 반식민주의·반제국주의 비동맹중립 세력과 연대해 나가기 시작했다. 1970년대에 들어와서 군사분야 이외에도 협력을 아끼지 않아 아프리카 국가 간의 철도 프로젝트인 탄자니아-잠비아 철도 연결(TAZARA: Tanzania- Zambia Railway) 프로젝트를 지원하여 완공했다.

중국은 탈냉전 이후 아프리카에서 인권, 종교, 종족 등의 분쟁사태로 미국의 영향력이 점점 줄어드는 틈을 파고들어 세력을 키워 나갔다. 2000년대 들어서는 아프리카와 쌓아온 그동안의 우호관계를 바탕으로 에너지자원 및 광물자원을 확보하는 실리주의적 외교정책을 구사하고 있다.

중국-아프리카 간의 무역규모는 2003년에 200억 달러에서 2005년 397억 달러, 2006년에는 500억 달러로 증가하고 있는데 이는 미국, 프랑스에 이어 제3위의 교역규모다. 1950년대 1,000만 달러였으니 50여 년 사이 무려 5,000배나 증가한 것이다.

2006년 11월 중국은 아프리카 48개국의 수뇌를 베이징에 초대하여 '중국·아프리카 협력포럼 베이징 서밋'을 개최했다. 이 자리에서 후(胡) 주석은 "중국은 영원히 신뢰할 수 있는 아프리카의 파트너"라고 선언했고, 향후 3년간 30억 달러의 저리 융자나 중채무국의 채무면제를 실시할 것을 약속했다.

이뿐만이 아니다. 중국은 에너지 획득을 위한 우호적인 환경 조성의 일환으로 매년 1,000명 정도의 자원봉사자를 아프리카에 보내 신뢰구축에 힘쓰고 있다. 현지에 진출한 기업은 다양한 사회복지사업을 벌이고 있으며, 아프리카 각국의 부족과 우호적인 관계 유지를 위해 부족장의 요구를 적극적으로 수용하고, 부족장들의 자식들을 중국에 유학시키는 등 전면적인 애정공세를 펼치고 있다.

에너지 시장에서 중국은 '태풍의 눈'

중국이 아프리카를 중시하는 것은 중동 등지의 유전 권익은 이미 국제석유자본(메이저)이 쥐고 있든가, 엄격한 국가 관리하에 있기 때문이다. 국제사회는 "중국이 정치 불안이나 인권 억압이 심한 아프리카 수단이나 앙골라 같은 나라에까지 진출한다"며 비난을 퍼붓고 있지만 중국은 이에 개의치 않는다.

"중국은 아프리카의 석유자원을 독점하려 하지 않는다. 당치도 않은 비난이다."
중국의 리자오싱(李肇星) 외교부장은 베이징 서밋 폐막 후 가진 기자회견에서 외국 미디어의 질문에 이처럼 거칠게 받아쳤다. 중국이 아프리카 공략에 공을 들이는 이유는 세계의 석유시장이 구미의 석유 메이저에 장악되고 있는 상황에서 탈출구는 아프리카뿐이라는 인식 때문이다.

동서냉전 종결 후 국제통화기금(IMF)과 세계은행(WB)은 아프리카 독재국가에 원조를 중지했다. 이후 이들 국가에 대한 원조에는 엄격한 조건이 붙었는데 원조를 받는 나라는 민주화, 인권옹호, 시장경제로의 이행을 약속해야 했다. 또 원조를 받는 나라들은 이 세 가지 원조 조건에 대한 엄격한 책임과 투명성을 요구 받았다.

이런 때 중국은 아프리카에 진출하면서 영향력을 확대해 나가기 시작했다. 중국은 아프리카 나라에 원조를 하면서 인권옹호나 시장경제로의 이행 등의 조건을 붙이지 않는다. 그런 것들을 요구하면 중국은 자기모순에 빠지기 때문이다.

중국은 그저 국익과 맞으면 상대국의 요구에 응해 주었다. 아프리카에 각종 인프라 정비를 지원하고, 기술자를 파견했다. 이렇게 해서 에너지 자원 확보를 갈망하는 중국이 아프리카에 본격적으로 진출하게 된 것이다.

연 9%가 넘는 고도성장으로 중국의 원유 수요는 급증하고 있다.

2001년에 6,026만t이었던 원유 수입량이 3년 후인 2004년에는 1억 2,272만t으로, 2006년에는 1억4,000만t 전후에 이르렀다. 일본 에너지 경제연구소의 고야마 겐(小山堅) 연구이사는 "중국의 원유수입 급증이 원유시장의 왜곡을 불러와 시장 메커니즘에 의해 가격이 정해져야 할 원유시장이 정치화되고 있다"고 우려를 나타냈다.

중국의 에너지 수요 급증이 세계의 석유가격 요동과 깊은 연관이 있는 것은 사실이다. 필자가 2005년 프랑스 파리에 있는 국제에너지기구(IEA)를 방문했을 때 기구 관계자들은 "석유가격이 조만간 배럴당 100달러를 넘어 설 것"이라고 예측하면서 그 이유로 "경제성장이 빠른 중국과 인도 때문"이라고 말하는 것을 들은 적이 있다.

세계 에너지 시장에서 '태풍의 눈'은 중국임을 부정할 수 없다. 중국 국유석유회사들이 아프리카에서 펼치고 있는 천연자원 권익획득 상황을 정리하면 표와 같다.

참고로 아프리카의 원유 매장량을 보면 알제리가 12억 배럴로 아프리카 전체 원유 매장량의 약 1%를 점하고 있고, 앙골라 9억 배럴, 수단 6억 배럴, 이집트 4억 배럴, 가봉과 콩고, 적도기니가 2억 배럴 정도다. 튀니지 등 나머지 산유국들은 1억 배럴 미만이다.

| 중국의 아프리카 천연자원 권익획득 상황 |

계약	시기	국가	참가기업과 현황
1995년	10월	수단	(A) 하루 4만 배럴 생산 중
1997년	3월	수단	(A) 하루 30만 배럴 생산 중
2000년	11월	수단	(A) 하루 4만 배럴 생산 중
2002년	1월	튀니지	(B)(D) 아트란티스 2억 달러로 매수
2003년	11월	니제르	(A) 육상유전 탐광중
	12월	알제리	(B) 국제경쟁 입찰에서 승리
2004년	2월	차드	(A) 현지조업기업의 권익 25% 해결
		가봉	(B) 후(胡)주석이 방문, 계약 체결
	4월	모로코	(C) 앞바다 유전 탐광 중
		나이지리아	(B) 육상 유전 개발 중
	7월	알제리	(A) (B) 육상 유전 탐광 중
	9월	모리타니	(A) 앞바다, 육상 3광구 탐광 중
	12월	니제르	(A) 육상유전 탐광 중
2005년	3월	앙골라	(B) 쉘로부터 권익 매수
		가봉	(B) 육상유전 탐광 중
	5월	나이지리아	(A) (B) 나이지리아 기업과 공동으로 사업 참가
	6월	모리타니	(A) 호주 기업이 가지는 권익 매수
	7월	앙골라	(B) 하루 2.5만 배럴 생산 중
	10월	리비아	(A) 공개입찰에서 앞바다의 유전을 낙찰
2006년	1월	나이지리아	(C) 나이지리아 기업으로부터 22억 달러로 구입 등
		차드	(A) 육상 유전 탐광 중
	2월	적도기니	(C) 앞바다의 유전 탐광 중
	3월	마다가스카르	(A) 앞바다의 유전 탐광 중
	4월	케냐	(C) 후(胡)주석이 방문, 계약 체결
	5월	앙골라	(B) 생산 분여(分輿)의 계약. 미착수
	6월	나이지리아	(A) 후(胡)주석의 방문으로 인프라정비 40억 달러의 투자를 약속하고 4광구를 획득

※ 일본천연석유가스・금속광물자원기구의 자료는 나이지리아와 공동개발지역
※ (A)-중국석유천연가스(CNPC)　　(B)-중국석유화공(SINOPEC)
　 (C)-중국해양석유총공사(CNOOC)　(D)-중국중화(中化)공사

중국의 에너지 효율 일본의 8분의 1

아프리카 대륙의 원유 매장량은 전 세계의 9.5% 정도, 원유 생산량은 전 세계의 12.5% 수준이다. 하지만 향후 아프리카의 석유개발 붐이 본격화되면 전 세계는 석유의 중동 의존도를 경감시킬 수 있다. 중국은 러시아와 중남미 지역의 천연자원 획득에도 심혈을 기울이고 있지만 이 지역은 자원민족주의가 강하고, 중국이 진출하는데 장애와 한계가 있다. 그래서 중국은 리스크가 상대적으로 작은 아프리카를 주목하고 있는 것이다.

중국은 자국의 에너지 문제를 해결하기 위해 전 세계를 휘젓고 다니며 석유자원을 획득하고 있지만, 내부적으로는 '에너지 비효율'이라는 깊은 고민에 빠져 있다. 국제에너지기구(IEA)의 에너지효율 평가 조사에 의하면 일본을 1로 놓고 보았을 때 미국은 2, 한국은 3.2 중국은 8.7, 인도는 9.3인 것으로 나타났다. 이는 같은 경제활동을 하는데 중국이 일본의 8.7배나 더 많이 에너지를 사용한다는 뜻이다. 일본에 비해 중국의 에너지 효율은 지극히 낮은 상태다.

따라서 중국이 일본의 에너지 절약 기술을 도입한다면, 거대한 유전권익을 확보하는 것과 동등한 효과를 가진다. 2006~10년까지 진행된 중국의 제11차 5개년 경제개발계획에는 '에너지 효율을 20% 전후로 개선한다'는 목표가 들어가 있다.

중국은 석유와 천연가스의 권익을 매수하는 것뿐만 아니라 신에너지와 에너지 절약 분야에서도 외국기업을 매수하거나 기술도입을 진행하고 있다. 원자바오 총리는 2006년 6월 남아프리카공화국의 음베키 대통령과 석탄액화기술분야 등에서 협력을 강화한다는 각서를 교환했다. 남아공의 석탄액화회사인 사솔(SASOL)이 갖고 있는 높은 기술을 수중에 넣기 위해서다.

2006년 11월 아시아·태평양경제협력회의(APEC) 정상회담을 위해 베트남 하노이를 방문한 일본의 아베 총리는 후진타오 주석과 회담을 갖고 에너지 절약 분야에서 협력하기로 합의한 바 있다. 이 합의에 따라 일본은 에너지 절약 법제를 공부하는 중국 연수생 50여 명을 받아들였다.

2007년 이후 교육생 인원이 100명 정도로 늘어났지만 이런 교육이 앞으로도 지속될지는 미지수다. 일본 기업들은 에너지 절약 기술을 중국에 가르쳐 주고 나면 중국 기업의 경쟁력이 강해지지 않을까 걱정이 크기 때문이다. 또 중국이 생각처럼 기술이전이 진행되지 않는다고 판단해서 일본의 에너지 절약 관련기업 자체를 매입하려 할지도 모른다는 걱정에 빠져 있다. 중국이 보유한 막대한 외환보유고로 에너지 절약 기술문제를 풀어나갈 가능성이 높다는 것이다.

중국, 2050년까지 100~150기의 원전 건설 예정

중국 정부는 2006년 7월 외국 기업을 매수하는 목적일 경우 중국 기업의 외화 구입을 자유화하는 조치를 취했다. 일본 기업을 매수할 환경이 갖춰진 것이다. 이처럼 총성 없는 에너지 전쟁이 세계 도처에서 벌어지고 있는 것이다.

중국은 세계 3위의 석탄 매장량을 보유하고 있지만, 지구온난화 문제로 이산화탄소 배출을 줄여야 할 형편이다. 당분간 석유가 중국 에너지 수요의 중심에 서 있게 되는 현실을 부정할 수 없기 때문에 중국은 석유확보가 곧 국가생존과 직결된다는 에너지 안보(Energy

후진타오 주석은 지난 2006년 아프리카 48개국 정상들을 베이징으로 불러들여 '아프리카와 협력 강화를 위한 8개항 조치'를 발표하는 등 아프리카에 극진한 공을 들이고 있다.

Security) 개념을 확고하게 가지고 있다.

　또 중국은 일본보다 무려 8배나 높은 에너지 비효율을 해결하기 위해 안간힘을 쓰면서, 동시에 원자력발전을 에너지 정책의 중심축에 놓기 위한 정책을 펼치고 있다. 중국은 현재 가동 중인 원전이 11기인데, 2020년까지 총 30여 기를 건설해도 전체 전력생산의 4~6% 정도만 충당할 수 있을 것으로 예상된다.

　한국이 2030년까지 전체 전력의 59%를 원자력으로 생산하겠다는 것과, 일본이 2030년까지 원자력 발전 비중을 40%로 올리겠다는 것에 비하면 중국의 원자력 시장은 이제 걸음마 단계라고 볼 수 있다. 중국 원전시장에 진출하기 위해 일본 전자회사인 도시바가 인수한 미국의 웨스팅하우스와 제너럴 일렉트릭, 그리고 프랑스의 아레바가 적극적으로 마케팅을 하고 있다.

　중국은 2050년까지 100~150기의 원전을 건설할 것으로 보인다. 석유자원이 고갈되고, 가격폭등의 불안정이 사라지지 않은 상태에서 상대적으로 가격이 낮은 우라늄은 중국의 에너지 정책 결정자들에게 선택의 여지가 없는 에너지 공급원이다.

　중국의 경제성장이 빠르다는 것을 탓할 수는 없다. 하지만 필자는 베이징에 갈 때마다 하루가 멀다 하고 하늘로 치솟는 아파트들을 보면서 '저 많은 주택에 난방을 하고 에어컨을 돌려야 할 텐데 무슨 에너지로 감당할까' 하는 불안감이 앞서곤 했다. 그래서 중국에 갔다 오면 왠지 입맛이 씁쓸하다.

중국의 2006년 자동차 보유대수는 이미 3,000만대를 넘었고, 앞으로 매년 10%씩 증가할 것으로 예상된다. 따라서 중국이 '석유 중독'에서 탈피하지 않는 한 세계의 에너지 형편은 더욱 나빠질 것이다. 석유를 비롯한 천연자원이 부족한 한국이 살길은 석유 중독에서 탈피하여 원전을 안정적으로 운용하는 것뿐이다. 동시에 에너지 절약은 우리의 생존과 직결된 문제다.

나아가 아직은 개척할 여지가 많은 아프리카와의 협력을 확대하여 자원 확보에도 힘써야 한다. 문제는 우리나라 에너지 관련 부처나 기업에 아프리카에서 필수적인 프랑스어를 구사할 인재가 별로 없다는 것이다. 아프리카와 연계를 확대해 나가려면 기초부터 하나하나 다져 나가야 한다.

일본의 '아름다운 별 50 (Cool Earth 50)' 에너지 프로젝트

일본은 2007년 5월 '아름다운 별 50(Cool Earth 50)'을 발표하고 2050년까지 현재의 온실가스 배출량을 절반으로 줄인다는 목표를 제시했다. 이 목표를 실현하기 위해 일본은 지금까지와는 다른 차원의 획기적인 이산화탄소 저감을 위한 기술개발에 나서고 있다. 일본은 에너지 공급에서 수요에 이르는 전 과정에서 이산화탄소를 대폭 감축하기 위한 21개 분야의 기술을 선정했다.

일본이 내세운 21개 기술분야는 에너지의 '공급측면'과 '수요측면'으로 나누어져 있다. 공급 측면의 핵심을 이루는 부분은 에너지의 효율 향상과 저탄소화 정책이다.

먼저 에너지 효율 향상 분야를 보면 ▲고효율 천연가스 화력발전 ▲고효율 석탄 화력발전 ▲초전도 고효율 송전 시스템을 구축함으로써 전력 생산의 효율성을 높인다는 것이다.

다음으로 저탄소화 정책은 ▲이산화탄소 회수 및 저장기술 개발 ▲태양광 발전의 혁신적인 기술도입 ▲선진적 원자력 발전을 중심축으로 삼는다는 것이 주요 내용이다.

원자력은 포함, 풍력과 지열은 빠져

흥미로운 것은 저탄소화 정책에 풍력, 지열 등의 청정에너지 분야는 빠져 있다는 것이다. 이에 대해 일본 에너지경제연구원의 도미다(富田) 연구주간은 "풍력, 지열 등은 이산화탄소를 대폭으로 줄이기에는 한계가 있기 때문"이라고 말했다. 이산화탄소를 줄이면서 안정적인 에너지를 확보하기가 쉽지 않지만 그나마 차선의 선택이 태양광과 원자력 발전이라는 것이다.

일본이 원자력 발전을 '아름다운 별 50' 프로젝트에 포함하고 있다는 사실은 흥미롭다. 원자력은 방사성 폐기물 등으로 '녹색'이라는 코드와 잘 맞지 않을 것 같지만, 저탄소 실현에 원자력만큼 공헌하는 에너지 분야가 없기 때문에 중요한 자리를 차지하는 것이다.

공급측면에 이어 에너지 수요측면의 저탄소 정책을 살펴보자. 수요

측면에서는 수송분야, 산업분야, 민생분야 등으로 나뉘어 저탄소 에너지 기술의 혁신을 도모한다는 것이 이 정책의 목표다.

먼저 수송분야는 도로교통시스템을 정비하여 에너지를 절약하고 전기자동차, 하이브리드자동차 등을 사용하며, 바이오메스(식물 및 미생물 등)로부터 수송용 대체연료를 제조한다는 것이 사업의 주요 목표다. 산업분야는 혁신적인 재료를 개발하고, 가공기술을 발전시키고, 제철기술을 획기적으로 변경한다는 내용이다.

철강산업은 이산화탄소 배출의 주범이라 할 정도이니 앞으로 이산화탄소의 발생량을 줄이지 못하면 회사의 문을 닫아야 할 것이다. 포스코의 경우 1t의 철강을 생산하는데 2t의 이산화탄소가 발생한다고 한다. 연간 5,000만t의 철강을 생산한다면 약 1억t의 이산화탄소가 나온다는 계산이다. 만약 이산화탄소의 거래 가격을 t당 약 40달러로 계산하면 40억 달러의 탄소세를 물어야 하니 '이산화탄소와의 싸움'은 철강산업 생존의 문제가 되는 것이다.

마지막으로 민생분야는 에너지 절약형 주택과 빌딩을 보급하고, 차세대 조명시설로 에너지 절약을 추구한다는 내용으로 구성됐다. 이에 따라 주택의 급탕에 사용하는 초고효율 히트(Heat) 펌프를 개발하여 에너지 절약을 추진하고, 사무실에서는 에너지 절약형 정보기기 시스템을 구축하며, 차세대 연료전지의 개발에 박차를 가할 예정이다.

저탄소 성장을 위한 일본의 노력은 이상의 내용뿐만 아니라 에너지 관리체계의 개선에까지 미치고 있다. 아무리 첨단기술과 엄청난 돈을 들여서 에너지를 생산해 놓고도 관리체계가 허술하여 에너지를 낭비하는 일이 있어서는 안되기 때문이다.

석탄 이용한 첨단 발전기술 개발

일본의 이산화탄소 저감을 위한 분야별 기술을 구체적으로 살펴보자.

1. 고효율 석탄화력발전 기술

석탄은 이산화탄소를 배출하는 주범이지만 다른 에너지원에 비해 값이 싸고 부존량도 적지 않아 아직 유효성이 큰 에너지원이다.

석탄 에너지의 효율 향상은 대단히 중요한 에너지 정책이 될 수밖에 없다. 일본은 초임계압 발전(USC: 증기압력 246kg/㎝, 온도 593도 이상의 고화력 발전소)의 실용화에 성공하여 세계 최초로 섭씨 600도급의 USC를 사용해 발전효율을 42%까지 끌어올리고 있다.

발전효율을 더욱 높이는 작업이 다음 과제다. 일본은 이 목표를 달성하기 위해 세 가지 분야의 기술혁신을 도모하고 있다.

첫째는 초임계압 발전의 첨단화다. 섭씨 700도급의 A-USC를 개발하여 2015년경에 발전효율을 46%, 2020년엔 48%를 달성하는 것이 목표다. 첨단 초임계압 발전은 현재의 微粉炭(미분탄) 화력의 증기를 더욱 더 고온하에서 압력을 가하여 발전효율을 향상시키는 기술이다.

두 번째는 석탄가스화 복합발전(IGCC)인데, 석탄을 가스화하여 가스터빈과 증기터빈으로 복합발전을 하는 것이다. 2010년경에 발전효율 46%, 2015년에는 48%를 목표로 하고 있다. 향후 섭씨 1,700도 급의 터빈이 개발되면 2025년에는 50%, 2030년 이후에는 발전효율이 57%까지 이를 전망이다.

세 번째는 석탄가스화 연료전지 복합발전(IGFC)이다. 이 기술은 석탄가스화 복합발전에 연료전지를 조합시켜 발전효율을 향상시키는 기술이다. 발전효율을 2025년에 55%, 향후 65%까지 향상시킬 것으로 내다보고 있다.

2. 이산화탄소 회수저장(CCS) 기술 혁신

CCS는 화력발전 등의 대규모 배출원의 배기가스로부터 이산화탄소를 분리 회수하여 이것을 지하 또는 해양에 장기간에 걸쳐 저장 또는 격리해, 대기 중에 이산화탄소 방출을 억제하는 기술이다. 이는 이산화탄소를 단기간에 저감할 수 있는 유력한 대안으로 세계 선진국들이 기술개발에 열을 올리는 분야다.

> ### 이산화탄소 발생 전무한 태양광 기술

일본에서는 이 분야에 기초연구가 진행되어 현재 壓入量(압입량)이 1만 레벨인 소규모의 실험을 했고, 현재는 1t당 약 4200엔이나 2015년경에는 2,000엔대, 2020년에는 1,000엔대로 코스트를 절감하겠다는 목표하에 기술 개발을 진행 중이다.

이산화탄소 회수저장 기술은 2020년까지 실용화가 목표이고, 석탄 화력 발전의 이산화탄소 방출량을 거의 제로에 가깝게 배출하는 것이 기술의 목표다. 이 기술이 상용화되면 세계는 이산화탄소 배출을 크게 줄일 수 있을 것으로 판단된다.

3. 혁신적인 태양광 발전

현재 실용화되고 있는 제1세대 태양전지 기술은 結晶系(결정계) 실리콘 태양전지다. 제2세대 기술인 초박형(超薄型) 결정 실리콘 태양전지, 초고효율 박막 태양전지, 有機薄膜(유기박막), 色素增感型(색소증감형) 등의 유기계 태양전지 개발에 의해 박막화가 이루어지면 실리콘 사용량이 줄어 2030년에는 발전 단가를 1㎾/h당 7엔으로 낮추게 될 것이다. 발전효율은 40%로 하는 것이 태양광 발전의 목표다.

태양광 발전의 제3세대 기술은 양자 나노구조 등의 신재료와 신구조기술을 사용하여 발전효율을 더욱 향상시킨다는 계획이다. 이 기술의 최대 장점은 이산화탄소 배출이 전혀 없다는 것이다.

4. 고효율 천연가스 화력발전

일본은 세계에서 가장 먼저 섭씨 1500도급 터빈을 실용화하여 발전효율 52%를 달성하고 있다. 2015년까지 발전효율을 56%까지 높이고 연료전지와 조합해 발전효율을 60%까지 향상시키겠다는 목표를 세웠다. 발전효율이 현행 52%에서 56%까지 향상되면 이산화탄소 배출량은 약 7%, 60%까지 높아진다면 약 10%까지 낮출 수 있을 것으로 예측된다.

5. 원자력 발전의 선진화

원자력의 최대 장점은 이산화탄소 배출을 제로 상태로 만들 수 있다는 것과 에너지 공급이 안정된다는 것이다. 일본은 세계 최고 수준의 원자로 제작기술과 운전 경험을 보유한 나라다. 원자력 발전의 선진화는 2030년경 국내외 원전 시장을 겨냥하여 차세대 경수로를 개발하고, 2050년에 고속로를 상업화한다는 것이 목표다.

세계 3위의 원자력 발전소를 운용하는 일본은 핵무기 비보유국으로서는 유일하게 핵무기를 생산할 수 있는 능력, 즉 재처리를 통한 플루토늄 획득, 고농축 우라늄을 획득할 수 있는 원심분리 시설 등을 갖추고 있다.

세계의 원전 시장은 도시바-웨스팅하우스(미국), 히타치-GE(미국), 미쓰비시-아레바(프랑스) 등 3대 메이커가 장악하고 있다. 이 3대 메이커 모두에 일본 기업이 포진하고 있는 것이 놀랍다.

전기차 배터리 용량 7배, 가격은 현재의 40분의 1이 목표

6. 초전도 고효율 송전 시스템 구축

발전효율이 아무리 높아도 송전 과정에서 전력손실이 크면 소용이 없다. 일본의 송전손실은 현재 5%대인데 송전 시스템의 효율을 향상시키면 약 1.7%대로 낮출 수 있다는 전망이다.

7. 플러그 인 하이브리드 자동차(PHEV)와 전기자동차(EV)의 기술혁신

플러그 인 하이브리드 자동차는 전기충전과 내열기관을 병용하는 하이브리드 자동차를 일컫는다. 근거리는 충전 전력에 의한 모터구동으로 주행한다. 플러그 인 하이브리드와 전기자동차의 실용화를 위해서는 2015년경에 배터리 용량을 현재 대비 1.5배로 늘리고, 코스트는 7분의 1 수준으로 끌어내려야 한다. 2030년에는 배터리 용량을 현재의 7배, 코스트는 40분의 1 정도가 목표다.

8. 연료전지 자동차 분야

일본은 현재 이 분야에서 세계 최고의 기술을 선도하고 있다. 과제는 역시 가격이다. 차량 가격을 2010년 내열 기관 자동차보다 3~5배, 2020년경에는 1.2배까지 내리는 것이 목표다. 주행거리는 2010년에 400㎞, 2020년에는 800㎞까지 향상시키는 것이 목표다. 이렇게 되면 이산화탄소 배출량이 가솔린 자동차의 3분의 1 정도가 될 것이다.

9. 바이오메스 연료로부터 수송용 대체연료를 제조하는 혁신기술

인간의 먹을거리 확보와 경쟁하지 않는 범위에서 셀룰로오스 계열의 바이오메스로부터 에탄올을 제조하고 가격을 저렴하게 하는 것이 역시 관건이다.

10. 도로교통 시스템의 첨단화(ITS)

ITS는 첨단 정보통신 기술을 활용하여 인간과 도로 그리고 차량을 네트워크로 연결해 교통문제를 해결한다는 것이다. 실시간 정보를 이용한 신호 제어기능을 실용화하여 1대의 자동차가 1㎞를 주행할 때 내뿜는 이산화탄소를 25%까지 절감한다는 목표다.

11. 제철 프로세스의 기술혁신

이는 앞으로 철강산업의 생존을 좌우하게 될 것으로 보인다. 일본은 폐열을 회수하여 다시 이용하는 에너지 절감 설비의 도입으로 제철 프로세스에서 세계 최고 수준의 에너지 효율을 달성하고 있는데, 대폭적인 저탄소화를 실현하기 위해 기술의 비약적 발전이 필요한 상태다.

| **고효율 조명 개발**

| **12. 혁신적인 재료의 제조와 가공기술**

제조업에서 이미 에너지 절약 수준이 세계 최고를 자랑하는 일본이 에너지 절약을 더욱 향상시키기 위하여 신재료 개발과 제조과정의 획기적인 변환을 도모하겠다는 것이다.

13. 에너지 절약형 주택과 빌딩에 관한 혁신기술

핵심 내용은 첨단 초단열재와 차열재를 개발하고 실내 공기의 질 개선으로 에너지 절약을 도모한다는 것이다. 고강도 압축 단열 세라믹스 입자 기술, 세라믹, 폴리머 복합화 기술 등을 구사하여 에너지 절약을 현재보다 절반으로 줄이는 목표를 설정해 놓고 있다.

14. 조명기술의 혁신

LED 조명으로 2010년경에는 1,00lm/W, 2020년경에는 2,00lm/W를 목표하고 있는데, 백열등과 형광 램프를 전부 1,50lm/W의 차세대 고효율 조명으로 바꾸면 소비전력을 약 2분의 1까지 줄이게 된다. 에너지 절약 분야에서 가장 적극적으로 추진해야 할 정책 분야라 하겠다.

15. 定置用(정치용) 연료전지 기술

일본에는 현재 약 2,200대의 정치용 연료전지가 있다. 고체고분자형 연료전지(PEFC)의 경우 2020~30년에 현재 1kW당 400만~500만 엔 정도의 시스템

가격을 40만 엔으로, 내구성을 현재 4만 시간에서 9만 시간으로 향상시키는 것이 목표다.

16. 고효율 히트펌프 기술분야

일본은 고온 급탕 기술을 세계에서 가장 먼저 실용화했고, 효율향상과 저비용화를 끊임없이 추진하고 있다. 냉매와 열교환기의 효율 향상 등으로 2030년엔 코스트를 현재의 4분의 3, 효율은 1.5배, 2050년에는 코스트를 2분의 1, 효율을 2배까지 기대하고 있다. 주민들이 급탕 온수를 사용하는 것이 민생분야 이산화탄소 배출의 절반이나 차지한다는 통계가 있다.

17. 에너지 절약형 정보기기의 기술혁신

개별 기기뿐만 아니라 네트워크 전체에서 혁신적인 에너지 절약을 추구한다는 것이다. 에너지 절약형 데이터 센서 개발, 서버와 전원장치의 고효율화를 위한 기술을 2015년경에 실용화하여 소비전력량을 약 30% 절감하는 것이 목표다. 2012년까지 액정 백 라이트 등의 소비전력을 현재의 절반으로 줄여 IT 기기의 소비효율을 2배 향상시킨다는 계획이다.

처절한 절약 목표

18. 수소제조와 수송·저장에 관한 기술

연료전지 자동차와 연료전지에 이용하는 수소를 고효율화 하고 깨끗하게 제조, 수송·저장하는 기술혁신이다. 수소 사용 기술은 신재생에너지와 이산화탄소 회수 이용에 밀접한 관계가 있는 혁신기술이기 때문에 기술 개발의 성공 여부에 따라 이산화탄소 삭감에 큰 영향을 미칠 것으로 보인다.

19. 전력저장의 첨단화

안전성이 뛰어나고 성능이 우수한 리튬전지를 2030년경까지 태양전지, 풍력발전과 동등한 수명(약 20년)을 가지게 내구성을 높이고, 가격도 1kW당 1만5,000엔 수준으로 인하하는 것이 목표다. 전력저장 기술이 향상되면 전기자동차, 태양광, 풍력 등의 신재생에너지 분야에 크게 활용되므로 이산화탄소 절감에 큰 도움이 된다.

20. 파워 일렉트로닉스(Power Electronics) 분야

이 분야의 기술혁신이 이루어지면 컴퓨터용 전원 분야에서 종전보다 약 5% 가량 에너지 효율이 향상될 것으로 전망된다.

21. 급전자동화 시스템(EMS) 분야

이 기술은 주택과 빌딩의 에너지 계측과 관리를 네트워크로 진행해

에너지를 절약하는 기술이다. 이렇게 되면 이산화탄소 배출량을 10~15% 정도 줄일 수 있을 것으로 내다보고 있다.

일본의 에너지 절약과 저탄소 정책을 보면서 부존자원이 없는 국가의 에너지 정책은 이토록 처절할 정도의 절약 목표를 가지고 있어야 한다는 생각이 들었다. 또 저탄소 에너지 정책을 실시하려면 국민의 일상생활과 제조업, 정보통신 산업 등에서 총체적인 점검이 이루어져야 한다는 사실도 알았다.

전 세계는 이미 녹색성장의 시대에 접어들었다. 21세기에 성공적으로 살아남기 위해서는 역사의 흐름에 뒤떨어져서는 안된다.

세계는 스마트 그리드 전쟁 중
(Smart Grid · 차세대지능형 전력망)

몇 년 전에 미국 샌프란시스코에서 개최된 전력업계 총회에서 '함께 미래를 개간할 시대가 왔다'라는 기조강연을 한 사람은 포드자동차의 알란 무라리 CEO와 마이크로소프트 연구부문 최고 책임자 크레이그 먼디였다. 자동차와 IT(정보기술)라는 전혀 다른 분야의 두 회사가 전력업계로 눈을 돌리는 이유는 스마트 그리드(Smart Grid · 차세대 지능형 전력망)가 전기자동차라는 새로운 문명의 이기와 가정 내의 전력소비를 줄여주는 인터넷 서비스의 기반이 되기 때문이다.

스마트 그리드란 기존의 전력망에 IT를 접목하여 전력 공급자와 소비자가 양방향으로 실시간 정보를 교환함으로써 에너지 효율을 최적화하는 차세대 지능형 전력망이다.

작금의 세계는 지구온난화로 이산화탄소의 저감이 절체절명의 현실로 다가와 있다. 태양광 발전과 풍력 등 신재생에너지의 도입이 증가하고 있으며, 한편에선 전력의 안정적 공급을 위해 스마트 그리드 시스템의 도입을 서두르고 있다.

태양광과 풍력은 날씨에 따라 전력생산의 변동이 크기 때문에 안정적인 수요공급을 위해 스마트 그리드가 요구된다. 또 전력이 남는 곳에서 부족한 곳으로 자동 송전하게 되고, 반대로 부족한 곳은 공급과잉 쪽에서 받게 되는 등 전력사용의 효율을 최적화하는 기술이 스마트 그리드다.

스마트 그리드를 적용하면 자원낭비를 줄이고 전력손실을 최소화

스마트 그리드는 기존의 전력망에 IT기술을 접목해 에너지 효율을 최적화하는 차세대 지능형 전력망이다.

할 수 있어 결과적으로 이산화탄소 배출을 줄이는 데 기여할 수 있다. 그러나 나라마다 사정이 달라 어떤 시스템을 어디까지 도입할 것인지를 두고 고민에 빠져 있다.

국가 전체를 연결하는 광역 송전망 사업에는 엄청난 예산이 투입되기 때문에 나라 전체를 대상으로 할 것인가, 아니면 특정 지역 중심으로 할 것인가가 주된 고민 대상이다. 한편에선 전기자동차와 축전지 개발도 병행되어야 한다. 때문에 스마트 그리드 사업에서는 한 국가가 어느 분야에 글로벌 경쟁력이 있는지를 판단해서 신중히 결정해야 한다.

미국은 스마트 그리드 사업에서 노후화한 송전선망의 재정비를 최우선 과제로 설정하고 있다. 일본은 세계 최고 수준인 전력의 품질을 유지하기 위해 전력의 수요와 공급을 안정시키면서 태양광 발전, 전기자동차, 축전기 기술로 돈을 벌겠다는 계산이다. 태양광, 풍력 등 신재생에너지 분야에서 앞선 유럽 국가들은 자신들의 특기를 살려 발전설비의 수출증대를 목표로 삼고 있다.

'그린 뉴딜'의 핵심, 스마트 그리드

신재생에너지의 공통점은 에너지 생산량이 일정하지 않은데다가 경제성도 떨어지기 때문에 에너지 생산과 수요공급의 안정성을 확보하는 시스템 구축이 필연적으로 요구된다.

문제는 과연 어디까지 산업분야를 확대해야 하는지, 나라마다 경쟁력 있는 산업 분야는 어떤 것인지를 확인하는 것이다. 스마트 그리드 분야의 선두주자는 미국이다. 오바마 정권의 '그린 뉴딜' 정책의 근간이 스마트 그리드다. 스티븐 추 미 에너지 장관은 스마트 그리드가 새로운 산업혁명을 선도할 것이라고 천명하고 39억 달러의 투자계획을 내놓았다.

선두주자로 나선 미국뿐만 아니라 유럽, 일본 등 선진국들도 국운을 걸고 전력혁명에 뛰어들고 있다. 미국의 GE, IBM, 구글 등 대기업과 벤처기업들은 스마트 그리드의 인프라 구축을 위해 앞으로 20년 동안 약 1,650억 달러의 거대시장이 출현할 것으로 전망하고 있다.

미국은 송전망에 대한 투자를 소홀히 한 결과 2000년 여름에 미국 서부의 전력위기, 2003년 여름에는 동부지역에 대정전 사태를 경험했다. 이처럼 '시대에 뒤처진 에너지 대국이었던 미국이 세계 전력 비즈니스의 판도를 바꾸고 미국을 먹여 살릴 미래의 신성장 산업으로 스마트 그리드에 총력을 기울이고 있는 것이다.

천문학적인 자금 동원이 문제

스마트 그리드는 에너지 소비 억제효과도 커 IBM 등이 워싱턴주에서 실시한 실증실험에서 피크타임 때 15%의 전기절약 효과를 보았고, 참가 가정이 전기료를 10% 절약할 수 있음을 확인했다. IBM은 송전망 효율을 5% 개선하면 자동차 5,300만 대분의 연료와 배기가스를 절약할 수 있을 것으로 전망하고 있다.

스마트 그리드 구축으로 미국이 얻는 경제적 이익은 8,000억 달러를 넘을 것이라고도 한다. 수백 년 만의 인프라 재구축에 미국의 많은 기업이 대박의 꿈을 꾸며 스마트 그리드 관련 산업에 돈을 쏟고 있다.

전력 수요를 감시하고 소비를 억제하는 통신기능을 갖춘 것이 '스마트 미터'인데 이 기술을 개발한 것은 실리콘밸리의 벤처기업 실버 스프링 네트워크(약칭 SSN)다. 인터넷 검색의 강자 기업인 구글이 SSN에 투자를 결정했다. 이는 구글이 스마트 그리드로 발생되는 방대한 데이터의 처리수요에 주목하고 있음을 뜻한다.

북캘리포니아주를 중심으로 약 1,500만 명의 고객을 확보하고 있는 전력기업 퍼시픽 가스전기(Pacific Gas & Electric)社(사)는 200만 가구 정도의 고객에게 스마트 미터를 설치했고 보급률 100%를 목표로 하고 있다.

오바마 정권이 주창한 그린 뉴딜의 순풍으로 스마트 미터 설치는 급속히 늘어 SSN의 기술을 사용하는 스마트 미터의 출하대수는 전년보다 10배나 늘었다.

미국이 반세기 전에 정비를 서두른 고속도로는 전국 규모의 물류망을 갖춰 미국의 풍요를 가능하게 했고, 1990년대의 '정보 수퍼 하이웨이'는 인터넷 비즈니스를 가능하게 했다. 미국은 스마트 그리드로 또 한 번의 풍요를 창출하려 하고 있다.

그러나 우려되는 부분도 없지 않다. 스마트 그리드 시스템을 갖추기 위한 천문학적인 자금 동원이 순조로울지 의문이다. 구글의 환경·에너지사업담당 총책임자 댄 라이커 씨는 "실험단계에서 상용화로 이행되는 단계에서 발생하는 이른바 최악의 자금부족, 즉 '죽음의 골짜기'에 들어가게 될지도 모른다"고 긴장하고 있다.

일본도 스마트 그리드의 추진이 활발하다. 일본 전기사업연합회가 발표한 스마트 그리드 구축 사업 방식은 송전망을 재구축하려는 미국과는 다른 방식이다.

일본은 태양광 발전의 발전량 등의 데이터를 송전선망에 들어가 있는 통신회선에 입력시켜 날씨에 따라 변화하는 발전량을 예측하게 한다. 전력공급이 수요를 넘어설 경우 전국 각지에 설치되어 있는 축전지에 저장하고, 비가 내려 태양광 발전을 할 수 없을 때에는 축전지의 전기를 사용하여 일정한 전압을 유지하도록 하는 방식이다.

일본은 또 일반 가정에서 태양광 발전을 설치하여, 각 가정에서 소규모 발전을 하고, 가정에서 쓰다 남은 전기는 전력회사에 판매하는 구조로 진행되고 있다. 때문에 일본은 전압의 안정을 위해 스마트 그리드 시스템 구축이 필수적이다.

일본은 또 미국의 스마트 그리드 사업에도 참여하고 있다. 미 남부의 뉴멕시코주에서는 약 1,000가구를 대상으로 스마트 그리드 실증실험을 실시했다. 대상지역에서 소비하는 전력의 4분의 1을 태양광 발전으로 충당할 계획이라고 한다. 이번 실증실험의 주된 목적은 야간이나 우천시 축전지에 저장한 전기를 방출하여 전기의 수요공급이 안정적으로 이루어질 수 있는가의 여부다. 이 프로젝트의 진행에 있어 태양전지는 샤프와 교세라, 축전지는 가이시와 미쓰비시중공업 등이 참가할 예정이다.

일본의 전략은 '마이크로 그리드'

히타치는 축전지의 제어기기 등으로 2015년도 매출목표를 약 1조 원으로 상정하고 있을 정도로 일본의 스마트 그리드 시장은 급성장

중이다.

일본은 송전망이 노후화한 미국과 비교하면 인프라는 거의 완벽하다. 하지만 자동차와 가전 등 전 산업에 대한 파급효과를 생각할 때 스마트 그리드 혁명에 뛰어드는 것은 시대적 요청이라고 생각하고 있다. 전력회사들이 화력발전소의 발전량 조정력에 의존하는 현재의 송전망에 안주할 경우 일본이 '전력 혁명'이라는 시대적 변화에 뒤처질 우려가 있다고 판단하고 있는 것이다.

일본은 스마트 그리드 산업을 단순히 이산화탄소를 줄이고 신재생에너지에 초점을 맞추는 것만이 아니라 전기자동차와 축전지 등 관련 산업의 육성과 경쟁력 강화에 더 큰 관심을 보이고 있다.

미쓰비시중공업이 운영하는 에코 스카이 하우스(Eco Sky House)는 태양광 발전과 풍력 등 신재생에너지로 소비하는 전기의 97%를 공급하는 환경주택이다. 이 에코 스카이 하우스에서 실제로 사람이 살면서 발전된 전기를 어느 정도 모으고, 어느 정도 사용하며, 어느 정도 전력회사에 파는 것이 가장 효율적인가를 실험하고 있다.

미국, 유럽의 스마트 그리드가 IT를 이용하여 국가 레벨의 광역에서 전력수급을 제어하는 것을 목표로 하는 데 비해 일본은 가정에서 전력을 생산 저장하고 판매하는 이른바 '마이크로 그리드' 분야 육성

전략 쪽으로 나가고 있다.

국가 레벨의 인프라를 재구축하는 스마트 그리드에서는 미국과 유럽이 앞서가고 있지만 가정 중심의 마이크로 그리드에서는 일본이 앞선다. 일본 정부도 올해부터 마이크로 그리드 보급을 본격 후원하기 시작했다.

일본전기산업연합회는 일본형 스마트 그리드 구축을 위해 ①태양광 축력 예측 시스템 ②고성능 축전지 시스템 ③화력발전과 축전지를 조합한 수급제어 시스템 등의 연구개발에 집중할 예정이라고 한다. 이를 위해 10개 전력회사가 공동으로 태양광 발전 데이터의 계측과 분석, 축전지와 태양광을 조합한 소규모 전원 실험 등을 실시할 예정이다.

일본 전력업계는 태양광 발전용량이 1,000만kW를 넘으면 지금의 전력설비로는 대응할 수 없다고 보고 있다. 일본 정부는 올 봄, 2020년에 태양광 발전용량을 당초 1,400만kW에서 2,800만kW로 증가시킨다는 방침을 내놓았다. 일본 전력업계는 태양광 발전이 급속도로 보급될 것을 전제로 전력 인프라의 재구축이 필요하다고 전망하고 있다.

덴마크 사례

일본형 스마트 그리드는 일본이 기술적으로 앞서 있는 태양광 패널과 축전지 시장의 확대로 나갈 전망인데, 문제는 여기에 소요되는 비용이 전력요금에 영향을 미쳐 소비자 부담이 커질 가능성도 있다.

일본 풍력개발은 나고야시의 에너지절약 서비스 회사로부터 마이크로 그리드 관련 사업부문을 매입했다. 일본 풍력은 세계 최초로 축전지를 통해 송전량을 제어하는 풍력발전소의 운전을 시작한 것으로 이름이 나 있지만, 발전소 제어만으로는 불충분하고, 수요 측의 효율화도 함께 추진할 때 하나의 시스템이 된다고 판단하여 마이크로 그리드 사업에 뛰어들었다. 가정의 전력소비를 최적화하는 마이크로 그리드와 국가레벨의 송전을 제어하는 스마트 그리드, 두 개의 큰 흐름이 병행될 때 비약적인 에너지 효율을 실현할 수 있을 것으로 전망하고 있는 것이다.

스마트 그리드 분야에서 유럽세도 만만치 않다. 북유럽의 작은 나라 덴마크는 발트해에 있는 인구 5만 명의 본홀름 섬에서 올 3월 혁신적인 실험을 시작했다. 스마트 그리드에 연결되는 전기자동차의 축전지에 풍력발전으로 만든 전력을 충전시킨다. 각 가정의 차고에 세워져 있는 전기자동차를 축전장치로 사용하려는 시도다. 프로젝트를 주도하는 것은 미국의 IBM과 독일의 지멘스다.

덴마크는 2025년까지 에너지 소비율의 30%를 풍력 등 재생가능 에너지로 충당한다는 목표를 세우고 있다. 문제는 발전량이 안정되지 않은 풍력을 어떻게 효율적으로 사용하느냐 하는 것이다.

덴마크는 1990년대 중반부터 풍력발전소를 차례로 건설했다. 강한 바람이 불면 발전량이 수요를 웃돌아 독일이나 스웨덴 등 주변 국가에 수출하지만 바람이 불지 않으면 전력 부족 상태가 된다. 이에 주목한 것이 전기자동차의 축전기능이다.

이 방법은 풍력발전에서 남는 전력을 전기자동차의 '연료'로 사용한다는 개념이다. 한걸음 더 나아가 전력이 부족할 때에는 전기자동차의 축전지로부터 전력을 꺼내 가정이나 오피스에서 사용한다는 구상이다. 이를 실현하기 위해 덴마크 정부는 자동차 취득세를 전기자동차에 한하여 폐지했다.

전력회사는 덴마크 국내에 최대 20만 개의 충전소를 설립할 계획이며, 매년 최대 3만 대의 전기자동차 보급을 기대하고 있다. 이 정책에 따라 닛산자동차 · 프랑스 르노 연합은 덴마크 시장에 전기자동차 공급을 추진하고 있다.

| 한국 · 이탈리아가 스마트 그리드 선도국

스마트 그리드에서 앞서가고 있는 미국의 IBM과 GE는 미국 밖에서도 실적을 쌓아 기술이나 규격의 세계표준을 장악하려 하고 있다.

스마트 그리드를 둘러싼 경쟁은 미국, 유럽, 일본 등으로 압축되고 있는데 한국도 스마트 그리드를 신성장동력 산업으로 삼고 방향 설정에 골몰하고 있다. 지난 7월 G8 확대정상회의에서 한국은 이탈리아와 함께 스마트 그리드 선도국으로 선정되어 11월 중순에 향후 로드맵에 관한 보고서를 내놓기로 되어 있다.

한국이 나아가야 할 방향에 대해 생각한다면 전국적인 광역 송전망의 재구축에 대한 검토를 꼼꼼히 따져 사업 타당성을 생각해야 할 것이고, 전기자동차와 축전지 개발 등 관련 산업의 경쟁력 강화도 함께 추진하는 것이 바람직하다고 생각된다.

태양광과 풍력 등 신재생에너지의 확대가 당연한 세상이 된 만큼 신재생에너지 발전설비 산업도 키워 가야 할 것이고 '국민이 함께 참여하는 스마트 그리드'가 되기 위해서는 가정에서 신재생에너지를 생산하고 축전지에 모으고, 잉여전력은 전력회사에 판매하는 순환 시스템이 마련될 때 스마트 그리드의 성공이 성취될 수 있을 것이다.

세계는 희소광물 획득 전쟁 중

'제조업의 비타민' 몰리브덴과 리튬 확보전

세계는 희소광물(Rare Metal) 확보를 위해 총성 없는 전쟁에 돌입해 있다. 희소광물 중 몰리브덴(Mo)과 리튬(Li)은 가장 치열한 격전이 벌어지고 있는 광물이다. 이 광물은 한국의 중추산업과도 밀접한 연관이 있어 자원확보에 비상이 걸린 상태다.

특히 한국처럼 천연자원이 부족한 일본은 몰리브덴과 리튬 같은 희소광물 확보에 국력을 동원해 달려들고 있다. 몰리브덴은 자동차의 강판을 강하게 하는 자원으로 자동차 산업이 주력산업인 한국이나 일본에는 없어서는 안될 '제조업의 비타민'과 같은 존재다.

문제는 몰리브덴이 생산되는 나라가 극히 일부에 편재돼 있어 시간이 흐를수록 가격이 급등하고, 자원민족주의 경향마저 보이고 있다는 것이다. 2007년 통계를 보면 몰리브덴 생산은 중국이 6만6,300t, 미국이 5만6,000t, 칠레가 4만4,800t, 페루가 1만6,800t으로 4개국이 전 세계 생산량의 90% 이상을 차지하고 있다.

자동차 산업 강국인 일본은 몰리브덴 확보를 위해 다양한 노력을 기울이고 있다. 특히 지구관측위성 '다이치'를 고도 700km에 띄워 놓고 북쪽에서 남쪽으로 선회시키면서 광맥을 찾고 있다. 인공위성으로 찾아낸 화상의 해독에 높은 기술력을 자랑하는 일본은 지금 페루의 산악지대에서 시추 작업을 벌이고 있다.

볼리비아의 우유니에서 소금을 채취하는 볼리비아인들. 우유니에는 세계 매장량의 절반이 넘는 리튬이 매장되어 있다.

이 프로젝트를 진행하고 있는 곳은 일본의 석유천연가스 금속광물 자원기구(JOGMEC)다. 석유를 비롯한 천연자원 확보를 위해 전 지구를 돌아다니며 자원사냥을 하는 일본의 대표적 정부기관으로, 경제산업성 소속이다.

요즘 일본의 자원탐사 관련기관은 손이 모자랄 지경이다. 자원 관련업체들은 세계적인 금융위기로 새로운 광산 시굴에 투자자들이 줄어들자 일본에 자금지원을 기대하고 있다. 2008년 1월 당시 JOGMEC에 시추 제안이 1건에 불과하던 것이 12월 말에는 17건이 밀려들어, 어떤 것을 선택해야 할지 고민할 정도다.

JOGMEC는 지금이 기회라며 자금 투자에 박차를 가하고 있다. 경제력에 비해 석유 메이저업체가 없는 일본은 2030년 석유 자주 개발률을 현재의 15%에서 40%로 높이겠다는 목표를 설정했다. 이 과정에서 자본집중의 필요성을 절감하고 JOGMEC를 전면에 내세워 자원사냥에 나서고 있다.

JOGMEC는 석유 자원뿐만 아니라 일본이 필요로 하는 천연자원을 확보하고 있어 최근 힘이 실리고 있는 정부기관인데, 그 힘의 원천은 자본집중력이다.

자원은 대표적인 하이 리스크, 하이 리턴 사업

중국은 국가가 전면에 나서 엄청난 자금력을 갖고 해외의 천연자원을 획득하는 체제를 가동하고 있다. 이에 반해 일본은 자본이 분산된 상태에서 우후죽순 격으로 여러 기업이 자원 획득에 나서다 보니 파산에 이른 기업들도 많았다.

일본의 식자층들은 요즘처럼 발전소를 지어 준다든가 도로와 항만을 만들어 주는 식의 보너스를 들고 가지 않으면 협상에 성공할 수 없는 상황에서 자본집중력은 협상을 성공시키는 결정적 요소라는 것을 뼈저리게 느꼈다. 자원개발은 10년 이상의 시간이 걸리는 장기 프로젝트이고, 성공확률이 0.3%에 불과하지만 성공하면 수십조 원의 수익을 올릴 수 있는 이른바 '하이 리스크, 하이 리턴(High risk, High return)' 사업이다.

일본의 몰리브덴 확보 정책은 해외 광산개발에 머물지 않는다. 제조업이 생명인 일본은 자원절약을 위해 공산품 리사이클(재활용)을 통해 희소광물을 회수한다. 그리고 고갈될 수밖에 없는 희소광물을 대체할 수 있는 소재를 개발하고 있다.

자원이 없는 한국도 미래를 위한 대비를 해야 한다. 일본은 자원이 풍부한 남미와 아프리카 국가들이 발전소와 항만 등의 사회 인프라 구축이 절실한 것을 파악하고 정부개발원조(ODA)를 집중적으로 동원, 희소광물 자원의 안정적 확보를 도모하고 있다.

자원탐사와 생산관리, 가격교섭 등 여러 가지 노하우가 필요한 자원확보 과정에는 전문 인력이 필요하다. 일본은 국제자원대학교가 있어 인재양성에 힘쓰고 있다. 우리도 벤치마킹할 만한 일이다.

리튬 쟁탈전도 치열하다. 노트북과 휴대폰, 전기자동차 등에 사용되는 리튬이온전지의 수요는 폭발 직전이다. 특히 한국, 일본, 중국이 전 세계 리튬 자원의 50% 이상을 소비하고 있다.

2007년 리튬 이온전지의 세계 시장 지배율은 일본의 산요전기가 29%로 1위, 뒤를 이어 소니(23%), 한국의 삼성SDI(12%), 일본 파나소닉(11%), 중국의 BYD(4%) 순이었다.

그런데 2008년도 시장점유율을 보면 1위는 여전히 산요전기로 34%, 전년대비 5%포인트가 늘었다. 그런데 2위의 소니는 17%로 전년대비 6%포인트가 줄면서 15%를 보인 3위의 한국 삼성 SDI에 바짝 추격을 당하는 형국이다. 파나소닉도 9%로 점유율이 감소한 반면 중국의 BYD는 9%로 급신장했다.

한국과 일본, 중국이 컴퓨터, 휴대폰 등의 산업에서 치열한 경쟁을 벌이다 보니 리튬자원 확보가 전쟁을 방불케 하는 수준에 이르고 있는 것이다.

일본 파나소닉은 2009년 10월 중간결산에서 세계적인 환경혁명에 맞는 제품을 생산해야 한다고 강조하고 리튬이온전지와 태양광전지로 세계 경영전략을 세웠다. 파나소닉은 산요전기를 자회사로 인수해 향후 리튬이온전지의 세계 시장을 40% 이상 차지하겠다는 경영목표를 발표했다. 가격경쟁이 치열한 LCD TV 사업은 갈수록 수익이 줄어들고 있어 세계적 조류에 맞게 전기자동차의 리튬이온전지로 돈을 벌겠다는 계산이다.

볼리비아 · 칠레가 전 세계 리튬의 70% 이상 보유

지금까지 알려진 전 세계 리튬 매장량은 약 1,100만t이다. 리튬 자원을 가장 많이 보유하고 있는 나라는 남미의 볼리비아로 전 세계 매장량의 47.3%, 다음으로 칠레(26.3%), 중국(9.6%) 순이다. 볼리비아와 칠레가 전 세계 매장량의 70% 이상을 보유한, 지역편중이 극심한 천연자원이다. 그래서 자원민족주의가 대두되는 것이다.

볼리비아 수도 라파스에서 차로 12시간을 달려 안데스 산맥 안으로 들어가면 1만2,000㎡의 거대한 우유니 소금호수가 나타나는데 그곳에 세계 매장량의 절반이 넘는 리튬 자원이 잠자고 있다. 그래서 세계 주요국들이 군침을 흘리고 있는 지역이다.

적을 알아야 승리할 수 있다고, 볼리비아의 뼈아픈 역사를 알지 못하고는 리튬자원을 손에 넣기가 쉽지 않을 것 같다. 볼리비아는 16세기 스페인 식민시대 당시 세계 최대의 은광산 '포토시'를 소유하고 있었음에도 불구하고 강대국의 자원수탈로 빈곤에서 벗어나지 못한 쓰라린 경험을 갖고 있다.

볼리비아는 헌법 개정을 통해 리튬 자원을 이미 국유화해 투자 국가들이 원하는 채굴권 양도는 없다는 입장을 분명히 하고 있다. 외국으로부터 자금투자와 기술제공을 통해 자기네들이 리튬자원을 이용한 제품을 개발하여 경제번영의 기초를 마련하겠다는 목표다.

리튬은 2004년에 1kg당 약 2,500원이었으나 2007년에는 약 7,500원으로 가격이 세 배나 급등했다. 전기자동차와 하이브리드자동차 시대가 도래하면 수요는 폭발할 것이다.

지금은 휴대폰과 노트북이 리튬이온전지 용도의 약 80%를 차지하고 있으나 전기자동차와 하이브리드 등 친환경차 개발이 본격화되면 전세가 역전될 것이다. 왜냐하면 제품 1대당 리튬 사용량이 휴대전화는 0.3g, 노트북은 5.5g에 불과하지만 하이브리드차는 3.1kg, 전기자동차는 5.7kg으로 훨씬 많기 때문이다.

도요타 자동차의 프리우스는 현재 니켈수소전지 차인데, 리튬이온전지가 출력이 높고 오래 사용할 수 있어 리튬이온전지 쪽으로 빠른 속도로 바뀌어 나갈 것이다. 미국과 중국이 사용하는 니켈수소전지의 80%를 일본이 장악하고 있을 만큼 전지 시장에서 일본의 기술력은 세계 최고다.

일본 후지경제연구소의 분석에 따르면 자동차용 리튬이온전지의 세계시장 규모는 2009년에 약 3,000억원에서 2014년에는 약 27조 원으로 90배가량 급증할 것으로 전망하고 있다. 리튬자원이 볼리비아의 보물이 되고 있는 것이다.

볼리비아는 2013년까지 리튬의 상업생산을 개시하고 2018년에는 전기자동차용 리튬 생산공장을 볼리비아 내에 건설하겠다는 구상을 밝히고 해외의 협력 파트너를 찾고 있다. 그래서 세계 주요국들이 볼리비아에 공을 들이고 있다.

2009년 10월 29일 볼리비아 수도 라파스에서 개최된 '리튬 산업화의 국제과학기술포럼'에 전 세계 15개국에서 1,000여 명이 참석할 정도로 리튬 자원 확보 쟁탈전은 치열하다. 특히 중국과 일본의 리튬확보 쟁탈전은 점입가경이다.

한·중·일 3국 자원 확보 협력해야

중국은 "칭하이성(青海省)의 소금호수에서 리튬을 생산한 실적이 있어 기술력이 있다"는 제안을 하며, 볼리비아 모랄레스 대통령의 고향마을에 학교를 지어 주는 등 전방위적 외교를 펼치고 있다.

일본은 "패전 이후 석탄과 철강에 집중 투자해 오늘날의 경제대국이 되었다"며 "볼리비아가 리튬자원으로 경제부국이 될 수 있는 경험을 전수해 주겠다"고 볼리비아를 설득하고 있다. 도요타 자동차와 경제산업성, JOGMEC, 그리고 도쿄대 교수가 포함된 대규모 대표단을 파견해 최선의 성의를 보이고 있다. 일본이 리튬자원 확보가 얼마나 절박한지를 보여주는 사례다.

프랑스 사르코지 대통령도 모랄레스 볼리비아 대통령이 프랑스를 방문했을 때 전기자동차에 시승시켜 가며 볼리비아의 환심을 사려 하고 있다. 한국도 대표단을 파견하는 등 노력하고 있지만 어떤 보너스를 지불해야 리튬자원을 확보할 수 있을지 정부 관련부처와 산업계, 학계가 총동원되어 지혜를 짜내야 할 형편이다.

사정이 이렇다 보니 리튬을 가장 많이 소비하는 한·중·일이 소모적 쟁탈전을 벌이기보다 세 나라가 한자리에 모여 합리적인 차원에서 리튬자원 확보에 공동대처하는 것이 바람직할 것으로 보인다.